中共四川省委党史研究室 编

四川党史

人物传

第二卷

四川人民出版社

图书在版编目（CIP）数据

四川党史人物传·第二卷/中共四川省委党史研究室编. —成都：四川人民出版社，2016.8（2021.3重印）
ISBN 978-7-220-09854-3-01

Ⅰ.①四… Ⅱ.①中… Ⅲ.①中国共产党－历史人物－列传－四川省 Ⅳ.①K820.871

中国版本图书馆CIP数据核字（2016）第155549号

SICHUAN DANGSHI RENWUZHUAN DIERJUAN
四川党史人物传·第二卷
中共四川省委党史研究室 编

责任编辑	董 玲
封面设计	经典记忆
版式设计	戴雨虹
责任校对	蓝 海
责任印制	李 剑
出版发行	四川人民出版社（成都槐树街2号）
网 址	http://www.scpph.com
E-mail	scrmcbs@sina.com
新浪微博	@四川人民出版社
微信公众号	四川人民出版社
发行部业务电话	（028）86259624 86259453
防盗版举报电话	（028）86259624
照 排	四川胜翔数码印务设计有限公司
印 刷	四川华龙印务有限公司
成品尺寸	148mm×210mm
印 张	11.25
字 数	240千
版 次	2016年8月第1版
印 次	2021年3月第4次印刷
书 号	ISBN 978-7-220-09854-3-01
定 价	48.00元

■版权所有·侵权必究
本书若出现印装质量问题，请与我社发行部联系调换
电话：（028）86259453

再版说明

党的十八大以来,以习近平同志为总书记的党中央高度重视党的历史和革命传统教育。2015年9月11日,习近平总书记在十八届中共中央政治局第二十六次集体学习时的重要讲话中指出:"英雄模范之所以能够赴汤蹈火、舍生忘死,之所以能够任劳任怨、鞠躬尽瘁,之所以能够洁身自好、光明磊落,最根本的就是他们对理想信念有执着追求和坚守。他们选定了主义,站定了队伍,就终身为此不懈奋斗",并强调革命烈士的家书、事迹是进行理想信念教育最生动、最有说服力的教材,要编辑成册,发给广大党员、干部,让他们经常读一读,想一想。

为了贯彻习近平总书记讲话精神,推动"两学一做"学习教育,2016年4月,中共四川省委党史研究室决定对《四川党史人物传》第一卷、第二卷进行一次重要史实的补充修订后再次出版。《四川党史人物传》第一卷、第二卷是1984年由中共四川省委党史研究室的前身中共四川省委党史工作委员会组织编写。这套书出版三十多年来,在进行革命传统教育、认识四川党的历史方面发挥了积极作用,深受广大读者喜爱,经过时间的积淀和新的重要文献的出现后,有必要对此书修订补充再版,为广大党员干部提供更为生动的学习资料。

再版工作由郭生春牵头,宋键、杨萍具体负责,图片的收集整理工作由宋键、杨萍、马睿、王植和李小聪完成。这项工作得到了该书前编辑组长乔毅民的大力支持。室务会还决定聘请邓寿明对书稿补充修订工作进行审定。在图片、资料的补充收集过程中,我们得到了重庆市委党史研究室,以及酉阳县、黔江区、涪陵区、潼南区等地党史部门的大力支持,在此表示诚挚的谢意。

《四川党史人物传》编辑组

2016年6月28日

以怀先烈
以育后代

邓华题

发扬先驱者的革命精神

为四川省党史人物传题

一九八三年五月 杨超

满卷是热烈的火智慧的光永远照耀、鼓盟、指导着我们向共产主义道路前进

张秀熟学习 一九八三年六月六日

编委会名单

编审委员会

  杨　超　任白戈　张秀熟　安法孝

  周　颐　陈　文　彭　塞　郝　谦

编　辑　组

  组　长：乔毅民

  副组长：张迪明

  成　员：毕　兴　阚孔壁　邓寿明

目 录

序 …………………………………… 任白戈（001）

刘愿庵 …………………………………… 王　斌（001）
罗世文 …………………………………… 郭元麟（028）
袁诗荛 ………………… 中共盐亭县委党史办公室（060）
廖恩波 ………………… 重庆师范学院　张洪超
　　　　　　　　中共内江市委党史征集办公室（082）
曾　莱 ………………… 彭达诚　刘志湘　邱良能（104）
余泽鸿 ………………………… 高文清　李德民（123）
邹风平 ………………………… 乔毅民　阚孔璧（152）
黎灌英 ……… 中共内江市党史资料办公室　王东伟整理（187）
车耀先 ………………………… 沈寄踪　钟永玉（202）
程子健 ……… 中共四川省委统战部党史征集办公室（230）
李家俊 …………………………………… 王永清（254）
梁　华 …………………………………… 王迪先（276）
刘远翔 ………………………… 冀蒙川　兰玉洪（299）

钟善辅 ………………… 四川省总工会工运史资料组（313）
孟本斋 ………………………………… 吴式恒（329）
编后记 …………………………………………（345）

序

任白戈

中共四川省委党史工作委员会《四川党史人物传》编辑组编辑出版的《四川党史人物传》，无论就党史的研究及就革命先烈和先辈的表彰来说，都对后辈起着长远的教育作用。我们有今天这样没有人剥削人、人压迫人的社会主义社会，过着人间幸福的生活，是与许多革命先烈的流血牺牲和革命先辈的艰苦奋斗分不开的。他们一生斗争的历史，不但给我们指明革命实践的道路，而且给我们鼓舞奋发的力量。现在许多青年人不懂得革命的历史，不懂得新中国是怎样由旧中国变来的，对革命的一些根本问题就难以理解或理解不深，所以对青年人来说，这种形象的、历史的、生动的传记读物特别需要。

人物传记，必须实事求是，力求做到真实无误。因为这是历史而不是小说。小说可以夸张虚构，历史必须存真。比如画一个人物的像，可以用素描，可以用油画，但必须像被画者的真实面貌，这才叫画像。传记也可以用彩笔写，但这只是增加它的光彩，而不能模糊它的真实面貌。真实应当是第一位的，不要写成华而不实。

每个人物都有一个成长发展的过程。即使是伟大的人物也有一个由幼稚到成熟的过程,没有谁一生下来就是革命的天才。所以我们在写人物传的时候必须坚持辩证唯物主义和历史唯物主义的观点,写出人物的变化和发展。每个人所处的时代环境和家庭地位关系不同,他所走的道路以及如何走上革命的道路都是不同的,这其中有千山万壑的羊肠小道,也有险阻湍急的关津渡口,由于时代的要求和革命的形势相同,往往又殊途同归。情况是非常复杂的,但又是有规律性的。所以在写革命人物传时,既要写得丰富多彩,又要写得合乎情理。历史的发展是曲折的,在某些转折的关头,或者由于路线的错误,或者由于思想认识跟不上,英勇的革命人物也会有某些过失,这在写传记的时候也不必避讳。因为这样更能显出人物的真实性和完整性,有助于光辉形象的塑造,并不削减他们的革命功绩和在历史上应有的地位。

一个革命人物的行动总会或多或少地贯穿着许多运动、斗争事件,而且有些在革命史上甚至现代历史上都是主要的事件。他是运动、斗争的参加者乃至领导者,在写他的传记的时候就必须把这些运动、斗争写清楚。这不但可以丰富革命人物的事迹,为其增添光彩,而且可以作为革命历史的一部分供后人参阅。当然这又与写某一运动史、斗争史不同,只能是简明扼要地包含于传记之中,而不能形成传外有传。

这部《四川党史人物传》,经过原中共四川省委党史研究室会同四川省中共党史研究会多次召开会议讨论研究和各地区、各大专院校乐于承担编写任务的同志的辛勤劳动,又由原省委党史研究室以乔毅民为组长、张迪明为副组长的《四川党史人物传》编辑组担负着整个编辑工作。由于许多烈士是在敌人的屠刀下牺牲的,在那些黑暗统治的艰苦日子里,没有保存什么资料,不得不走访一些知情的老人,多方来搜集,而这些老人又因年事已高,记忆难免不周和不准,为了对证一个史实往往花费很大的功夫,他们的心血凝成的几十篇党史人物传,对于党史的教育和革命史的教育作出了很大的贡献。今后的工作更加繁重,尚望同志们以锲而不舍的精神,总结过去的经验,取得更好的成绩。

1983 年 5 月

刘愿庵

◎ 王 斌

刘愿庵（1895—1930），中国共产党第六届中央候补委员。他自1925年入党后，历任中共成都特支书记，四川省委宣传部部长、秘书长，代理书记、书记等重要职务，为发展四川党的组织、发动工农运动、组织武装起义等，进行了艰苦的工作。1930年5月，在重庆英勇就义。

刘愿庵

一

刘愿庵，原名孝友，字坚予，1895年12月6日出生在陕西咸阳，其父刘次候是个军人，驻防西康，全家随其移居四川成都。刘次候知识渊博，阅历丰富，并擅长医术，为人正直廉洁，虽在军界任职，却很少积蓄，加之乐于助人，常周济亲友，因而家庭经济并不宽裕。刘愿庵成长在这样的家庭中，对他后来走向革命道路有一定的影响。

1908年，十三岁的刘愿庵随父去南昌，进入大同中学读书。辛亥革命爆发，刘愿庵弃学参加了学生军。袁世凯窃取辛亥革命果实后，学生军被解散，刘愿庵又回到四川，在乐山电报局担任长途电话线路的勘测工作。他同工人在一起，并常与附近农村的贫苦农民接触，深感人间之不平，思想感情发生了急剧变化。

1919年，刘愿庵经人介绍，到驻万县的军阀卢锡卿部当参谋。他博学广闻，能写善辩，深得卢锡卿的赞赏，凡是难办的事情，卢都要他去办。当时，在卢锡卿管辖区内的一个深山老林里，有一股土匪，颇有势力，卢想去招安，苦于没有办法，于是派刘愿庵去做招抚工作。刘愿庵进山后，住在一所寺庙里，与和尚谈佛论经，甚为投机。待熟络后，他动员长老说，劝匪投诚是化恶为善，希望长老能大力帮助，并先奖给了寺庙一笔现金。长老被说服后，去见土匪头子，以官位利禄相许诺，规劝土匪头目投诚，获得成功。刘愿庵怕土匪投诚有诈，先要他们去平定另一股土匪，以作归顺的"进见礼"。土匪头子为了升官发财，唯命是从，奋勇登山，终将另一股土匪荡平。时值数九寒冬，土匪头目见刘愿庵穿着单薄的衣衫，即以狐皮袄子相送。刘愿庵婉言谢绝说："我个性耐寒，不需此物，可分给军中无衣者。"后来他对人讲："盗贼赃物，岂能污吾身！"平匪任务完成后，卢锡卿更加器重刘愿庵，先调他任杨春芳部秘书，1922年又任丰都县县长。

刘愿庵到丰都县上任时，身着布衣，脚穿草鞋，进县城后先住旅馆，调查社会，了解民情。当地豪绅为了向新县长献殷勤，纷纷送来厚礼，均被刘愿庵谢绝。上任后，他首先复查案件，清理冤狱，将一些无辜受害的劳动群众释放回家，对各种徭役赋税一一清查，将那些残酷盘剥劳动群众的苛捐杂税全部废除；将一些欺压人民群众的团总、贪赃枉法的官吏，分别给以撤职、警告和罚款等处分。他采取的一系列有力措施，深得群众拥护，人民称他为"刘清官"①。刘愿庵的行动，引起了当地劣绅和驻军团长的憎恨，纷纷跑到杨春芳那里去告状。杨春芳对刘愿庵的做法也早已不满，便下令革除刘愿庵的县长职务。刘愿庵愤然离开丰都，去成都刘泗英办的西南公学当国语教员，从事教育事业，开展新文化、新思想的宣传活动。丰都人民对新县长遭到排斥打击，愤愤不平。为了记念刘愿庵的功德，群众自发给他立了德政碑。

二

1923年初，恽代英由泸州经重庆到成都从事革命活动。他约集成都的先进知识分子刘愿庵、邹进贤、刘春辉、刘竹贤等，组织学行励进会，以切磋学习、砥砺品行、不吸烟、不嫖赌、勤俭节约等规范相约束；并发行《励进周刊》，传播革命

---

① 见《朱挹清同志谈话记录》（1979年）。

思想。① 后又建立起蓉社，发展社员二十多人。这期间，刘愿庵与恽代英接触频繁，相知渐深，遂结为好友，立志"以谋求中国人民及全世界被压迫者的解放为终身事业"。经恽代英介绍，刘愿庵去川南师范教书。

1924年，第一次国共合作后，逐步高涨的革命运动从广州波及全国时，刘愿庵到宜宾，任刘文辉第九师司令部咨议官、兼《叙州日报》总编辑。② 此前，刘春辉回到宜宾，已先后邀集同盟会员陈宣三、尹绍州和郑量澄、黄雨岩、潘学海、张立如等人，成立了青年读书会。刘愿庵来后，由于活动能力强，又在师部和报社工作，接触面广，联系群众多，他很快就介绍了叙州联中等校师生多人参加读书会。他们在宜宾东街天顺祥旧址内阅读进步书刊，讨论研究马克思主义及反帝反封建的革命道理，不仅提高了所有参加者的思想觉悟，而且播下了革命的种子。③

接着，刘愿庵同郑佑之、许培高、熊吉安、张立如等，在将军街曾家祠设立通俗讲演所，吸收当地教育局局长韩敬元参加。每天傍晚，他们分别到街头讲演，向老百姓讲述帝国主义及其走狗的罪恶行径，揭露封建军阀的狰狞面目。群众很喜欢听刘愿庵等人的讲演，听众日益增多，常是挤满街头。可是，群众的爱国热情被当地军阀视为洪水猛兽，派军队进行干预和镇压，讲演活动进行了几个月就被迫停止。

---

① 张立如：《关于宜宾青年读书会成立的经过》（讲话记录，1964年）。
② 张立如：《关于宜宾青年读书会成立的经过》（讲话记录，1964年）。
③ 张立如：《关于宜宾青年读书会成立的经过》（讲话记录，1964年）。

1925年，上海五卅惨案的消息传到重庆、成都、宜宾等地。在宜宾，成立了叙州五卅惨案外交后援会，推选同盟会员尹绍州、郑量澄和刘愿庵负责领导。刘愿庵等贴标语，散传单，进行街头讲演，揭露帝国主义屠杀蹂躏中国人民的种种罪行，组织群众示威游行，坚决抵制英、日仇货，实行经济绝交。这些活动的开展使宜宾人民群众的反帝爱国热情更加高涨，沉重地打击了帝国主义在长江上游的侵略势力。

五卅惨案发生不久，党派尹伯明和郑则龙回宜宾发展党团组织。行前，恽代英对尹、郑说，刘愿庵"忠诚朴实，善读书，笔下很快，一直倾向党。当县长时所挣的一点钱，都为宣传马列主义、组织学术团体和创办刊物花掉了。虽现在还未成为我们组织的同志，可却为我们做了不少工作"，要他们"回宜宾后一定要把刘愿庵吸收到党组织里面来"。[①]

尹伯明、郑则龙回到宜宾，同尹绍州、郑量澄一道，耐心地做刘愿庵的思想工作，消除他觉得家庭人口多、父亲年老、负担很重、怕影响党组织的顾虑，很快吸收他加入了中国共产党。不久，党组织派他到成都开展工作。[②]

三

1926年春，在中共中央的领导下，四川的部分共产党员在

---

① 郑则龙：《宜宾共产主义青年团的创建》，《宜宾地区现代革命史研究资料》1981年第1期。
② 郑则龙：《宜宾共产主义青年团的创建》，《宜宾地区现代革命史研究资料》1981年第1期。

重庆正式成立中国共产党重庆地方执行委员会，由杨闇公任书记，统一领导全川的党团工作和群众运动，执行党的统一战线方针，把四川党组织的工作推进到新的阶段。党的重庆地方执行委员会成立后，刘愿庵任成都特支书记。他在成都期间，以办报为社会职业，后任四川省参议会秘书。

1926年初，统一战线中争夺领导权的斗争日趋激化，四川国民党右派依附四川军阀猖狂地向共产党和国民党内的左派势力进攻，以曾琦、李璜等为首的国家主义派又以四川为大本营，纠合党徒与共产党公开对立。北京"三一八"惨案发生后，国家主义派公然跳出来为帝国主义和段祺瑞政府辩护，明火执仗地诬蔑中国共产党，刘愿庵同国家主义派进行了坚决的斗争。一次，成都的一些社会团体组织公开的群众性讲演会，刘愿庵和李璜等人都被邀请参加。李璜自命为思想界的权威，在台上大演反共卖国丑剧。听众谴责他不像中国人在讲中国问题，完全是一副奴才相。刘愿庵走上讲台，虽然衣着朴素，看起来"土里土气"，但他谈笑自若的态度、坚定正确的立场、犀利而流畅的言辞，对李璜卖国反共的谬论进行了淋漓尽致地驳斥，听众纷纷为他叫好，拍手称快。李璜招架不住，灰溜溜地离开了会场。

这时，由徐佑根主办、张秀熟任义务主笔的《西陲日报》，亦发表了关于"三一八"惨案的社论，无情地揭露国家主义派在"三一八"惨案后充当帝国主义和段祺瑞政府帮凶的罪行。刘愿庵很重视《西陲日报》，积极协助报社工作，撰写文章、代审稿件，抨击国民党右派和国家主义派出卖民族利益、破坏国共合作和反对北伐战争的丑恶行径。

1926年11月25日,中国国民党四川第一次全省代表大会在重庆召开,刘愿庵以成都代表的身份出席了大会。会议开幕的第二天,刘愿庵在省执行委员会举行的宴会上,代表全省出席会议的代表致答词,指出:"四川政治局面的推行,是由于中国的政治之推进而演进的,我们不能以现在政治形势稍好便高兴得不得了。并且在军事方面,虽然宣告胜利,而对于宣传组织工作却毫未有进展。现在四川将领所以只知有蒋介石,而不知有国民党,只晓得派遣代表与蒋介石接洽,而不晓得与莲花池省党部发生关系,一般群众所以只听着蒋介石打胜仗,而未听着国民政府之职能……这就是一个最显著的例子。"[1]

刘愿庵提出国民党(左派)各级组织应加强宣传组织工作,树立国民政府的威信,而不能让蒋介石树立个人的威信和特权的问题,是当时的一个关键问题。从这里可以看出,刘愿庵的政治眼光是十分敏锐的。

刘愿庵对今后的工作提出了两点建议,他说:"过去各县同志往往在工作进行中发生了许多错误,不是注意上层忽略了下层,就是注意下层而忽略了上层,结果这两种都成了党务进行上的障碍,代表大会应当对此有特别之注意而加以决定……一党之下,集合多人,所以各人的言语举动未必都皆一致,其所以能够统一,就是靠一个纪律。本党是一个民主集中制者,就是未决议以前,任随个人发表意见,只要决议以后,无论任

---

[1] 《中国国民党四川第一次全省代表大会日刊》1926年11月27日。

何人都应当绝对服从,没有丝毫迟疑的余地。"

大会期间,刘愿庵担任文牍股主任,起草大会宣言、决议和其他文件。在他参与起草的《中国国民党四川第一次全省代表大会宣言》中指出:在中国必须动员和组织广大工农群众起来赶走列强、打倒军阀,民族才能复兴,国家才能强盛,民众才能翻身。号召各阶层民众团结一致,奋斗益力,遵照先总理(孙中山)联俄、联共、扶助农工的遗嘱,力争国民革命早日胜利。会上,刘愿庵还同一些代表提出"组织平民教育机构和提倡平民教育运动案",建议省执行委员会成立四川平民教育协会;请省党部宣传部编定平民读物;吸收成年的工农群众、店员和学徒等参加学习。大会通过了刘愿庵等人的提案,后因政局恶化,"平民教育运动案"未能实现。

国民党四川省第一次代表大会之后,中共重庆地委为加强民众工作,积极开展兵运、农运和工运,把革命推向新的阶段,派刘愿庵到陈书农部做兵运工作,以配合刘伯承等领导的泸顺起义。陈书农是邓锡侯第二十八军下面的一个师长,思想比较开明,赞同国民革命。刘愿庵到陈部任师政治部中校宣传科长,兼任军官教育团政治教官,常给官兵上政治课,讲述国民革命、国共合作和一些政治常识。他讲的课有理论,有实际,生动具体,很受官兵欢迎。刘愿庵在部队中平易近人,不摆官架子,没有旧军人的坏习气,官兵中不少人都愿意接近他。不久,党又调刘愿庵回成都,负责川西的工作。

大革命时期,刘愿庵十分重视各种力量的组织与联合。他曾根据党的指示,对军阀部队的上层军官做过耐心细致的工作，争取他们参加国民革命，取得了较好的效果。如邓锡侯、刘文辉部下的高级将领陈离、夏仲实、吴景伯等，后来不同程度地倾向革命和同情中国共产党；对后期的"赤心评论社"，刘愿庵也采取了团结、教育、争取的方针。"赤心评论社"的前期，是一个宣传马克思主义的革命组织，后来在傅双无等政治投机分子的操纵下转向社会民主主义，同党分庭抗礼，使成都地区出现了两个工会的局面，阻碍了成都工人阶级组织的统一。然而，"赤心评论社"仍同党有一致的一面。他们同样主张打倒帝国主义和推翻封建军阀的统治，赞成国民革命。当时一些党员十分憎恨该社的错误行动，甚至抱着敌视的态度。由于刘愿庵坚持了正确的方针，终于使成都两个工会达到了行动的统一，共同组织了左派国民党成都市党部，从而推进了国民革命运动。[1] 刘愿庵对科技、文艺和教育等界朋友也做了很多工作，争取他们同情革命，进而参加革命。20世纪20年代在重庆、成都、泸州和宜宾等地受到刘愿庵的教育和影响，从而参加革命队伍或倾向革命的知识界人士为数不少。如著名作家李劼人在1951年7月1日撰写的《纪念先烈赵世炎》一文中说："这个消息（即赵世炎牺牲）后，一如听见刘愿庵在重庆就义一样，好多天不舒服，因而更引起我对共产党的同情，更增强了我对蒋贼中正和他那一伙的仇恨。我很感谢两位先烈！我敢于说，自我从法国回国以后，我确实受了他两位的无形影响，使我愈明确坚定我这二十几年来的行动方向！"

---

[1] 任白戈：《蜀中英华功垂史册》，《重庆日报》1981年6月21日。

1927年，蒋介石公开叛变革命之前，密谋策划四川军阀反共反人民。驻重庆军阀刘湘首先举起屠刀，屠杀共产党人和革命群众。3月31日，中共重庆地委通过国民党莲花池省党部（左派）出面，组织各进步团体，在打枪坝召开群众大会，抗议帝国主义炮轰南京的暴行，声援南京人民。军阀刘湘、王陵基、蓝文彬等开枪镇压到会群众，酿成了震惊全国的"三三一"血案。这次血案遭残杀的有数百名革命群众，四川省委的负责干部和革命志士杨闇公、冉钧、陈达三等或当场遇难，或会后遭逮捕而英勇就义。

在白色恐怖笼罩之下，刘愿庵领导的中共成都特支与上级失去联系，但他们毫不畏惧，仍然带领党员和群众坚持斗争。4月4日，在中共成都特支的领导下，成都地区的工会、农会、学生联合会和国民党成都市党部等十五个进步团体联合组成重庆"三三一"惨案省会后援会，选出刘愿庵、孙壶东、李献亭、唐伯焜、袁亚群等为"省会成都援助重庆惨案各界代表"，同时做出如下决定：（一）电请中央（国民政府）派特派专员来川会同办理此案；（二）警告刘湘及渝中各将领，并责成将王（陵基）、蓝（文彬）、曹（燮阳）、申（文英）等人监禁查办；（三）质问向育仁并要求他表明态度；（四）推举代表与邓（锡侯）、刘（文辉）两军长交涉，请负省会治安全责。①

4月8日早上9点钟，成都各民众团体代表在商业场集中，

---

① 夏以容：《大革命末期成都地区党所领导的革命斗争纪略》，《现代革命史研究资料》总第十期。

然后由刘愿庵率领赴二十八军军部请愿。刘文辉、邓锡侯到场后，刘愿庵首先发言，痛斥军阀刘湘、王陵基、蓝文彬等背叛国民革命，在重庆制造"三三一"大血案，屠杀共产党员和革命人民的罪行，要求刘、邓两军长站在国民政府的立场上，讨伐刘湘，并切实维持省会治安，以杜绝类似重庆事件发生。刘文辉坐不住了，他毫无表情地说："各位请惩办王（陵基）、蓝（文彬）、曹（燮阳）、申（文英）四人究竟有何证据，能说明彼等系此案祸首？"邓锡侯也帮腔说："近日省会忽发现有农民自卫军总司令朱玺布告，同时发现三民自卫军总司令李廷布告，此两种主义不同的自卫军，随时都有发生冲突、扰害社会治安的可能，所以维持治安责任要大家负责。"邓以此托词，把责任推得一干二净，还说："明白点讲，在青天白日下之成都，只有三民主义活动的领域。"刘愿庵据理驳斥邓、刘二人的谬论，指出：向育仁系蒋介石派回四川来进行"清党"的要员，他在重庆与刘湘密谋，制造"三三一"惨案，回到成都后，又企图镇压群众。他干了不少反对国共合作和破坏国民革命的事，要求两位军长将向育仁驱逐出境。邓锡侯听后，淡淡地说："啥子驱逐啊，警告一下就是了。"而刘文辉则不然，怒冲冲地讲道："全川清乡团务总办向育仁，系二十八军、二十九军及本军代表，又得蒋总司令委派四川主持全川党务，蒋总司令之军权，系中央党部所给予行使。"进而刘文辉在桌子上拍了一巴掌，威胁说："现在汉口，南昌闹意见，我们管不着，打开窗子说亮话，在我们防区内讲纯三民主义可以，掺沙的可不行。"说后他拂袖而去。对刘文辉、邓锡侯的恐吓威胁，刘愿庵等无所畏惧，但认为：要想通过他们解决什么问题是不可能的，只有发动群众进行艰苦的斗争，才有胜利的希望。

成都各界群众开展声援重庆人民的活动和派出代表到第二十八军军部请愿，引起了军阀们的惶恐和憎恨。刘文辉、邓锡侯、田颂尧等在附署刘湘的"反共拥蒋"通电之后，于4月9日急忙加委向育仁为省会城防司令，以加强对成都地区的军事控制。

几天之后，蒋介石在上海发动反革命政变。霎时，白色恐怖笼罩全国。4月24日，向育仁以四川整理党务特派员、省会军警团联合办事处处长、省会城防司令和四川团练副委员长等四重身份，在成都导演了"成都农工商学兵清党示威大会"的反共丑剧。他们唆使党徒，网罗一批工贼、流氓和社会渣滓，在街上贴标语口号，狂呼乱叫，反对国民革命，反对中国共产党和国民党左派将成都市工会捣毁，叫嚣要将刘愿庵、钟善辅等共产党人和国民党左派人士捉拿归案惩办。至此，广大共产党员和革命志士被迫转入地下活动。

大革命失败后，四川党内少数不坚定分子对革命前途悲观失望，有的脱党离川，有的叛党充当敌人的走卒。共产主义战士刘愿庵毫不动摇。他将"三三一"惨案后从重庆等地来成都的任煜（白戈）、朱挹清等组织起来，转入地下，开展对敌斗争。在成都附近县份，刘愿庵发动农民，建立农民协会，选派从广州、武汉农讲所毕业归来的同志去加强对农会的领导。在成都市内，刘愿庵领导钟善辅、刘亚雄（后叛变）、李宗林、朱挹清等积极开展工人运动，提出增加工资、改善劳动条件、缩短劳动时间等口号，以团结广大工人群众同蒋介石的反动统治作斗争。刘愿庵经常深入基层，了解工人的疾苦。针对当时人力车工人工资极低、车租很高的情况，刘愿庵提出开展一场为减低车租而斗争的运动。在刘愿庵等的努力下，成都一度消沉的工会工作又活跃起来。工人俱乐部、工人读书会和夜校又恢复活动。人力车工人减低车租的罢工斗争和长机工人、生丝工人要求就业的示威游行相继爆发。

这期间刘愿庵还要求各级党组织，对资产阶级、军政界和文教界的中上层人士，除极端反动者外，都要尽量争取。对于军阀、团阀等势力，要利用矛盾，做个别的争取工作。刘愿庵的姐夫周竹虚是刘湘部的一个团长，常常通过姐姐和亲属来进行"规劝"，要他向刘湘作某些妥协。有一天，周竹虚亲自来信写道：如果不反对刘湘，既可公开工作，无碍革命，又能在经济上对家庭有所帮助。刘愿庵见信很生气，但他仍耐心地给姐夫晓之以革命的道理，并对其错误的言论给予严肃的批评。有的同志劝刘愿庵割断与姐夫的关系，他笑着说："用不着，他又不妨碍我革命，通过这点私人关系，有时还可透露点消息，如果关系搞坏了，党的机关能住在家里吗？"

四

"八七"会议后，党中央派傅烈、周贡植等到重庆，建立中共四川临时省委，恢复、整顿和发展四川党的组织。1928年2月13日，临时省委在巴县铜罐驿周贡植家中秘密召开扩大会议，到会代表有来自成都、宜宾、涪陵、江津、重庆等地的二十余人。会议根据1927年11月中央政治局扩大会议精神，着重讨论了四川全省春荒起义问题，制定了《四川起义行动大纲》，决定开展土地革命，进行武装斗争，建立苏维埃政权。会议正式选举成立了中共四川省委，傅烈任书记，周贡植任组织部部长，刘愿庵任宣传部部长，牛大鸣任秘书长，还选举了出席党的"六大"代表，正式代表刘愿庵，候补代表刘远翔、刘披云。会后，代表们赴各地开展工作，重点是把各地党员组织起来，建立党的支部，成立县委；发动群众，进行抗粮、抗捐、抗税斗争；开展兵运，准备武装起义。

省委为了能集中全力领导全省党的工作，决定成立巴县县委。1928年3月9日，中共巴县县委成立会议在重庆兴隆巷八号召开。傅烈、周贡植、牛大鸣等到会指导，不幸，会议被敌人发觉，除牛大鸣巧妙脱险外，其余十多人全都被捕。刘愿庵立即召开紧急会议，研究营救办法，通知各地党组织加强秘密工作，保存好党的文件，调整干部，避免不必要的牺牲。紧急会议推选刘愿庵为代理省委书记。他临危就任、肩负起领导全省党的工作的重担。营救被捕同志的工作，虽经多方努力，终归无效。4月3日，傅烈、周贡植等九人，被军阀刘湘杀害于朝天门。此前，四川军阀亦在成都制造了"二一六"下莲池惨案，屠杀党员、团员和革命青年袁诗荛（川西特委宣传部部长）、钱祥芳等十四人。就在这时，刘愿庵又获知其七弟刘孝祐在河南被军阀杀害的噩耗。他悲愤交集，决心更加努力工作，向蒋介石和封建军阀讨还血债。

1928年5月,省委派刘愿庵赴上海向党中央汇报四川的情况,要求派负责干部到四川加强领导。刘愿庵在上海汇报工作后,即北上哈尔滨,经满洲里抵达莫斯科,出席党的第六次全国代表大会。会上,他被选为第六届中央委员会候补委员。

党中央根据刘愿庵的报告和四川省委的要求,于1928年5月,派穆青以中央特派员身份到四川指导工作。不久,又派李鸣珂到四川任省委委员兼省军委书记,负责军事和保卫工作。同年10月初,代理省委书记张秀熟等二十余人,在重庆不幸被捕,党、团省委机关再次遭到破坏。

刘愿庵在党的"六大"闭幕之后从莫斯科回国。途经上海时,他千方百计联系当时在上海读书或工作的四川同志,鼓励他们战胜暂时的黑暗,渡过难关。当刘愿庵了解到任白戈在招商局公学教书时,就托人将他找到旅馆中见面。刘愿庵关切地问:"你的组织关系接上了没有?"任说接上了。刘愿庵感到很高兴。接着,刘愿庵向任白戈扼要介绍了"六大"决议精神,说明中国现阶段革命的性质仍然是资产阶级性质的民主革命,革命任务是打倒帝国主义和封建军阀,而不是社会主义革命。[①]刘愿庵又约孙壶东在肖华清、陈觉仁家相见。旧友在患难中重逢,格外亲热。他仔细了解几位同志在上海的生活、工作情况和今后的打算,然后给大家讲述在莫斯科等地的见闻和党的"六大"的基本精神。他说,毛泽东、朱德等同志在井冈山打游击,建立革命根据地。我们回四川后要积极发展组织,大力

---

① 任白戈:《蜀中英华功垂史册》,《重庆日报》1981年6月21日。

开展工农武装斗争。他还对孙壶东说："我们希望同国民党左派继续合作，共同反蒋。我们现在同国民党右派是公开地干，而你们可以在国民党内部反对蒋介石，可算是殊途同归，目标一致。"

刘愿庵在上海没停多久，就匆匆返回重庆，并于10月25日在重庆成立中共四川临时省委，开展党的工作。当时在川南视察的穆青尚不知道刘愿庵已经回川。他在得知省委受到破坏后，急奔成都，再赴潼南双江镇，约集川西特委等几个地区的负责干部开会，成立了临时省委，穆青任书记，省委机关设在成都。刘愿庵和穆青分别得知情况后，于12月18日在成都召开紧急会议，决定穆青、刘愿庵、程子健、陈俊山、刘远翔五人组成统一的临时省委，穆青任书记兼省军委书记，刘愿庵任宣传部主任兼党报编辑，程子健任组织部主任。

1929年，中共四川省临时省委认真贯彻"六大"决议，无论在党组织的恢复发展，或是工农群众运动方面，都取得了可喜的成就。2月12日，临时省委在成都召开扩大会议，刘愿庵传达党的第六次全国代表大会的精神。会议结合四川的实际指出：国内形势处于两个革命高潮之间的低潮，四川革命高潮有到来之可能，应该争取群众，准备武装起义，并总结了四川革命的经验，提出纠正盲目起义的盲动主义倾向。会议正式选举刘愿庵任中共四川临时省委书记，穆青任组织部长，刘披云任宣传部长，李鸣珂任军委书记，牛大鸣任监委书记兼秘书长。

为了恢复健全各地党的组织，经省委决定，派出巡视员分赴川东、川南、川北各地，宣传"六大"精神，贯彻"六大"

决议，教育审查原有党员，恢复组织，吸收新党员。巡视员出发前，刘愿庵给他们布置工作，交代工作方法，要求战友们克服重重困难，胜利完成任务。

经过刘愿庵等的艰苦工作，四川各级党组织恢复发展很快。是年冬，全省党员发展到近三千人，其中工人党员约占20%，农民党员约占40%，知识分子约占30%。广大党员在各地宣传群众，组织群众，进行武装斗争，开展土地革命。

刘愿庵等在动员工人怠工、罢工和争取生存的合法权利方面，做了大量工作。1929年3月26日，临时省委发出通告指出：夺取城市最重要的是城市工作，尤其是工人群众较多的城市。目前工作的重心应该是重庆、成都、万县等以及几个重要工人区域，如自贡、五通桥。必须下最大的决心和以最大的努力去建立这几个区域的工作。6月7日至11日，省委在成都召开第二次会议，决定撤销特委，建立成都、重庆、自贡、万县等四个特区和宜宾、嘉定、泸州、三台、顺庆、遂宁、涪陵、绥定等八个中心县委，以建立起这些地区革命工作的坚实的基础。①

刘愿庵亲自抓工人运动，他挑选培养工运干部，派往各工人群众较多的城市去开展工作。1929年2月省委扩大会议后，他派团省委负责人郝谦到自贡帮助中共自贡特支领导广大工人开展罢工斗争。郝谦到自贡后，同特支书记程攸生一道，领导

---

① 中共重庆市委党史工作委员会编印：《民主革命时期重庆地方党史大事年表》，1983年9月。

了4月自贡工人为反对解雇的罢工和8月自贡盐业工人总同盟大罢工，取得了被解雇工人回原厂工作，增加工资，工资以米价为标准，以及改善劳动条件等成果。

6月10日，驻成都军阀借口保护路面，不准独轮车行走公路，并派军队砸毁了几百辆独轮车，致使大量工人失业。刘愿庵领导川西独轮车总工会，发动独轮车工人到成都游行示威，砸烂二十四军的两部汽车，挖毁成都到新津的公路，使汽车无法通行。23日，川西独轮车总工会发出告全川人民书。7月1日，川西独轮车工人举行罢工，激起各界群众对二十四军的强烈不满，驻军被迫撤销禁令。①

在组织领导农村武装起义和兵变方面，刘愿庵和李鸣珂、穆青等分赴四川各地区，进行思想动员，配备干部，建立武装起义的领导机构等。川东北的宣汉、万源、达县一带，经王维舟、李家俊等几年辛勤工作，武装起义的条件已经具备。省委决定首先在这里举行武装起义，并于1929年3月成立了由李家俊任组长的起义领导小组。4月下旬，万源固军坝起义成功，在川东地区树立起一面武装斗争的旗帜。1929年6月，共产党员旷继勋、罗世文等发动川军二十八军第七混成旅在遂（宁）蓬（溪）边界起义。起义前，刘愿庵是不同意的，他认为四川城市的工运、学运和妇运工作还很薄弱，有的地方刚刚开始，农运更差一些，只有李家俊领导的川东北游击武装和下川东梁

---

① 四川省总工会工运史资料组编印：《新民主主义革命时期四川大事记》，1981年6月。

(山）开（县）万（县）等地的情况比较好，总的是白色恐怖严重，缺乏群众基础，起义时机不成熟。后来，由于部队处境危急，部队中的党员干部又要求迫切，刘愿庵等才同意了，并派刚从苏联学习回来的罗世文、邹进贤等去该部参加指挥，加强领导。6月29日旷继勋率全旅起义，成立中国共产党四川工农红军第一路总指挥部。此举震惊了四川的大小军阀，鼓舞了全川的受苦群众。

以刘愿庵为首的四川省委，不但重视武装起义，掌握枪杆子，而且也十分注意宣传工作。1929年春，刘愿庵、李鸣珂等通过驻军师长、共产党员张清平出面筹集经费，创办《新社会日报》，由罗承烈任社长，川东特委书记项鼎任主编，刘愿庵、李鸣珂经常为其撰稿。该报猛烈地揭露和抨击蒋介石集团的种种罪行和劣迹，并联合各报向国家主义派展开斗争，深受群众欢迎，发行量为全市各报之冠。5月1日，四川省政府奉国民党中央命令，查封《新社会日报》，党领导该报坚持斗争，并得到广大群众和各界团体的积极支持。6月，国民党中央宣传部和中央训练部部长何应钦再次电令查封，该报终于被迫停刊。为此事，重庆报界协会和各进步团体发起请愿，声援《新社会日报》，并成立了民众力争言论自由大同盟。①

在"左"倾思潮的影响下，刘愿庵等在工作中也曾有过失误。1929年秋，他们根据当时中央指示精神，由省军委书记李

---

① 中共重庆市委党史工作委员会编印：《民主革命时期重庆地方党史大事年表》，1983年9月。

鸣珂等组织"飞行集会"领导小组，发动赤色群众在重庆会仙桥、督邮街等繁华闹市举行飞行集会，发表演讲，呼口号，散传单等，使革命力量过早暴露。

为了总结经验，吸取教训，布置今后工作，1929年11月，刘愿庵在重庆主持了省委第二次全委会议。这次会议认为，四川总的政治任务仍是争取广大群众，准备武装起义。根据8月中央《关于四川组织问题给四川省委的信》的精神，作出了《省委二次全会组织问题决议案》，强调发展产业支部，增加干部中的工人成分，彻底改造党的基础，建立和加强中心区域的工作；加强党内民主，实行民主集中制；加强马克思列宁主义思想教育，纠正党内非无产阶级思想倾向；加强党员职业化、军事化，为武装起义夺取政权做好准备等。

正当四川党的工作向前胜利发展的时候，四川军阀刘湘首先采取了罪恶的"自首"政策，利用党内叛徒充当爪牙，从内部来破坏。重庆第二十一军军部下设立了特务委员会，各县、市也建立了清共组织，收买一些叛徒组织"侦缉队"，专门搜捕共产党人和革命志士，并成立"反省院"，开展所谓"心理战"。党内一些动摇分子如江（北）巴（县）士兵运动委员会秘书长易觉先、团省委负责人宋毓萍，以及游曼谷、游洪钧等先后叛党，充当刘湘侦缉队的凶恶鹰犬。

由于叛徒的出卖，1930年春夏之间，驻在重庆的省委几次遭受重大损失。3月，临时省委组织部部长穆青在重庆回水沟街被叛徒出卖而遭逮捕，5月壮烈牺牲。4月中旬，省军委书记李鸣珂外出办事，在朝天门碰上叛徒易觉先和一伙特务。狭路相逢，李鸣珂临危不惧，开枪打死易觉先，并打伤敌特三人，终因寡不敌众，被敌逮捕，英勇就义。5月5日，刘愿庵与省委秘书长邹进贤、宣传部部长程攸生等人，在重庆浩池街39号裕发祥酱园铺楼上开会。叛徒陈茂华写了一张纸条叫一小贩交给附近岗亭里的警察，警察知此事关系重大，连忙报告第六区警察所长郭晴岚。郭立即派巡官王建之等率领便衣特务多人前往搜捕。突如其来的搜查，使大家措手不及，但都立即镇定下来。邹进贤将记录揉成一团，并高声问道："你们是干什么来的？"警察吼道："搜查。"此时，刘愿庵、程攸生等见上楼的特务警察越来越多，便主动出击，争取脱险。刘愿庵因身患肺病，体质较弱，与警察搏斗时被打倒在地，脸被打肿，眼睛亦被击伤，不幸被捕。程攸生与一便衣特务摔打滚下楼梯，也被捕。邹进贤在搏斗的混乱中跑出，因眼睛近视，不慎被门栏杆绊倒在地而被捕，只有一人跳窗脱险。

　　军阀刘湘早知刘愿庵的才华和在四川共产党中的地位，妄图采取"蜜糖"的策略收买这位坚贞的共产党人。刘湘先后派刘愿庵早年的朋友、巴县县长冯均逸，刘愿庵的亲戚、某师参谋长等劝降，以"院长""厅长"等高位和每月两百元大洋的薪俸为诱饵，要刘愿庵脱离革命，退出共产党。坚强的共产主义战士刘愿庵，从入党的那一天起，就誓为中国人民和世界被压迫人民的解放事业奋斗终生，什么升官发财，早已视为粪土。敌人的劝降骗局遭到破产后，5月6日，刘湘二十一军军事法庭正式开庭"审判"。在法庭上，刘愿庵神态自若，据理驳斥，把法庭当讲台，宣传党的主张及其共产主义真理。

当敌人的军法官询问刘愿庵的姓名、职业和住址的时候，他昂首挺胸，理直气壮地答道："全世界无产阶级的斗士，中国共产党党员、四川省委书记刘愿庵……"

军法官愣了一下，连忙说："刘先生，你之为人，不但我们敬佩，就是军长也爱惜你。军长认为刘先生是国家的人才，他要我们转达刘先生，希望能退出共产党组织……"

刘愿庵坚定地答道："我信仰马列主义，加入中国共产党是经过了仔细研究和长期考虑的，是为了中国社会向前发展，这是我的人生观。至于生死之事，我早已置之度外，绝没有什么退出共产党可言！"

军法官仍耐着性子说："刘先生，军长对你非常惋惜……"

未等法官说完，刘愿庵轻蔑地笑了一笑，说道："真的么？我倒有点替你们军长惋惜。他吃的穿的都是老百姓的血汗，不把武力用来替劳苦大众办事，反而伤天害理，残害无辜百姓，这倒真值得惋惜。与其惋惜我，不如去惋惜他自己吧！"

军法官见引诱不成，遂以死相威胁说："刘先生，军长劝你不要误入歧途，你要三思而行，考虑后果啊！"

敌人的威吓，激起了刘愿庵极大的愤怒。他高声斥责道："什么歧途！社会主义是人类发展的必由之路，是不可动摇的真理。去把你们军部的政工人员和所谓'名流学者'都找来，看他们谁能在我面前说清楚什么是'歧途'？除社会主义之外，谁能给中国社会及工农群众找出一条可以彻底解放的道路？我信仰真理，加入中国共产党，为祖国和广大人民的解放而战斗，走的是阳关大道，决不是什么歧途。我看，误入歧途的不是我刘愿庵，不是中国共产党人！那些替帝国主义服务，残民以逞的军阀、买办和官僚，才是真正的误入歧途……"① 军法官们见刘愿庵正义凛然，威武不屈，毫无办法，只得草草收场，宣布闭庭。

五

敌人的劝降失败了，法庭上的斗争刘愿庵胜利了。这时，刘愿庵预感到敌人将采取最后的手段，置自己于死地。于是，他提笔给爱人写了如下的遗书：

我最亲爱的：

久为敌人所欲得而甘心的我，现在被他们捕获。当然他们不会让我再延长为革命致力的生命，我亦不愿如此拘囚下去。我现在准备踏着先烈们的血迹去就义，我已经尽了我的一切努力，贡献给了我的阶级，贡献给了我的党，我个人的责任算是尽到了。所不释然的是此次我的轻易，我的没有注意一切，使我们的党受了很大损失。这不仅是一种错误，简直是一种对革命的罪过。我虽然死了，但还是应当受党处罚的。不过我的身体太

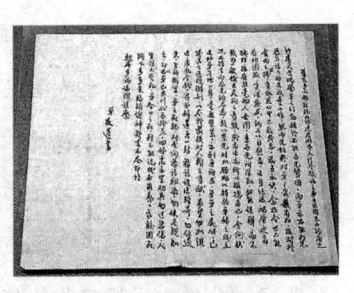

刘愿庵的遗书手稿

---

① 石灵：《刘愿庵同志的供词》，《新华日报》1946年6月14日。

坏,在这样烦剧的受迫害的环境中,我的身体和精神,表现非常疲惫,所以许多地方是忽略了。但我不敢求一切同志原谅,只有你——我的最亲爱的人,你曾经看见我一切勉强挣扎的困苦情形,只有希望你给我以原谅,原谅我不能如你的期望,很努力地,很致密地保护我们的阶级先锋队,我只有请求你的原谅。

  对于你,我尤其觉得太对不住了。你给了我的热爱,给了我的勇气,随时鞭策我前进努力,然而毕竟是没有能如你的期望,并给以你最大的痛苦。我是太残酷地对你了。我唯一到现在还稍可自慰的,即是我再四的问你,你曾经很勇敢的答应我,即使我死了,你还是一并且加倍地为我们的工作努力。惟望你能践言,把死别的痛苦丢开,把全部的精神,全部爱我的精神,灌注在我们的事业上,不应该懈怠、消极。你的弱点也不少,所对一切因循、缺乏勇气与决心,加以极大的补救,你必须要象《士敏土》里的黛莎一样,有铁一样的心。

  对于你的今后,必须要努力作一个改革的职业家,一切教书谋生活等个人主义的倾向,当力求铲除,这才是真正地爱我。……假如我死后有知,我俩心灵唯一的联系,是建筑在你能继续我们的工作与事业,而不是联系在你为我忧伤和忠贞不二上面,这是我理性的自觉,决不是饰词,或者故意如此说,以坚定你的信念,望你绝不要错认了!

  对于我们的工作,如果能给我以机会,我或者可以写出许多话来,但现在是不可能。不过这一切问题,历来的决议说得很多了……然而我们的许多同志总是借口许多理由，说在实行上，事实上有某种困难，把他修改或者取消了，这充分表现出畏难苟安的小布尔乔亚的恶习。我们并不是说没有困难，但布尔什维克的精神，是需用一切的努力去战胜这些困难，决不是对于困难屈服（修改原则或取消主义）。这是我理应能够而又必须最后说的一句最重要的话。

对于我的家庭，难说，难说，尤其是贫困衰老的父亲……整个社会无量数的老人在困苦颠连中，我的家庭，我的父亲，不过（是）无量数之一分子而已。我的努力革命，也何尝不是如此。然而毕竟对于家庭，对于父亲是太不孝了。社会是这样，又复何说。此后你若有力，望你于可能时给父亲以安慰和孝养，尤其是小弟妹，当设法教之成立，这是我个人用以累你的一件事。不过对于我死的消息，目前对家庭，可暂秘密不宣，你写信去说我已到上海或出国去了，你随时缔造些消息去欺骗父亲好了。不过，可怜的父亲，是有两个儿子的生或死，永远不能知道了。五弟不自振作，可以说五弟媳当使工作，不需她始终有个依赖丈夫想做所谓太太的观念，你应在可能时，在教育方面帮助她。

端儿是我很喜欢的一个孩子，也是我们兄弟存留的一个独孩子，你在不妨碍工作范围内，可以抚养她，五弟媳是不会教育孩子的。只是我未免太累你了，然而这也是无法可想的，你能原谅我。

望你不要时刻想起我……更不要无谓的思量留念。这样足以妨害工作，伤害身体，只希望你时时刻刻记起工作，工作，工作！

　　我被捕是在革命导师马克思的诞生（日）晨9点钟。我曾经用我的力量想销毁文件，与警察搏斗，可恨我是太书生气了，没有力量如我的期望，反被他们殴伤了眼睛，并按在地上毒打了一顿，以致未能将主要的文件销毁，不免稍有牵连，这是我这两日心中最难过的地方。只希望同志们领取这一经验，努力军事化武装每个人的身体。

　　你的身体太弱，这是我不放心的。身体弱会影响到意志不坚决与缺乏勇气，望你特别锻炼你的身体。主要方法是习劳，吃药是不相干的，望切记。

　　我今日审了一堂，我勇敢地说话，算是没有丧失一个布尔什维克主义者的精神，可以告慰一切。在狱中，许多工人对我们表同情，毕竟无产阶级的意识是不能抹杀的，这是中国的一线曙光，我的牺牲，总算不是枉然的，因此我心中仍然是很快乐的。

　　再，我的尸体千万照我平常向你说的，送给医院解剖，使我最后还能对社会对人类有一点贡献，如亲友们一定要装殓费钱，你必须如我自愿和嘱托，坚决主张，千万千万，你必须这样才算了解我。

　　别了，亲爱的……不要伤痛，努力工作，我在地下有灵，时刻望着中国革命成功，而你是这中间一个努力工作的战斗员！

你的爱人死时遗书
五月六日午后八时

这封遗书使我们清楚地看到烈士对祖国的未来和共产主义前景充满了希望，充分地表现了他对党和人民的赤胆忠心和对无产阶级解放事业鞠躬尽瘁的崇高品质。

敌人在施展种种诡计均未得逞后，决定杀害刘愿庵。1930年5月7日，无产阶级的优秀战士刘愿庵与邹进贤、程攸生一道，高呼口号，走向刑场。此时，监狱内外，群情愤慨，刘愿庵等在刑场上呼喊革命口号，难友们在牢中呼应，极其悲壮激昂。刽子手行刑后，群众一拥而上，瞻仰刘愿庵等烈士的遗容。当他们看到刘愿庵因用力高呼口号而喷在墙上的斑斑热血，十分感动，有的不禁落泪，赞扬烈士们大无畏的革命精神。

位于成都市的刘愿庵住地旧址

罗世文

◎郭元麟

罗世文

罗世文（1904—1946），四川威远县人，生于1904年，1946年8月18日牺牲于重庆中美合作所松林坡，终年四十二岁。他先后担任过中国社会主义青年团重庆地委书记、中共四川省委书记、红军大学教授等职务。他参加过党领导的一系列群众斗争、武装起义、统一战线等重大工作，被捕入狱后，在狱中仍能孜孜不倦地学习，研究革命理论，以及中国与世界的历史和现状，同国民党特务的威逼利诱、严刑拷打，进行了长期的不屈不挠的斗争，表现了高尚的革命气节，为中国共产主义运动谱写出了光辉的篇章。

一

罗世文于1904年8月2日出生于四川威远县向义镇观音滩。他的祖父罗声衢,是盐业资本家,父亲罗万隆亦长期经营盐业。但他三岁时,家庭经济即已破产。其父因欠债而被抓入巴县狱中作人质,继而病死。

1920年秋,罗世文进入重庆青年会办的教会学校,在那里补习了一年英语。1921年秋,以优异成绩考入重庆甲等商业学校。当时五四运动的革命浪潮正在全国各地深入发展。罗世文很快便投身于反帝反封建这一时代的潮流之中。他如饥似渴地阅读《新青年》《新潮》《少年世界》等进步书刊,特别喜欢李大钊、陈独秀等人的文章。这些文章打开了他心灵的窗扉,为他指明了前进的道路。他一面努力学习,一面积极参加学校的各种革命活动,先后结识了吴玉章、杨闇公、恽代英等人。在他们指导与帮助下,罗世文更加自觉地学习马克思主义理论,积极参加重庆地区的革命活动,逐步树立了共产主义世界观。1923年,他被吸收加入了中国社会主义青年团,先后担任宣传部部长、学委书记等职务;1924年任中国社会主义青年团重庆地委书记。

二

罗世文任重庆团地委书记以后,积极协同萧楚女、杨闇公等，组织进步青年成立"平民学社""学行励进会"以及"社科研究会"等组织，吸收了上百名男女青年学习革命理论，参加革命斗争。还在重庆巴师、联中、巴中、商中等学校建立起团的基层组织，为重庆党组织的建立与发展打下了坚实的基础。

从1924年到1925年，罗世文在重庆期间先后协助萧楚女、杨闇公领导了几次大规模的群众革命运动。

其一是发起组织重庆"非基督教同盟"，反对帝国主义利用基督教对我国进行思想文化侵略。他们把非基督教运动与反帝爱国运动结合起来，大量印发标语、传单、发表演说，并在1925年"复活节"出版《反基特刊》，以大量事实揭穿帝国主义利用基督教欺骗和奴役中国人民的反动本质。罗世文还带领进步学生到教会学校华英中学及受反动校长严密控制的广益中学和求精中学进行宣传，教育广大师生团结进步，不信教，不受骗，不上当。由于罗世文等人的工作使重庆青年学生，特别是教会学校的青年学生觉悟得到提高，教会学校华英中学有三个班的人退学，教会学校招生时，应考者寥寥无几。

其二是发动和组织群众开展声援"德阳丸案"的斗争。1924年11月19日，重庆发生了日本商船私运伪币拒绝检查，并将上船检查之士兵推下大江，制造了"德阳丸案"。日本侵略者的暴行及重庆当局的妥协投降行径，激起了人民极大愤慨。共青团重庆地方委员会决定以这个案子为契机，激发山城人民的反帝爱国热情，打破死气沉沉的局面。萧楚女率先在《新蜀报》上发表文章，声讨日商罪行；杨闇公积极进行上层工作；罗世文则以重庆学联主席身份，到重庆各学校演说和宣传鼓动，揭露日本帝国主义者的种种罪行，号召全市学生行动起来，同全市人民一道，直接进行国民外交，坚决同日本帝国主义作斗争。

11月27日重庆各团体举行代表会，成立了"德阳丸案重庆外交后援会"。会后，萧楚女代表报社，罗世文代表学联，同其他群众代表一起到日本领事馆，向日本领事当面表达山城人民坚决反对帝国主义在中国行使所谓"警察权""治外法权"和"领事裁判权"的共同意愿，并严正指出，这次日本船主在中国土地上违反中国法律，伤害中国士兵，必须由中国政府和人民按照中国法律予以审判和制裁！12月13日，重庆各界人士七千多人冲破反动军警的包围和阻拦，勇敢地在打枪坝广场召开了"重庆人民声讨日本帝国主义惨杀华人的德阳丸案"群众大会。大会通过了要求日本领事赔偿死者命债和丧葬抚恤费以及制止帝国主义在中国的一切非法行为的宣言、通电、抗议及照会。会后举行了示威游行。罗世文率领队伍高呼口号，散发传单，发表演讲。许多市民和学生受到感染，自动加入游行队伍。队伍到达省署及两署督办时，杨闇公、罗世文等作为群众代表前往请愿。省长等慑于群众威势，不敢出面，只是派人接谈。一位官员为群众的爱国热情和代表们的堂堂正气所感动，感慨地说，"德阳丸案有今日举动，足见中国民心未死"，并表示立即转达全市人民要求，促使省长等尽快拿出解决办法。①

---

① 见《国民公报》1924年11月、12月。

这次群众大会及示威游行，振奋了山城人民的革命精神，使日本帝国主义的威风受到了打击。

其三是1925年初，萧楚女、杨闇公、罗世文等同志响应孙中山先生和我党第四次全国代表大会的号召，领导了重庆国民会议促成会运动。当时武汉国民党中央曾派其元老朱叔痴来领导重庆国民会议促成会运动，但朱一味依靠国民党右派和官僚，以致运动搞不起来。在这种情况下，萧楚女、杨闇公、罗世文等遂决定动员全体团员和广大革命群众把这一活动推展开来。他们三人分工合作，由萧楚女著文宣传，杨闇公做争取国民党元老支持和合作的工作，罗世文发动团员到各校宣传和组织、联络、团结各群众团体参加国民会议促成会。经过几天的工作，果然打破了重庆的沉闷空气，在1月18日，召开了重庆国民会议促成会的成立大会。会上，杨闇公、萧楚女、罗世文等团结国民党左派对国民党右派进行了有理有节的斗争，把广大群众争取到一起，使国民党右派企图操纵重庆国民会议促成会的阴谋落了空。接着，杨闇公、罗世文还率领团员及进步青年到南岸真武山庙会去进行演说，向广大工农群众宣讲孙中山先生提出废除不平等条约和召集国民会议的重大意义，提高了山城人民的觉悟。在此基础上，杨闇公、罗世文等在国促会内部进一步联合国民党左派，团结中间派，对国民党右派进行了必要的批评和斗争，终于选出了以中共力量为主体的赴京参加国民会议的代表。1月27日，重庆在打枪坝召开了有一百二十个团体、一万四千多人参加的赴京代表欢送大会，显示了国共合作的力量和群众团结的气魄。

1925年3月12日，在全国国民会议进行期间，中国共产党的伟大友人、杰出的民主主义革命家孙中山先生不幸逝世。消息传到重庆，萧楚女、杨闇公、罗世文等十分悲痛。他们一致认为：孙中山先生的新三民主义，实为目前之需要；孙中山先生的伟大人格，值得我们尊敬。因此，应当在重庆举行隆重的追悼，借以激励国民，教育群众，完成孙中山先生未尽的遗愿。于是，萧楚女、杨闇公、罗世文等领导全体党、团员及群众团体，在重庆商业场总商会成立了孙中山先生追悼会筹备委员会。筹备委员会由萧楚女、杨闇公等领导，罗世文负责具体工作。在筹备期间，罗世文除亲自深入各校热情宣传孙中山联俄、联共、扶助农工的三大政策和新三民主义思想外，还组织了几个演讲队在各群众场所进行演讲，印发了七十余种传单，遍贴城乡，使孙中山先生的革命精神更加深入人心。4月7日，孙中山先生追悼大会在打枪坝召开，有八千多人参加。会上，代表们发表演说，追忆孙中山先生的革命思想和光辉的革命实践，使追悼会成了宣传和继承孙中山先生遗志，坚持把革命进行到底的誓师大会。①

1925年6月初，五卅惨案的消息传到重庆。共青团地委经过研究，决定发动全市人民声援上海人民的革命斗争。会后，罗世文等以"重庆劳工互帮社"的名义向全市发出通知，并于6日上午出面召集各群众团体代表开会讨论反对英日帝国主义

---

① 见《杨闇公日记》及程子键《回忆罗世文同志》和《杨闇公同志战斗的一生》。

暴行的办法。6月7日上午，重庆各界八十四个群众团体派出代表四百多人在巴县图书馆召开了英日惨杀华人案重庆外交后援会成立大会。二十一岁的罗世文被推选为文书部副主任。当天下午，在首次主任会议上，罗世文代表后援会草拟出向政府提出的重要条件及最低要求，表达了山城人民的共同心愿，为主任会议一致通过。

在后援会领导下，重庆广大群众爱国热情空前高涨。学生上街演说，商人抵制英日货物。这使驻渝英、日领事十务恐慌。他们威逼重庆地方官员压制群众爱国运动，宣布"厉禁"。在这种严峻的情况下，罗世文勇敢地挑起了革命重担，作为代理主席，主持了后援会第二次主任会议。会上，他提出与卫戍司令部接洽，取消戒严令，并商量团结社会各界，共同举行罢工、罢市、罢课的斗争，罗世文还起草了给北京政府外交部及全国各界军民的函电，鲜明地提出要求英、日两国赔偿损失，要求政府收回领事裁判权、关税管理权等。在后援会领导下，重庆各界群众于6月25日举行了声援上海人民、抗议日本帝国主义暴行的集会和示威游行，大大振奋了山城人民的反帝爱国热情。6月28日，日本、英国雇佣的重庆华工，全体实行罢工，并断绝供应粮食，沉重打击了英日帝国主义在重庆的势力，振奋了山城人民的革命精神。7月2日，英国士兵在南岸刺死刺伤了工人多名，罗世文等积极组织山城群众进行示威游行，并同军警开展了激烈的斗争。

为加强革命舆论和革命队伍的思想建设，1925年5月由平民学社出面办了《爝光》周刊，由萧楚女担任主编，罗世文负责发行。五卅惨案发生后，萧楚女和罗世文以这个刊物作为舆论阵地谴责帝国主义暴行，反映各地人民的爱国行动和革命精神，指导重庆外交后援会的工作，发挥了积极的战斗作用，受到革命人民的欢迎。但是，反动军阀却对它非常仇恨。重庆卫戍司令王陵基勒令封查了《爝光》杂志，并要萧楚女与罗世文限期离境。①

为了保存革命力量，培养革命人才，党决定派罗世文到苏联留学深造，并在他出国前批准他由共青团员转为中国共产党党员。

三

1925年9月，罗世文由重庆乘轮船穿过三峡，到达上海。他在团中央机关向恽代英等同志汇报工作后，就同六百多名留学生一起乘船赴苏联。

船过日本时，日本警察上船说怕他们这些"东亚病夫"带去病菌，借口进行防疫检查，横蛮地要他们脱光衣服。这不仅是一种人身侮辱，而且也是一种折磨。罗世文和其他留学生一样，义愤填膺！

船抵海参崴，罗世文等受到共产国际远东局代表的热情接待，换乘火车抵达莫斯科之后，罗世文和蔡畅等进了莫斯科东方大学，开始了新的学习生活。

---

① 见《国民公报》1925年6月、7月及重庆博物馆藏重庆现代史材料。

在东方大学里,他牢记党组织的期望,手不释卷地学习马、恩、列的著作,潜心研究十月革命的经验及革命战略战术,研究国际共产主义运动的历史及其经验,因此各科成绩都好。他不仅自己努力学习,而且还热心帮助其他同学,特别是对那些文化程度较低的工人同学,他总是主动帮助他们整理笔记,解答疑难。东方大学给学员配备了翻译。但是,为了更好地学习马列主义原著,罗世文刻苦地学习并很快掌握了俄语。由于罗世文的英语、俄语都学得不错,所以学校让他一面在东方大学读书,一面又在学校当翻译。他的学习和工作,受到教师的表扬和同学们的敬重。

罗世文身在赤都,心怀故国。他念念不忘水深火热中的祖国人民。他经常翻阅来自祖国的报纸杂志,了解大革命的进展情况。1927年春,重庆发生了反动军阀王陵基镇压革命运动、屠杀革命人民的"三三一"惨案,杨闇公在惨案后不幸被捕,壮烈牺牲。罗世文从亲友来信中得悉噩耗,不禁悲愤填膺。他追思杨闇公的高风亮节,恨不能飞回故乡,手斩顽敌。在沉痛中,他写下了这样的诗句:

涂山诀别几经秋,故国不堪江水流。
可惜身无双羽翼,归来聚首斩顽酋。

不久,蒋介石背叛孙中山先生的遗训,发动了"四一二"反革命政变。消息传来,罗世文怒不可遏!他立即和留学生一起,组织了示威游行。他渴望早日回到祖国,同蒋介石集团进行斗争!

1928年7月,罗世文以优异成绩在东方大学毕业了。学校送他到苏联黑海边的疗养胜地克里米亚休养。同年8月他得到驻共产国际的中国代表团通知,要他返回祖国。① 罗世文到德法等国考察后,于1928年10月回到上海。回国时他别的东西不愿意带,只带回了一箱俄文版的马列主义书籍。当时,中国革命正处于低潮,白色恐怖十分厉害。他明知一进入中国境内,便会受到严格的搜查,如果查到了赤色书籍,就有被捕甚至杀头的危险。但他还是想方设法,安全地把这箱马列著作带回来了。到上海,他向党中央汇报了工作。由于四川革命很需要人,所以党中央决定派他回四川参加革命斗争。尽管他很想继续从事马列主义理论的研究,却毅然放弃个人的兴趣和爱好,服从组织安排,决心在革命斗争的洪流中,运用马列主义来指导四川的革命运动。

四

1928年底,罗世文回到重庆,在中共四川省委宣传部任秘书。不久,省委又派他到二十八军第七混成旅做兵运工作。这个旅的代理旅长、第一团团长旷继勋不但早已是中共党员,而且工作积极主动。其他两个团也逐步为党所掌握,有较好的基础。罗世文到了第七混成旅所在的广安县,化名罗泽模,以旷

---

① 见张昔畴、李元杰、刘明钦等同志回忆。

继勋私人朋友身份住在旅部。他一面辅导旷继勋学习革命理论，一面对部队里的中下级军官和士兵进行宣传教育，秘密发展党的组织。经过一个月左右的工作，罗世文回重庆向省委作了汇报。不久，旷继勋旅的赤色倾向越来越为反动军阀们所觉察，都想伺机吃掉他。因此旷继勋连续三次电告省委，要求立即举行起义。省委为此开会进行了研究。会上，罗世文认为，七旅赤色倾向既然已被敌人觉察，如不起义，很可能被敌人瓦解。与其在准备起义期间被敌人吃掉，不如干起来求得生存和发展。最后，省委同意了旷继勋旅起义的要求，并派邹进贤、罗世文前往领导。

1929年6月初，罗世文赶到第七混成旅所在的射洪嘴。这时该旅的党团组织已经暴露，军饷军粮已被上司扣发，而且附近军阀正欲对他们下手。一些军官对起义发生动摇。在这关键时刻，罗世文挺身而出，召集旅委扩大会议，宣布了省委关于发动旷旅起义的计划以及起义的领导机构及人事安排，并分析了当时的形势，从而坚定了党员干部的信心；接着他又与邹进贤举办临时训练班，向中下级军官传达了中央军委关于起义的指示，宣讲了苏联十月革命和我党领导南昌起义、广州起义及秋收起义的经验，提高他们的思想觉悟和军事指挥能力。同时，他还同旷继勋研究了有关起义的军事计划及组织领导等问题。

随即，第七混成旅移往遂宁县与蓬溪县交界的大石桥，宣告起义。起义部队命名为"中国工农红军四川第一路军"。罗世文任前敌委员会书记，旷继勋任前敌委员兼前敌总指挥，三个团改为三个师，分别由我党同志负责各级政治工作。

当晚，旷继勋、罗世文连夜率领部队到达蓬溪。在拂晓时分干脆利落地将军阀李家钰的一个团缴了械，旋即占领县城。罗世文带领起义军在县城张贴布告和传单，并搜出县征收局的全部粮册、债券及租税册子，在大街上当众烧毁。罗世文和红军政工人员在大街上发表演说，宣告工农红军是人民的军队，要同全国人民一道，赶走帝国主义，推翻封建军阀的统治，反对地主剥削，取消一切苛捐杂税。红军的革命举动使全县人民欢欣鼓舞，拍手称快。

第二天，部队继续前进。在经过南部县流马场时，根据当地党组织及农民协会的要求，召开公判大会，公审了鱼肉百姓、包揽诉讼的团防局长、恶霸地主范朝忠及其师爷帅仕光。群众人心大快，红军声威大振。在南部县新政坝，部队召集了群众大会，把闻讯逃跑的该镇首富、团总鲜于吉三的财产，分给了贫苦居民。

罗世文、旷继勋率领部队转战营山、渠县，渡过渠河，由达县南岳场进入梁山虎城镇，向猫儿寨前进。在攻打猫儿寨时，红军两次仰攻，均未奏效。而在此期间，军阀刘存厚、刘湘、田颂尧等派出部队已前后逼近红军，长江一线也为刘湘派兵布防，起义军无法前往湘鄂西与贺龙部队会合。为此，前委遂决定东进，以便与王维舟、李家俊在川东的游击队靠拢。但部队在经过开江马鞍山夹槽时，被刘存厚的部队包围击溃，起义失败。①

---

① 见程子健、邓正其、杨子乾、王一苇等同志的文章和回忆，以及永向前、黄季康、温贤美等同志的《旷继勋传略》。

罗世文在分散突围后,孤身一人,昼伏夜行,藏匿在乡村中,睡在草树下,饿了要点农民的南瓜汤充饥,渴了捧一口山泉水解渴。饥饿、劳累把他折磨得瘦骨嶙峋,面色憔悴,衣衫褴褛,痢疾和疥疮也缠上了他。但是,他在历尽艰险之后,终于回到了重庆党的怀抱,向组织汇报了蓬溪起义的情况及经验教训。党组织为他治好了疾病,调养好了身体,让他继续在省委工作。

1930年上半年,四川省委书记刘愿庵、宣传部部长陈攸生、秘书长邹进贤以及省军委书记李鸣珂先后因叛徒出卖而被捕,相继壮烈牺牲。这段时期,斗争异常尖锐、激烈。在反动派的白色恐怖面前,罗世文以共产党人的忠诚和信念,决心继承先烈遗志,前仆后继,奋斗到底!他同省委各部委同志商量,从成都调程子健到重庆组织临时省委,由程子健任省委书记,他任宣传部部长,领导全省人民继续战斗!

1930年6月,中央政治局由李立三领导,制定了全国中心城市武装起义和集中全国红军进攻中心城市的冒险计划,并派专人到四川,要求四川省委立即组织武装力量配合全国总起义。罗世文作为省委领导人之一,虽然对四川起义没有把握,对这种盲目起义的搞法有所怀疑,但还是执行了中央指示,参与领导了江津、荣威(荣县、威远)、广汉及梁山等地的士兵及农民起义。尽管广大党员及革命群众忠诚坚定,奋勇战斗,但由于受盲动主义的影响,对整个敌强我弱的形势估计不足,又往往仓促上阵,因而均遭失败。惨痛的事实教育了省委领导和罗世文,在六届三中全会以后,省委经过整顿,检查了执行立三路线的错误。

1931年初,省委鉴于重庆白色恐怖特别严重,接受罗世文等的建议,决定迁往成都。程子健任省委书记。6月,中央决定罗世文任省委书记,程子健任军委书记。这个时期,由于各地起义陆续失败,各地党组织也遭到极大破坏,加上与中央的联系不时中断,工作极为困难。尽管罗世文患有严重的吐血病,但他仍以顽强意志和乐观主义精神,勇敢地担起了革命的重担。在很久得不到中央指示的情况下,他努力学习马列主义原著,还千方百计找到苏联出版的报纸杂志,从中摘录一些马列主义理论文章给省委和各地领导干部传看,帮助大家提高马列主义水平。他经常鼓励省委和各地到省委的同志说:"我们暂时与中央失掉了联系,一时得不到党的指示,像失了舵的孤舟,但我们还是要坚持工作、继续战斗。"

"九一八"事变以后,罗世文和省委其他同志分析了日本帝国主义发动侵略战争,威胁着中华民族生存的局势,领导了成都和全省的抗日救亡运动。在事变后不久,罗世文叫省委负责宣传工作的同志拟了宣传提纲,明确提出:"日本帝国主义悍然侵略我东北,国家民族已处于危急存亡之秋!全国人民必须走武装抗日的道路!"宣传提纲印发全省各地,为抗日制造舆论。不久,省委又在少城公园(即今人民公园)召开大会。罗世文和省委领导同志经过紧张筹备,在这天清早,组织各学校、工厂和街道的同志到达公园广场。八点多钟,代表们登台发表演说,历数了日本帝国主义侵略中国的罪行,论述了"九一八"事变以后抗日运动蓬勃发展的革命形势,号召群众团结起来，坚决反对日本帝国主义的侵略，反对国民党投降卖国政策，迎接抗日高潮的到来！①

省委和罗世文虽然领导了成都和四川地区的抗日运动，但是，由于受当时中央"左"倾错误的影响，没有很好地进行统战工作。在实际工作中，他仍是把主要精力放在领导工人斗争和武装斗争，以配合红军的行动上。1932年，罗世文和省委组织领导了川东游击军的战斗，南部升钟地区和梁山南岳场的农民起义以及德阳孝泉的革命兵变。1933年初，红四方面军入川，罗世文和省委指示游击军积极配合红四方面军的军事行动，争取与红四方面军会合。年底，川东游击军在宣汉与红四方面军胜利会师，改建为三十三军。由川东游击军，总指挥王维舟任军长。升钟起义的一部分农民武装，后来去到通江，加入红四方面军，编为一个独立营。与此同时，罗世文和省委还根据中央指示，派出不少党团干部及军事、医务和艺术等方面的人才前往苏区，支援苏区的工作。

五

1933年10月，罗世文受党中央的派遣，与廖承志一起去川陕苏维埃。他们在沿途党组织的掩护下，穿过四川军阀的封锁线，到达了川陕苏维埃的通江，受到苏区党和群众的热情欢迎。罗世文应邀到处发表演说，介绍四川的政治、经济和军事

---

① 见程子健回忆文章及苏雁秋等同志谈话记录。

情况，分析四川军阀的实力。他指出田颂尧虽被打垮了，但比之实力更大的其他四川军阀正策划纠集其所有力量进攻苏区。他鼓励苏区军民要提高警惕，加强训练，准备应战。罗世文初到川陕苏区时，任中共川陕省委委员，参与了重要决策，还担任了川陕省委高级训练班的负责人。在省委高级训练班里，他以自己马列主义修养，结合中国革命实际，给高级干部们全面地、深入浅出地阐明列宁主义的基本原理。而今在重庆"中美合作所"美蒋罪行展览馆陈列的一份农民土地问题的讲义里，罗世文只用了一两千字的提纲，就把马克思、恩格斯、列宁关于农民问题和殖民地问题的精髓揭示出来了。他明确指出："农民在反封建的土地革命中是一支生力军。""列宁主张工农联合，主张无产阶级利用国内农民起义来达到推翻资本家政权，建立无产阶级专政的目的。"他还联系中国革命实践，高瞻远瞩地指出："无产阶级可以领导说服农民，经过合作化、集体化，达到社会主义。"在论述民族殖民地问题的时候，他在扼要阐述了马克思主义关于种族、民族、国家的基本观点后，着重阐述了列宁关于民族和殖民地问题的光辉思想，并根据中国革命实际特别强调指出："无产阶级应当毫不犹豫地支持弱小民族的解放运动，而殖民地半殖民地国家的无产阶级政党应当积极参加资产阶级性质的民族解放运动，在运动中应努力夺取对于广大劳动群众的领导权，反对帝国主义，肃清封建势力，努力将这场革命发展到社会主义道路上去。而且殖民地半殖民地国家的无产阶级政党只有经过民族革命的锻炼，才能成为领导群众的前卫党，才不至于成为空谈社会主义的小团体!"罗世文的讲演,受到大家的好评,称赞他是学识渊博的马列主义理论家。

罗世文和廖承志抱着极大热情来到川陕苏区,原希望能为川陕苏区的革命建设贡献力量。但是,他们逐渐看到张国焘存在着许多严重错误。如轻视党的集体领导,极力在党组织、红军及政府中培植个人系统,在党内搞家长制,把川陕苏区视为他的独立王国,并以太上皇自居,谁不听他的话就视为异己,给以排斥打击,甚至监禁杀害。为了捍卫党的原则和革命利益,罗世文与廖承志对张国焘的错误提出了尖锐批评,希望他能认识和改正,回到党的正确路线上来。但是,张国焘不仅拒不接受批评,反而对他们怀恨在心,予以歧视、排斥和打击。罗世文认为自己是光明磊落的,真理在自己这边,尽管一时受到冤屈和打击,历史终究会证明自己的耿耿忠心!他写下了《过通江城》的诗篇,抒发自己的情怀。

履霜自信有同情,泾渭何愁不晏清。
肺石①光辉昭日月,熊熊烈火验忠贞。

1934年底,张国焘以莫须有的罪名把罗世文、廖承志非法逮捕起来,亲自进行"审讯",然后派人监视,要他们起草文件,刻蜡纸,做苦工。在此期间,罗世文耳闻目睹了张国焘非

---

① 肺石,古代设在朝廷门外的赤色石头,老百姓可以站在上面控告地方官吏。此处借用,是讲人民的眼睛是雪亮的,必能理解自己的一片赤心。

法严刑拷打和残杀干部的罪行，内心的痛苦难以言述。他坚信：党和人民定会为这些含冤死去的同志昭雪！①

长征途中，罗世文与廖承志被张国焘派人监视着，同红军战士一道，翻雪山、过草地，经历了无穷的苦难和最严酷的考验。在周恩来、任弼时等领导同志及共产国际的关怀、干预下，罗世文与廖承志总算没有被张国焘杀害。1936年10月，红四方面军在会宁与党中央派来迎接他们的红一方面军胜利会合。在党中央的亲切关怀下，罗世文、廖承志的冤屈得到昭雪，获得了完全的自由。不久罗世文被任命为红军大学教授，给红军高级指挥员讲授革命理论。1937年3、4月，党中央政治局对张国焘的机会主义和分裂主义错误进行了系统的总结和批判。在批判张国焘错误的斗争中，罗世文作了长篇发言。他以活生生的事实，揭穿了张国焘大搞肃反扩大化和分裂主义的严重错误，并对其错误进行了剖析和批判。

六

西安事变后，党的抗日民族统一战线政策在全国各地产生了很大影响。四川地方军阀刘湘、邓锡侯在全国和四川抗日怒潮的推动下，出于其与蒋介石的矛盾，企图借用我党和抗日力量，与蒋介石的排挤和并吞地方势力的政策相对抗，因此派出代表与我党联系。为了扩大抗日民族统一战线，发展抗日力

---

① 见廖承志同志回忆周总理、任弼时的文章及有关谈话记录。

量，党中央决定派罗世文回四川开展统战工作。

1937年8月初，毛泽东在延安窑洞里亲切地接见了罗世文。毛泽东分析了抗战以来国际国内政治形势的变化以及四川实力派人物政治立场上的变化后，告诉他，党中央决定派他作为中央代表，回川与刘湘、邓锡侯等实力派人物联系、谈判，促使他们参加抗日民族统一战线，推动四川的抗日救亡运动。毛泽东特别强调要做好刘湘的工作。因为刘湘在四川实力派人物中，军队最多，武器最好，实力最强。做好了刘湘的工作，卡住了夔门，对全国的抗日运动将是很大的贡献！①

1937年8月，罗世文肩负党中央、毛泽东同志的重托，由延安经西安到成都，会见了刘湘、邓锡侯等地方军阀，向他们详细阐述了我党的抗日主张和统一战线政策，分析了当时国际国内的政治形势和各种矛盾，希望他们开放民主、积极抗日，抵制蒋介石集团消极抗日的反动政策。刘湘等对罗世文的谈话很感兴趣，邀请他作参谋，经常给他们分析情况，出谋划策。

罗世文除直接同刘湘、潘文华等地方军阀接触外，还通过联系，指导早已在四川进行统战工作的张曙时、车耀先、王干青等，进一步在刘湘的中上层骨干、幕僚人物中开展统战工作，让郭秉彝在刘湘中下级军官中进行发展进步势力的工作。

在开展上层统战工作的同时，罗世文还指导成都各抗日救亡组织在党的抗日民族统一战线的原则上团结和协调起来，把"成都中华民族解放先锋队"与"海燕社"两个抗日革命群众

---

① 见王众同志谈话记录。

组织合并,并以这支力量为基础,推动成都地区抗日救亡运动迅猛发展。

1937年冬,党中央派邹风平、廖志高、于江震等到四川,会同罗世文、张曙时等共同建立了中共四川省临时工作委员会,由邹风平任书记,1938年8月后由罗世文任书记。省工委在抗战初期的大好形势下,进一步领导了全川的抗日民主运动,积极开展了建党工作。经过近一年的努力,到1939年11月下旬召开省工委扩大会议时,四川已建立了成都、重庆市委及宜宾、自贡、泸州、南充、梁平、阆中、乐山等中心县委,全川党员发展到四千人左右。这次省工委会议根据南方局指示,决定分别建立中共川康和川东特别委员会。川康特委以罗世文为书记,邹风平为副书记,川东特委以廖志高为书记。在川康特委工作时期,罗世文主要负责统战工作,他联系和领导苏幼农、王大飞、陈伯林、甘道生(林蒙)、康乃尔等,分别对潘文华、邓锡侯和刘湘进行统战工作,直接领导周国干、刘文哲、刘连波,联系和指导国民党军政机关中的共产党员的工作。他又经常给邓初民、马哲民、黄松龄三位知名教授做工作,参加成都地区高级知识分子的座谈会,推动他们投入抗日救亡运动。

罗世文十分重视青年工作。他经常出席川康特委的学委会议,给学委的干部讲马列主义理论,讲抗日民族统一战线的政策和策略,讲国际共产主义运动的经验教训。他还指导了各个学校的学生运动,领导了新华日报成都分销处(后改为分馆)

的工作。①

在南方局和川康特委的领导下,在全国抗日潮流的推动下,成都、重庆和全川的抗日救亡运动蓬勃开展,抗日民主力量迅速壮大,党的组织也得到发展。

七

1939年夏,罗世文到重庆参加了南方局的会议。会上,周恩来传达了党中央对目前形势的分析和工作的安排。周恩来指出:当前,由于日本的政治诱降和英美的劝降,国民党顽固派加紧了投降反共活动,时局可能逆转,可能有突然事变发生。我们要力争时局好转,但也要准备迎接突然事变,我们的工作方式和斗争形式,都应做必要改变。罗世文回到成都,向川康特委传达了这次会议精神,安排一些比较暴露的同志做了转移,并把公开的、大规模的救亡运动改为小型的、分散的、隐蔽的活动。他要求党的领导干部尽量职业化、社会化,并让干部交流和对调,以适应新形势的需要,同时还抓紧时间把大批活跃的进步青年送往延安和其他抗日战场。

1939年底到1940年3月,国民党顽固派发动了第一次反共高潮。蒋介石在指挥大批部队向我解放区进攻的同时,还把魔爪伸向了国统区的党组织和救亡运动。为了扑灭成都地区的抗日救亡烈火,打击四川地方军阀,蒋介石派出特务头子康泽

---

① 见韩天石、郑伯克、张文澄、康乃尔等同志文章及谈话记录。

等前往成都,策划了希特勒"国会纵火案"似的"抢米事件"。1940年3月12日,康泽的别动队抢劫了存有地方军阀潘文华大量资本的重庆银行的米仓库,逮捕了闻讯前往观看的共产党员、《时事新刊》编辑朱亚凡,并造谣栽赃说共产党策划饥民抢米,妄图起义,从而胁迫地方军阀执行白色恐怖政策,将成都地区的共产党组织和进步人士一网打尽。

早在"抢米事件"发生前几天,成都局势即已十分紧张。一个在国民党省党部工作的特务,平时对罗世文十分敬佩,他悄悄告诉罗世文他的处境十分危险,赶紧躲一下。但罗世文慨然回答:"大敌当前,我只能以国家利益为重,怎能以我个人的利益而离开抗战!只要国民党还有一分抗日的诚意,即不应害我!"罗世文的爱人王一苇也劝他快回延安,但罗世文仍以党的工作为重,不愿离开战斗岗位。①

"抢米事件"发生的第二天,川康特委召集了临时碰头会。会上,多数同志都认为这可能是国民党特务有意策划的"国会纵火案"事件,省委领导应予注意,通知有关人员尽快疏散,并进一步了解敌情,以制定对策。3月17日,打入潘文华内部的党员传出情报,说敌人的黑名单上指名要抓罗世文等。当晚,川康特委副书记邹风平告诉罗世文,现在情况十分严重,大家觉得他应该转移到乡下避一段时间。罗世文却回答说:"我是《新华日报》成都分馆负责人和八路军驻成都代表,国民党还不至于把这几顶帽子拿走。而且这里还有许多工作要

---

① 见王一苇同志回忆。

做，我离开了对各方面影响很大。还是让其他同志先转移。"经邹风平劝说后，他才决定第二天晚上离开成都。

3月18日下午，罗世文在离开成都前，化装去到《新华日报》分馆处理有关事务。他刚一进去，预先埋伏的国民党军警特务立即跟踪上去。随即，军警特务包围了《新华日报》分馆处。别动队的特务冲上楼来，逮捕了罗世文等。当晚，军警特务又在"努力餐"饭馆逮捕了车耀先。随后还逮捕了其他几位同志以及由刘湘、潘文华组织的"武德学友会"的一批人士。

罗世文、车耀先被捕后，川康特委采取了一系列紧急措施，防止了国民党顽固派对党组织的更大破坏。以周恩来为首的南方局，指示川康特委以成都市委名义在成都散发了宣言，揭露"抢米事件"是投降派的阴谋活动，要求释放被捕的共产党员及其他抗日人士。同时，中央书记处向全党发出指示，要求全党提高警惕，严防国民党的破坏。

八

罗世文和车耀先被捕后，军统特务头子戴笠立即报告蒋介石批准，用专机将罗世文、车耀先押送到重庆军统局总队部看守所。随即，戴笠率领军统局秘书李崇诗、司法科长余锋前往看守所，亲自审问。在审讯中，戴笠除用威胁利诱的手段，绞尽脑汁，妄想使罗世文、车耀先就范外，还利用大特务邓文仪曾同罗世文一起留学苏联的关系，派他带着厚礼去"看望"罗世文，妄图通过述旧情、拉关系、谈利害，许以高官厚禄，使罗世文俯首归顺。但是，罗世文看透了敌人的诡计，正义凛然地对邓文仪说："我们共产党与你们国民党是第二次合作。这次，如果国民党也以四万万人民的生存为重，国共两党的合作抗日是可以继续下去的。那么要我加入国民党干什么？用不着！如果国民党一定要把1927年的那段历史重演，再次破坏国共合作，那简直是中华民族的灾难！但是那样做的最终结果，必然是国民党的彻底完蛋！我坚决反对国民党走这种重演历史悲剧的老路！如果你们一定要倒行逆施，置国家民族利益于不顾，那么，我至死也不投降！"邓文仪碰了钉子，只好灰溜溜地夹着尾巴走了！

劝降不成，戴笠恼羞成怒，命令将罗世文、车耀先押解到重庆歌乐山军统局监狱的白公馆看守所，分开关押起来，轮流审讯，威胁利诱，要他们参加国民党，为国民党工作，但均为罗世文、车耀先严词拒绝。

1940年下半年，国民党军统局将罗世文、车耀先押解贵州息烽监狱。这里岗峦起伏，连绵不断。监狱四周有三道围墙，围墙内外碉楼林立。罗世文、车耀先一到息烽监狱，监狱主任便立即提审，他们义正词严地对国民党强加的莫须有的罪名一一予以反驳。罗世文正气凛然地承认自己是共产党川康特委书记、《新华日报》成都分馆负责人和十八集团军驻成都代表。监狱主任见无懈可击，就不再提审，又因为他们是要犯，所以也不敢轻易加害，遂将罗世文化名张世荣、车耀先化名田光祖。

在监狱里，罗世文以敏锐的观察力，识别和考查狱中各种

"犯人",发现和结识共产党人和进步人士。他躲过看守的耳目,秘密地给同监房的同志们讲述国际国内形势,讲红军长征,抗日的英勇事迹。他发现一些长期关监的人不了解"西安事变"真相,就给大家详细地讲述了"西安事变"的经过,阐明党在"西安事变"中的正确立场,赞扬周恩来在"西安事变"中的卓著功勋。他悄声地,但却有力地说:"我们共产党人在'西安事变'中的抗日诚意是有目共睹的!正是由于'西安事变'的和平解决,推动了国共合作,共同抗日,但现在国民党顽固派却妄想破坏国共合作,破坏抗日大业,这是注定要失败的!"

罗世文在狱中的表现,鼓舞和教育了狱中的战友和进步人士,使他们精神上增添了力量,增强了信心。狱中的共产党员自觉地团聚在他的周围,向他汇报思想和狱中情况。经过一段时间的考察和了解,罗世文与车耀先、韩子栋、许晓轩等秘密商量,决定成立狱中临时支部,以便团结和领导革命同志展开斗争!经过秘密酝酿,大家推选罗世文为支书,车耀先与韩子栋为支委。临时支部成立以后,罗世文与支委一起,根据这个监狱是"死牢",共产党员没有刑满释放或活着出去的可能情况,首先团结狱中难友争取了部分管理人员的同情,打击了个别不坚定分子向监方打"小报告"的活动,使狱中生活得到部分改善,取得了散步、晒太阳、看书、看报纸等权利。其次,支部还始终抓紧了一切机会与外面党组织接关系,以便里应外合搞起义或争取狱外援助。

不久,国民党军统局鉴于长期对共产党人和进步人士进行严刑逼供和身心摧残没有什么效果，在息烽监狱采取了攻心为上的策略。适应这种政策上的变化，也为了利用廉价的劳动力，监狱主任周养浩组织"犯人"当"工作修养人"，为监狱搞一些行政和体力劳动（如打草鞋、刻字、印刷、做衣服、收发等）。共产党员去不去呢？党支部秘密进行了研究，许晓轩认为这是敌人的圈套，是剥削难友劳动，不能去，韩子栋则认为可以在不附带政治条件的原则下参加。罗世文听取了他们的意见，考虑了党的原则和狱中的实际情况，发表了他的看法："息烽监狱修养人有两三百人，共产党员只是极少数，如果共产党员都不去，敌人是很容易把我们孤立起来的。为了麻痹敌人，团结难友，了解情况，锻炼身体，我们可以在不附带政治条件的情况下，去当工作修养人，这对我们是有利的。但我的身份已经公开了，就不参加了。"

最后，支部决定，除罗世文外，都去当工作修养人，向监狱长提出了早晚开牢门、改善犯人伙食、不准无故打骂人等条件。这样，改善了难友的处境，也为党在狱中工作提供了条件。

一天，监狱主任周养浩把罗世文叫去，要他在工作修养人中担任一定职务。但罗世文十分坦然地说："我参加共产党已经多年了，所有熟人、朋友以及长年养成的习惯，都是共产党方面的。因此，不愿也不能为监狱工作！"周养浩听了这堂堂正大的声明，不得不为之慑服，也使全监狱的进步人士都更加钦佩他，更加自觉地团结在他的周围。

罗世文以大无畏的革命胆略和巧妙的斗争艺术，团结难友同国民党特务作斗争。当监狱强迫难友们读蒋介石的《中国之命运》一书时,罗世文就给难友们讲:"中国的命运不是蒋介石一个人能够左右的,而是客观环境和人民的努力来决定的。蒋介石连中国社会的性质都没有搞清楚,却来侈谈什么中国之命运,真可笑!"监狱长强迫每个人写"学习心得"时,罗世文又指导大家以巧妙的借口进行了抵制。

有一年春节,监狱长要难友们排练节目,难友们都不愿意。罗世文就启发他们利用这个机会自己编写、演出了歌颂反法西斯女英雄的话剧《女谍》和表现汉奸政权下士兵起义的话剧《反正》,既活跃了大家的身心,又进行了革命宣传,收到了很好的效果。监狱长发觉上了当,再也不敢让难友们演戏了!

罗世文在狱中利用车耀先作图书管理员的条件,借阅大量书报,坚持自学研究中国及世界的历史和现状。他以"史迷"的笔名,利用狱中办的《复活周刊》《养正周刊》发表文章,分析第二次世界大战的形势,揭露德、意、日法西斯的罪恶,赞扬苏联红军的功勋,以民主和人民必胜、法西斯必败的真理,鼓舞难友的斗志,坚定难友的信心。他还著文高度评价孙中山先生联俄、联共、扶助农工的三大政策,同时,还写文章批判明朝魏忠贤组织锦衣卫和东厂等特务组织镇压东林党的罪恶,以及批判清朝皇帝大搞"文字狱"的罪行。罗世文以这些借古喻今和影射、暗示的方法,曲折隐讳而又尖锐犀利地批判了国民党的罪恶。难友们击节叫好,特务又抓不到把柄。

罗世文对国民党特务无比憎恨,对同志、对难友却关怀备至,体贴入微。敌人发给他的"津贴"和"稿酬"(狱中不发稿费,而发肉类及日用品),他都与难友们一起享用。难友得病,他嘘寒问暖,精心护理。对狱中青年,他更是关怀和爱护。当一位青年难友感到消沉和绝望时,罗世文便亲切地鼓励他说:"你是时代的牺牲品,反动派想用苦役来摧毁我们的意志和身体,而我们却正好以此来松动松动我们的筋骨,为'天亮'作准备!"他又叫他到车耀先那儿去借苏联小说看,帮助他逐渐增强了生活的信念,坚定了斗争的决心。另一位青年难友,政治上还不大成熟,罗世文就亲切地指导他读《战争与和平》《复活》《第四十一》《毁灭》等书,并给他分析作品的时代背景、主题思想和人物形象,帮助他理解作品的内容,吸取精神营养,并鼓励他坚强地生活和斗争。好几位侥幸从息烽监狱出来的同志都感慨万端地说:"国民党想用长期监禁和苦役来摧残我们,可是罗世文、车耀先、许晓轩等共产党人却以他们崇高的信念、光辉的思想和优良的作风把监狱变成了共产主义的课堂!我们这些对政治一点不懂的青年人,从他们身上看到了榜样,吸取了精神力量,明确了人生的意义,理解了革命的道理,提高了阶级觉悟,从而走上了革命的道路!"

1944年端午节,监狱办了丰盛的酒席,请罗世文、车耀先"赴宴",企图以此来引诱和软化他们。罗世文、车耀先气宇轩昂地走进餐室,那些平时横行霸道、为所欲为的军警特务都站起来,跟在周养浩后面,要给他俩敬酒。罗世文冷眼扫视了一下那一副副狰狞恐怖而又虚伪丑恶的嘴脸,正气凛然地说:"你们搜刮人民的血汗,灌满自己的肠胃,我们不能同你们这些人一起吃饭!"特务们面面相觑,半晌说不出话来。

软的一手失败了,敌人又使用了硬的一手。1945年7月25日,他们在息烽郊外快活林枪杀了打入军统局电报组织的张露萍等五位同志。为了恐吓和动摇罗世文、车耀先的革命意志,特务们竟将他们押去"陪杀场",但他们毫不屈服。特务无奈,只得又将他们押回息烽监狱。

罗世文给党中央的报告手迹

1946年7月，息烽监狱撤销，罗世文等人被押往重庆"中美合作所"集中营渣滓洞监狱。在经过桐梓时，因桥梁坏了，汽车停在一座没有使用的兵工厂里。监狱长释放了几个外籍"修养人"。罗世文立即用烟盒偷偷写了一封信给周恩来，扼要汇报了狱中情况，并希望能同党组织接上关系。他悄悄托外籍"修养人"小马把信秘密带出去，通过秘密渠道转交给周恩来。到重庆后，罗世文、车耀先被关入重犯禁闭室里。从此，罗世文、车耀先再不许出来放风，也很难与狱中难友接触。他们被剥夺了囚犯们所能享有的最后一点权利。①

罗世文、车耀先被捕后，中国共产党曾多次向国民党当局交涉，要求释放。1945年10月，国共谈判期间，毛泽东、周恩来再次向蒋介石和国民党政府提出了释放叶挺、廖承志、罗世文、车耀先等的要求。蒋介石迫于全国进步舆论的压力，释放了叶挺、廖承志，却诡称罗世文、车耀先已被处决，拒不释放。1946年7月，蒋介石在美帝国主义支持援助下，悍然撕毁"双十协定"，向解放区发动了全面进攻。与此同时，在国统区，蒋介石进一步出卖国家主权，强化法西斯专制独裁统治。也就在这时，蒋介石决定对罗世文、车耀先下毒手了！

1946年8月17日，渣滓洞监狱副所长刘㨖乾放出话，说国民党政府要把罗世文、车耀先转到南京。狱中一些难友信以为真，很为他们高兴。但是，罗世文却清醒地意识到，是自己为革命献身的时候到了！他把自己和支部多年来积存下来的一

---

① 见韩子栋、李任夫、施文湛等同志的回忆文章及谈话记录。

万元悄悄交给了宋绮云（即"老宋"），作为党的活动经费。还在一本俄文书籍的扉页上，写下了他给党组织的最后一封信：

据说将押往南京，也许凶多吉少！面对一切困难，高扬我们的旗帜！老宋处留有一万元，望兄等分用。心绪尚宁，望你们保重，奋斗。①

罗世文短短的遗言，字字珠玑，熠熠放光！它把一个钢铁战士的红心展示在我们面前！它显示了一个无产阶级革命家对党和革命事业的无限忠诚和视死如归、勇往直前的坚定态度，表达了人民的忠实儿子对战友的深切关怀和殷切期望！

第二天，1946年8月18日下午三时，监狱看守把罗世文、车耀先从重犯禁闭室押解出来。罗世文与车耀先迈着沉重缓慢的步子，走出牢门。监狱的同志紧紧把住铁门，恋恋不舍地向他们告别。罗世文以炯炯有神的目光，同狱中难友一一告别。他的眼光中，充满了对战友的深情，对敌人的仇恨，对未来的希望！

罗世文同车耀先庄重地走向松林坡。他知道，自己献身的时刻到了。于是，环顾苍松，他放声朗诵了孕育已久的诗篇：

故国山河壮，群情尽望春。
"英雄"夸统一，后笑是何人。

---

① 见重庆"中美合作所"展览馆材料及韩子栋、李任夫、施文湛等同志的回忆文章及谈话记录。

罗世文慷慨激昂的诗篇，寄托着他深沉的感情。刽子手杀害罗世文后，还用汽油烧毁了他的遗体。新中国成立后，人民政府抓住了杀害罗世文、车耀先的凶手，因而在松林坡挖出了烈士的遗骸，重新隆重进行了安葬。周恩来同志还为罗世文、车耀先题写了墓碑。

罗世文烈士史料陈列馆

袁诗荛

◎ 中共盐亭县委党史办公室

袁诗荛

袁诗荛（1897－1928），中国共产党的优秀党员，无产阶级的忠诚战士，曾任中共川西特委宣传部部长。1928年2月16日，被国民党反动派杀害于成都下莲池，牺牲时年仅三十一岁。

袁诗荛一生致力于革命。他有冲天的干劲，坚强的意志，无畏的精神，灵敏的机智，在对敌斗争中纵横驰骋，旁若无人，讲话声音如洪钟，热情洋溢，具有号召力和煽动性。袁诗荛烈士这种意志和才华，绝不是什么天赋才能，而是不断成长于社会斗争的实践。①

---

① 张秀熟：《在不断斗争中成长——记袁诗荛烈士》，《四川文史资料》第二十六辑。

一

袁诗荛，本名袁首群，生于1897年5月18日，四川盐亭县龙顾井人。袁诗荛是老大，取名首群。七岁发蒙读书。他热爱劳动，经常跟父亲种庄稼，跟母亲干家务，诸如放牛、放羊、砍柴、割草等活路样样都干。袁诗荛十岁，母亲病故。从此，袁诗荛就跟着祖父袁辉山读书。在艰苦的年月里，他看到旧社会的黑暗和不平，深切了解农民的疾苦和希望，从而在心灵上产生了反抗压迫、追求光明的强烈愿望。

袁诗荛勤奋好学，酷爱国文，捏笔挥毫，苦练毛笔字，从不懈怠。十五岁考入县城高等学堂读书，各科成绩优异，尤其是作文深得老师和同学们的赞赏。1915年，在县城高等学堂毕业，家里再也没钱送他读书。他听说遂宁刚成立的省立第三师范学校是公费，就毅然前往报考，并且考上了。学校校长是当时思想比较进步的洪兆川先生，教员中有一个革命思想强烈的人，这便是后来成为优秀的中国共产党党员、"四一二"反革命政变时被蒋介石在上海枪杀的孙炳文。当时，全国人民正展开反对日本帝国主义占领山东，反对袁世凯卖国的斗争。在孙炳文领导下，遂宁师范掀起了轰轰烈烈的爱国运动，袁诗荛在思想上受到深刻影响，政治觉悟提高很快，积极投身运动，不久就成了学生会的骨干。1916年春，倒袁义师蜂起，张澜在南充招募学生军。袁诗荛经过一番思索，愤然投笔，前往应募。倒袁成功后，他即申请退伍，返回学校，但这时洪校长因提倡爱国运动已被省政府撤职，派来一位姓卢的接任。全校师生通电反对，示威游行，冲破军警包围，拒绝新任校长到校。在这场择师斗争中，袁诗荛和另几位同学被政府当局开除学籍。他们辗转到了成都，在一所私立中学补习。

二

1917年，袁诗荛二十岁。这年7月，他以优异的成绩考入成都高等师范学校（以下简称"高师"），专攻国文和古典文学。高师是一所校规严格又富有读书风气的有名学校。对学校内的严格管理，他能够适应，但新思潮的影响，却是管不住的。比如《新青年》这一类反封建专制和旧礼教、旧道德的刊物，渐渐打开了青年的心扉。学生与学校之间的矛盾渐趋激化，两种力量在激荡着、冲突着。矛盾斗争的结果是革命进步的力量成为领导和主流，旧的封建统治思想逐步被摧毁了。袁诗荛是班上最刻苦的学生，被称为最守校规的学生，但在斗争锻炼中成长的他，自然会在思想上引起新的变化，不会再做所谓循规蹈矩的学生了。①

辛亥革命后的四川仍被封建势力顽固地统治着，学校更是封建文化统治的堡垒，教育大权掌握在前清遗老手中。他们不仅成天向学生进行孔孟"名教纲常"的说教，而且规定了无数

---

① 张秀熟：《在不断斗争中成长——记袁诗荛烈士》，《四川文史资料》第二十六辑。

清规戒律禁锢学生的思想和行动,学生根本没有民主和自由的权利。为了冲破这令人窒息的状况,袁诗荛带头对这种封建专制主义的管理制度进行了斗争。那时,学校根本不关心学生的健康和疾苦,伙食办得很坏。对此,学生们十分不满。成都各校学生正酝酿学生自办伙食运动,高师学生也几经酝酿。但谁肯承头,谁肯抛头露面去购买油盐柴米酱醋呢?袁诗荛便自告奋勇为同学们服务,当了预科伙食团总管。经过努力,伙食大为改观。一天,学校忽然悬出牌告,宣布预科要作伙食团报告。这是一个惊人的消息,不多时礼堂里拥满了人群。袁诗荛身穿黑布旧制服,头发蓬松,两颧突出,双目炯炯,登上讲台,他那洪亮的声音、明确的语言,立即吸引住了大家。他首先提出事实,肯定预科自办伙食已取得的成绩,接着说明学生伙食需要达到的基本标准,最后详细介绍了一套自办经验,批驳了一些不同看法,并从容解答了会场中临时提出的问题。会后,各年级的同学,也不甘居落后,不久就都组织了伙食团,迫使学校当局不得不下放部分管理职权,给学生以一定的自主、自治权利。[①]

在一次集会上,高师学监宣布了许多管理学生的条款。同学们越听越不耐烦,台下议论纷纷,袁诗荛便昂首站起来,要求发言。他走上台去,对学校的管理、教学工作,严肃尖锐地提出批评和建议。他的意见充分反映了同学的要求。台下狂热

---

① 张秀熟:《在不断斗争中成长——记袁诗荛烈士》,《四川文史资料》第二十六辑。

了。在他的带动下，同学们争先恐后要求发言。学生们的强烈要求，迫使学校当局不得不做一些让步，对那些不合理的管理条例进行修改。这次学生斗争的胜利，开始冲破成都高师封建专制的权威，学校中逐渐有了民主的气息。

1919年，五四运动爆发。北京学生严惩卖国贼、挽救民族危亡的爱国行动，反映了全国人民的要求。当北京学生集会游行的消息传到成都高师校时，袁诗荛利用早餐时间首先向同学们宣读了《川报》的有关报道。在他的带动下，同学们展开了热烈的讨论，顿时将饭堂变成了会场。大家一致决议，全力支援北京学生的爱国行动，声讨卖国政府，要求惩办卖国贼曹汝霖、章宗祥、陆宗舆，要求北京政府拒绝在巴黎和约上签字。他和其他同志一道组织高师同学参加了三十余所大中学校学生数千人在"致公堂"前广场的大会，决定通电各县，希望一致奋起反日救国。接着，袁诗荛代表成都学生草拟通电，发出宣言，声援北京学生的爱国斗争，号召各阶层人民"及时力争国权"，警告反动政府"释放学生"，"杀卖国贼以谢天下"。在那些日子里，袁诗荛和同学们一起走上街头宣传讲演，串联各大中学校师生多次游行、集会、罢课，到督军署和省长公署请愿。在各种群众大会上，袁诗荛不止一次发表慷慨激昂的演说。他大声疾呼："还我青岛！""惩办卖国贼！""誓雪国耻！"他强烈的爱国热情极大地鼓舞了群众，激励人们奋起斗争。6月3日，四川省学生联合会成立，张秀熟被选为理事长，袁诗荛被选为副理事长。这期间，凡是对外的宣传讲演、群众队伍的调动指挥，主要由袁诗荛负责。他夜以继日地战斗着，斗志昂扬，遇事冷静有办法，待人说话热情诚恳，善于团结群众。在省学联的带领和组织下，成都和四川的学生运动以多种形式更有声势地开展起来，有力地推动了各阶层人民投入五四爱国运动。

随着反帝反封建政治斗争的蓬勃发展，反封建的文化革命也开展起来，宣传新思想、新文化的各种进步刊物相继出版。《四川学生潮》就是在袁诗荛首创和主持下办起来的。它是四川学生联合会的机关刊物，是四川流行广、影响大的进步周报。这个刊物创刊的目的是"为加强反帝反封建斗争，宣传新文化革命运动"。该刊主要内容"除坚持反日斗争，抵制日货，介绍学术思想，批评学校教育外，还牵涉当前国内政治、社会生活各方面的问题"。《四川学生潮》以"笔锋犀颖，胸无忌惮"著称，文章尖锐泼辣，富有锋芒。它刊登了不少文章抨击封建礼教，批判封建社会所谓的圣贤、伟人、名流，为妇女解放呐喊，并开始宣传"劳工神圣"的新思想，对指导和推动五四爱国运动在四川的发展发挥了重大作用，也是青年学生反对封建文化的主要阵地之一。袁诗荛在办《四川学生潮》的工作中付出了很大劳动，他和学联其他人自撰、自编、自己校对、自己发行并沿街叫卖。特别引起人们重视的是袁诗荛和刘砚僧等在该刊上系统地批判了封建遗老、"国学大师"、当时高师的教师宋育仁、曾心傅等编写宣传儒学孔道的权威讲义，弄得这些封建卫道者威信扫地，有力地打击了封建文化及其在高师的反动势力，受到同学们的热烈支持、赞扬。

这年暑假，袁诗荛回到家中，与三台县塔子山的张芝蕙结婚。妻子是个能干人，既能种庄稼，又善于操持家务。他们感情很好，婚后第三年生了儿子克刚。

在高师，为了组织青年学习新文化，传播新思想，袁诗荛等人利用成都高师的房舍，开办了"注音字母传习所"，聚集一百多个青年一起学习，经常由袁诗荛讲时事和全国各地青年活动的动态，宣传新思想，促进大家的觉醒，使青年们坚定了冲破旧世界的信心，对当时的青年影响很大。接着又成立了"世界语学习班"，袁诗荛是早期学习掌握世界语的人。①

1920年，袁诗荛又和巴金等人创办宣传新思想的《半月》，尖锐批判封建礼教、道德、制度，激励青年努力奋斗，勇敢地和一切黑暗势力作斗争。

争取妇女解放，是五四时期反封建的内容之一。广大青年女学生冲破封建礼教的牢笼，积极地投入这场斗争。她们反对包办婚姻，勇敢剪去长发。一些学校也开始招收女学生。这些新事物的出现，引起封建军阀、遗老和道学先生拼命地反对。封建军阀政府下令禁止女子剪发和男女同行，声称"违者重惩"，"妇女坐法，并处罚家长"。对这股反动逆流，袁诗荛等主办的《四川学生潮》和《半月》同其他进步刊物一起，纷纷撰文给予回击。警察厅张贴禁止剪发的布告后，《半月》针锋相对，连出两期"男女问题专号"，发表了《禁止妇女剪发的谬论》，痛斥反动禁令，因此被反动派查封。但是，封建顽固派的淫威并不能阻挡妇女解放的历史潮流。通过激烈斗争，妇

---

① 卢剑波：《谈谈世界语》，《四川日报》1979年7月26日。

女参加社会活动、女子剪发、恋爱自由，男女合校等方面的禁令先后被冲破了。

五四运动中，四川人民反对帝国主义的爱国运动，突出表现为抵制日货的斗争。为了把这一斗争推向高潮，四川学生联合会首先发动组织成都学生几千人整队上街游行。袁诗荛和同学们一起沿街散发《致国人书》等宣传品，高唱救国歌。歌词是："莫忘国耻，莫买日货，振作精神，报仇雪恨。"闻者无不为之感动。接着，省学联组织了许多宣讲团、宣传队、仇货"检查队"，手执"检查日货""请用国货"的小旗，到处宣传抵制日货的重要意义，并对货物进行登记检查。袁诗荛既是组织者，又是战斗员。他和同学们一起在成都市内街头、茶社宣传，不辞劳苦，不顾军警阻挠，而且奔赴外县和小镇，号召群众抵制日货，挽救民族危亡。要求各界人民拒用仇货，商人不进仇货，撤销订货，就地登记并封存所有仇货。学生们的爱国热情，使群众深深感动，很快"用日货为耻辱"的思想广为传开，抵制日货成了人们的广泛行动。

被帝国主义压得喘不过气来的民族资产阶级，也对这个运动寄予很大希望。为了团结和动员商人投入这个运动，彻底反

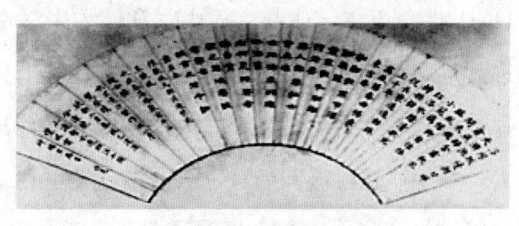

袁诗荛手书诗扇

对仇货,袁诗荛积极推动省学联和四川总商会联合组成"商学联合会",作为统一领导反对仇货的机构,从而使这一工作在短时期取得很大成绩。

帝国主义不甘心失败,他们指使买办商人千方百计阻挠和破坏抵制日货运动。对此,袁诗荛带领同学们坚决斗争。有一次,奸商在商会无理打伤检查日货的学生。学生群众闻讯赶来,当场抓住了奸商十九人,押到"致公堂",决议第二天将他们沿街示众。可是四川省长杨庶堪从中阻挠,说把奸商交政府处理,不要游街。袁诗荛看穿了封建军阀和买办商人相勾结的反动面目,对杨庶堪进行了面对面的说理斗争。他不顾杨的威胁和阻挡,坚决指挥浩浩荡荡的群众队伍出发,把奸商押在队伍中间示众,并且沿街散发传单,高呼口号。这次以反仇货、反奸商为中心的声势浩大的示威游行,充分显示了群众革命斗争的威力。成都的这个斗争,很快影响全川各地,许多地方都掀起了反对仇货的高潮,不仅直接打击了帝国主义在四川的侵略势力,保护了民族工业和地方小手工业的发展,而且使广大群众接受了一次深刻的爱国主义教育。

四川军阀也不断制造军学冲突,妄图把学生的革命运动镇压下去。11月27日下午,成都资属中学和储才中学在少城公园运动场进行足球赛,军阀刘存厚的驻军开来几排士兵下操强占球场,挥拳动武,学生受伤者十九人,轻伤者不计其数,并抓走十余人。学生愤怒已极。当日,两千多名学生到北较场刘存厚驻地请愿,是夜风雨交加,寒风透骨。衣着单薄的学生,鹄立一夜,刘存厚置之不理,全体学生更加义愤填膺。29日,全城三十余校实行总罢课,袁诗荛在《半月》第九号上发表了《对于成都这次军事冲突的感言》一文,愤怒谴责反动军阀的伪善无耻面孔。四川学联也发出控诉刘存厚通电。在急风暴雨般的学生运动反击下,刘存厚终于被迫答应释放被捕学生,接受学生的条件。历时五天的斗争,以学生的胜利而结束,充分显示了五四运动后,学生团结战斗的大无畏英雄气概。①

五四运动以后,中国走向何处去?当时摆在青年面前有三种主张:胡适、张东荪所主张的杜威、罗素的改良主义道路,巴枯宁、克鲁泡特金的无政府主义道路,马克思主义和苏联十月革命的道路。袁诗荛在斗争中,首先否定了改良主义的道路。这时无政府主义在四川有很大影响,它的某些"革命"辞藻,曾经一度迷惑了袁诗荛,使他心醉和向往。1920年12月,袁诗荛参加了吴先忧、巴金组织的无政府主义团体——均社②,并且参与了无政府主义者的联合组织——安那其主义同志会的机关报《半月报》的编辑部工作。③ 他先后发表了不少文章,但从文章中极少看到袁诗荛宣传无政府主义观点,因为他是一个革命的实践者,而当时的革命具体实践,恰恰和无政府主义的根本理论相冲突。

1920年底,四川马克思主义运动的先驱者、高师学监王右木,在成都组织部分青年、学生、工人、记者,成立"马克思读书会",学习马、恩的部分著作。读书会的具体工作由袁诗

---

① 邓寿明:《五四运动在成都》,《成都现代革命史资料》总第十五期。
② 吴先忧的档案材料。
③ 吕渺崖的档案材料。

莬和童庸生负责。① 从这时候起，他相信只有马克思主义才能救中国。之后，王右木和袁诗莬共同创刊《新四川旬报》，王右木担任编辑，袁诗莬担任经理。在共同的战斗中，王右木和袁诗莬结成了深厚的友谊。尽管《新四川旬报》发行未久即被迫停办，但对袁诗莬的成长具有决定性的影响。

在革命斗争中，袁诗莬逐渐认识到人民群众是社会发展的决定性力量，是历史的创造者。1921年五一国际劳动节，他在《半月》十九号上发表了《我们应该纪念"五一"运动的理由》一文，指出"劳心者治人，劳力者治于人"是剥削阶级轻视劳动和劳动人民的谬论。这种观点不仅使"劳力者受到巨大痛苦"，而且会给社会造成严重危害，应该推倒这个反动论调。他提出"劳力（兼劳心）者治人"，并号召"劳力者兼爱劳心，劳心者兼爱劳力"，主张把体力劳动和脑力劳动结合起来，而不要把两者对立起来。袁诗莬既批判了轻视劳动人民的观点，又为青年知识分子指明了前进的方向。

三

1921年暑假，袁诗莬高师毕业，应张澜聘请到南充中学任教务长，兼端明女中、顺庆联中的课。王右木在给袁诗莬和张秀熟的信中，要求他们"要多多散布革命种子，建立川北据

---

① 邓寿明：《五四运动在成都》，《成都现代革命史资料》总第十五期；《王右木同志生平述略》，《四川党史资料》总第二十九期。

点"。袁诗荛赞同吴玉章所主张的自治纲领和宣言十二条。① 他积极参加吴玉章在南充中学举办的"马克思主义政治经济讲座",并经常在南充《自治》三日刊写文章,借宣传地方自治而进行革命宣传。他在文章中着重强调:政治上要实行民主制度,反对军阀专制;经济上组织协作(合作社),以互助合作改善工农生活,实行"不工作不得食"的原则,军事上编练民兵,建立"民众武装",反对军阀武装;另外,还倡导保障人权、普及教育、发展实业等等。这些观点深得群众拥护。这时,中国共产党已经成立,工人运动蓬勃兴起,中国革命进入一个新阶段。不久,王右木创办的《人声》周报出版。这是四川第一份系统宣传马列主义的刊物。他极喜爱《向导》《中国青年》和马列著作。通过学习,他的理论水平、阶级觉悟日益提高,决心坚定地信仰马列主义,献身给伟大的中国工人阶级所领导的革命。

1922年双十节,川军第五师师长兼南充城防司令何光烈,集合全师官兵在南充南门外土门寺教场举行纪念大会。袁诗荛和其他老师作为来宾被请上主席台。当司仪照例呼"来宾致辞"这一项目时,他不待邀请,就滔滔不绝地讲了两小时,从帝国主义对中国的侵略讲到军队的任务,从北洋军阀的罪行讲到四川军阀混战和防区割据给人民带来的痛苦,号召人民起来反对打仗,反对抽丁,反对要捐要粮,反对剥削和压迫……他的话说到了广大群众和士兵的心上,反映了他们的迫切要求,

---

① 《五四运动回忆录》,中华书局1959年版,第17页。

也得到有正义感的军官们的赞同。会场鸦雀无声，大家都被他宣讲的新思想所吸引。何光烈等人虽然极为不满，慑于当时的革命形势和群众的压力，也只好频频点头。

袁诗荛在南充教学过程中，坚持维护马克思主义。一次一个姓李的教师从苏联考察归来，袁诗荛等人抱着极大热情去听他讲演，但李却把列宁领导的第一个社会主义国家骂成一个"鬼国"，引起大家的愤慨。袁诗荛和张秀熟等从报刊上选集许多文章，作为国文教材，向学生广为介绍，对李姓教师的观点予以驳斥。袁诗荛在他任教的端明女中、顺庆联中还用这个教材上课，有力地反击了反马列主义的言论，扩大了社会主义的影响。又一次，一个素称思想进步的教师王维彻，受了"东西文化及其哲学"的不良影响，要寻找什么"真情之流"，跑到嘉陵江对岸去自杀，一个受他影响的学生也要随去。这件事引起师生思想上的大混乱。袁诗荛批判了这种反动的人生观。

袁诗荛还经常给学生推荐《向导》《中国青年》《晨报》《申报》等进步书刊和报纸，讲解革命道理和时事，使青年们深受教益。对女生，袁诗荛还给她们讲秋瑾烈士、世界著名科学家居里夫人、社会运动家蔡特金等的事迹，要她们做一个有用的人，不靠父母的钱财，不依赖丈夫，而要独立自主，走出校门，走出社会，树立起为人类、为无产阶级谋解放的思想。袁诗荛在南充执教期间所表现的思想和品德至今还有不少人记忆犹新。当时在校读书的罗瑞卿回忆说，袁老师给我讲了"很多新的知识"，使我"学习到了一个新的主义……那就是马克思主义"。任白戈回忆说："1924年我进南充中学时，校长是张澜，教务长是袁诗荛老师，先前是张秀熟同志。这两位教务长都是当时四川教育界有名的人物，思想进步，办学非常认真，学校办得很有成绩，在学生中传播了进步思想。"张默生回忆说："袁诗荛是一位很受学生敬爱的老师。他风度潇洒，感情丰富，语言动人，最富有宣传鼓动能力。他讲课是吸引学生的，学生听他的课都是聚精会神的。他讲课时如果下了课还在讲，别的班的学生都爱聚集在窗外听他讲。他的板书写得又快又好。"[1] 任乃强回忆说："我和袁诗荛同在南充中学教书，他很有学问，文章锋利，讲话有条理，富有煽动性，每次大礼堂开会，都有他的讲演，学生们都很拥护他。"

四

1925年春，袁诗荛离开南充回盐亭做教育局局长。他以纯洁的热爱乡土的精神，致力于教育改革。他主张乡可办初级小学，区办高等小学，县办初级中学；乡以下无力办学的，仍可充分利用私塾，但要求塾师除教学生读书、写字之外，再增加珠算练习，使不能升学者犹可学会记账之技术；还主张联县集中力量办高级中学。这期间，全县各级学校林立，入学人数倍增。

为了培养学校师资，袁诗荛组织本县学界人士，创办了国民师范学校和初级中学。他自兼师校校长，并给校歌写了歌

---

[1] 张默生：《回忆袁老师》，南充政协1983年3月13日。

词:"堂聚群英,探讨中外和古今,学成致用,愿追中山与列宁,世界不平须革命,努力役此身,改造先盐亭,行看吾校放光明。"他很注意培训具有新思想的教师充当各级学校领导;还从南充等地聘请了思想进步,又有学识的老师来盐亭县任教。经过努力,全县教师水平得到提高,新学风蔚然可观。

那时,全县的教育经费大权掌握在知县手里,任县府征收,任县府开支,互相挪用,阻碍教育事业发展。袁诗荛洞见症结,在县行政会议上,反复阐述县教育经费应该独立的理由,深得县人拥护。知县慑于众愿,遂将屠宰税、丝茧捐等,在每年上季的县行政会上投标提取,以作教育经费。这样,全县教育经费始得缓急使用相济、量入为出的安排。①

1925年3月,孙中山逝世。袁诗荛在教育局门前小广场主持召开纪念大会。会上,他阐述继承总理遗志,只有人民起来发扬民权革命,打倒封建军阀、地方土劣,监督政府,才能发展民生等内容。讲毕进行游行,群众受到了一次三民主义的教育。

1925年上海发生了五卅惨案。消息传来,教育局和国民师范学校,初级中学两校,立即罢教罢课响应。袁诗荛在两校对学生进行帝国主义侵华史的教育,组织他们印传单,写标语,上街宣传,举行集会,发出通电,坚决声援上海人民的斗争。集会这天气温很高,又是县城逢场,袁诗荛的宣讲富于鼓动,人越聚越多,整个会场都沸腾起来了。会后,群众涌进学生队

---

① 孔孟洁:《我对革命先烈袁诗荛先生的一点回忆》,1982年1月16日。

伍参加游行。当游行队伍经过北街一家卖日货的商店时，群情激愤，把店里的日货搬到街心当众焚毁。队伍经过"福音堂"，群众疾呼"打倒英帝国主义""英帝国主义是历届侵华的罪魁祸首"等口号，学生、群众一拥上前，砸烂焚烧了"福音堂"挂牌和"华英广益小学"校牌，吓得洋人逃离盐亭。这次大会盛况传遍城乡，无不称快。

五

1926年底，袁诗荛到了成都。1927年1月5日，成都各界在少城公园（现人民公园）举行庆祝北伐战争的胜利和二十九军军长就职的军民联欢大会。军队和民众约有两万多人。袁诗荛也在场。会上，党政军机关法团各界代表讲了话，一片对军长的颂辞，使得人们无精打采，群众渐渐由嘈杂而散乱移动，三三五五散了。这时，袁诗荛愤然穿过人群，迈上主席台讲演。他洪钟般的声音，明朗的语词，严密的逻辑，通俗的语言，洋溢的革命热情，更加强了每一句话的煽动力。他讲了半封建半殖民地中国的现状，讲了三大政策的伟大意义，讲了国民革命和北伐的目的，讲了必须彻底打倒军阀和土豪劣绅，讲了必须彻底发动群众，组织工会和农民协会，最后号召群众必须提高警惕，打倒国民党右派、国家主义派。他的话如长江大河，一泻千里，任何闸门也挡不住。群众情绪顿时高涨，人人脸上涌出兴奋的激情，"打倒国家主义派""打倒军阀""打倒土豪劣绅""拥护三大政策"等口号声连绵不断。他讲毕，昂然直下，穿过拥挤的人群，欣然离去，气得台上军阀目瞪口呆。

1月8日，袁诗荛到了重庆，会见了中共重庆地方委员会书记杨闇公，参加了在重庆召开的全省教育会议。会议期间，袁诗荛向大会提出了四川教育拟于革新的一百条书面意见，还向与会者公开讲演了。（一）共产与反共产问题；（二）俄国果真是"赤色帝国"吗？（三）共产主义与集体主义的区别；（四）严守革命纪律——打倒封建思想、打倒国家主义派；（五）总理遗嘱三大政策——联俄、联共、扶助农工是整个的，不能分割。与会者对他讲的这五个问题深为赞赏。

全省教育会议结束后，党从全面考虑决定袁诗荛仍回川北，以国民党川北特派员的名义开展川北地区的革命工作。他接受了这一任务，立即转赴成都，经组织批准，他由团员转为中共正式党员。①

3月8日，袁诗荛从成都到了潼川（即三台），当时潼川是田颂尧二十九军军部的所在地。经组织决定，他以特派员的名义任二十九军的政治部主任。

袁诗荛在潼川，和当地学界人士一起筹建了潼属（包括三台、盐亭、射洪、中江等八个县）的联立高级中学，袁诗荛任校长。这时，"三三一"惨案和"四一二"惨案已相继发生。袁诗荛就蒋介石、刘湘之流背叛革命的罪行，在潼川、绵阳一带向群众作了广泛的揭露，唤起民众觉悟。一次，袁诗荛从中

---

① 袁克刚：《袁诗荛烈士传》，1979年2月16日。

坝来到江油，到龙绵联立师范学校讲演，愤慨地揭露蒋介石卑鄙无耻的背叛革命，要大家奋起革命，继续战斗。他的讲话，对当地的斗争起了很大的推动作用。①

潼属联中仅办了一个学期，但通过联中的平台，结出了丰富的硕果，先后发展了二十九军军部宣传处宣传员侯伯英、范洪先，学校教师刘克谐②、谭卫根、赵伯先、谌伯龙、刘少培，学生敬泽书、林宣等人加入中国共产党，为三台党组织的建立和发展播下了革命种子。

袁诗荛毫不畏惧地同军阀作斗争。一次，田颂尧就任国民革命军二十九军军长职务，在三台举行就职典礼，袁诗荛被邀列席参加。他在会上明确向田指出，"你要革命就要名符其实，就不能再预征田赋。"田表面没生气，内心却很怀恨；群众和士兵听了都感到十分痛快。会后，田派人警告袁诗荛说："这里很多人主张对你下手，要你注意。"但袁诗荛毫不退让。

不久，三台召开川西北运动大会，袁诗荛主持会务，二十九军的军官也在座。袁诗荛在讲话中大讲打倒帝国主义和铲除军阀的重要意义，一个军官问袁诗荛："袁校长所要铲除的军阀，包不包括我们。"袁诗荛坦然地说："当然包括二十九军军阀在内！"他的话使这些军官为之愕然。听众无不为袁诗荛的革命胆略赞叹。

4月12日，蒋介石在上海发动大屠杀后，四川的刘文辉、

---

① 赵利群：《回忆我在四川地下斗争的情况》，《成都现代革命史资料》总第十五期。
② 三台党史资料第一期《袁诗荛传略》。

邓锡侯、田颂尧三军也挥舞起屠刀,对共产党人和革命群众公开进行镇压,形成了一股反革命逆流。仅三台,就抓捕了谭卫根、谌伯龙等人;有些无关的商人,也被关了起来。

在这危险的情况下,许多同志都劝袁诗荛暂避一时。但他却毫不考虑个人安危,竟大白天手提马灯到军部质问。有人问他:"袁校长为何打起马灯进军部?"他回答:"此间太黑暗,不提灯无以行!"并且责骂军阀"压榨民膏,屠害人民,长似泥佛,不知荣辱"。他又当面责问军阀,这次抓人"不该抓老师和学生,如其要抓,首先应该抓我这个当校长本人"。他早已做好为革命献身的准备。正如张澜所说:"诗荛同志勇敢无畏,正义凛然,诚志士仁人也!"

六

1927年7月,全国形势逆转。这年暑假,省委决定袁诗荛调成都,担任中共川西特委宣传部部长,公开职务是成都师范大学附属中学教导主任。

在附中,诗荛同志把讲台当作宣传马列主义的重要阵地。他上三民主义课,实际讲的是共产主义的道理,介绍俄国十月革命后情况,号召学生反对军阀混战、打倒帝国主义、打倒国家主义派。他讲授雄辩有力,同学们反映听袁老师上课思想亮堂,心胸开阔。①

---

① 《吴德让同志回忆》,《四川文史资料》第二十六辑。

面对反革命逆流,四川省委、川西特委领导革命群众向反动势力发起了一次又一次的反击。群众运动以各种形式继续向前发展,成都的革命气氛反而出现了高潮。在城市,开展了反劣币、反苛捐杂税的斗争;在农村,开展了反夺佃、反高利贷的斗争;在教育界,开展了保证教育经费不被挪用的发足校款的斗争。其中,教育界的斗争规模较大,不断扩及全川各地。

1927年12月5日,省教育厅召集会议,研究学校经费问题,袁诗荛和一些学校负责人参加了会议。会上,军阀袁祖铭大放厥词,故意引经据典,装腔作势。他引用《大学》里的什么理财之道,来说明四川一些学校教育经费不够,是财政没有搞好,而不能怪军人,妄图以此来掩盖军阀的罪行。袁诗荛当场予以驳斥:"你知道什么叫《大学》,什么叫儒家学说?这些你都不懂!谁不知道学校教育经费不够,是军人挪用中饱造成……不要拿虚伪的说教,来掩盖事实的真相……"弄得袁祖铭十分难堪,下不了台。接着,数以千计的学生群众蜂拥入内。刘文辉、邓锡侯慌忙乘车离去,赵椿熙等人越墙逃走,学生将教育厅厅长万克明捉住上街游行。游行到中山公园,勒令万克明伏跪在孙中山铜像前,向群众自供罪状。

1928年2月14日,国民党四川省党部候补执行委员(右派)杨廷铨,在刘文辉、邓锡侯、田颂尧三个军阀和国家主义派分子的支持下,公然武装接任省立一中校长职务,镇压学生运动,遭到全校师生反对。由于斗争激化,群情激愤,杨廷铨被学生失手打死。

七

袁诗荛是四川有影响的中共领导人之一，是当时群众斗争的领袖和勇敢战士。反动派早就把他视为眼中钉，在他们要迫害的共产党人和革命群众的"黑名单"上，早已列上了袁诗荛的名字。军阀官僚以省一中学潮为借口，制造了震惊全川的"二一六"惨案。

1928年2月16日，是袁诗荛同志的就义日。这天，时方黎明，"军警团联合办事处"（二十四军、二十八军、二十九军的联合办事处）处长向育仁，派出大批武装包围了成都大学、师范大学、师大附中、四川法政专门学校、志诚法政专门学校和省立第一师范等大专学校，逮捕了袁诗荛等一百多人。袁诗荛坚强不屈。有个家伙说："你今后只要不学马列，即可不杀。"袁诗荛厉声斥责："学马列，救中国，有何罪！"铿锵有力的话，给了反动家伙当头一棒，使他狼狈不堪。反动军阀惧怕真理，惧怕群众，惧怕诗荛。因此，他们不敢公开审讯，就于当天下午秘密宣判。诗荛同志满腔怒火提出质问，执法官低头不敢作一语，匆匆离去。接着，另一个法官依次唱名，第一个是袁诗荛。他大骂："你们叫向二娃（指向育仁）出来跟我说！"法官沉默不敢作声。在赴刑场中，诗荛等大义凛然，从容不迫，沿途高呼"打倒蒋介石""打倒军阀""中国共产党万岁"。就这样，诗荛和另十三名同志光荣地为党、为人民牺牲于成都下莲池，殉难时年仅三十一岁。

袁诗尧故居

袁诗尧同志牺牲后,高师的工友们把他抬回学校,放在"致公堂"。随后,由家属将遗体运回盐亭老家安葬。时过几日,成都市各界人民在少城公园举行了"二一六"死难烈士的追悼大会。

廖恩波

◎ 重庆师范学院 张洪超 中共内江市委党史征集办公室

廖恩波

廖恩波（1901—1935），1922年加入社会主义青年团，1926年转党。早年在内江、成都积极参加和领导学生运动。1926年后，到自贡开展工人运动。第二次国内革命战争时期，先后担任过中共川西特委组织部部长、省委组织部部长、省委书记等职。他积极恢复党的组织，恢复工农运动，领导广汉兵变。1933年10月，他赴中央苏区；红军长征后，他担任赣南军区政治部秘书，坚持游击战争。1935年3月6日，他在突围中被俘，21日，于江西大庾被杀害。

一

廖恩波，名承永，字恩波，化名时民、昔崑(昆)，

1901年①生于内江县稗木里（镇）元山子。②父名振奎，系清末秀才，元山子人，私塾老师，在廖恩波幼年时，便因病离开了人世。母曾氏，在其丈夫去世后不久，拖儿带女离开元山子迁回到白马庙娘家孀居。③后来，曾氏的父亲在白马庙街上给她买了一套店面街房。她就将其中一部分租给别人，收取租金。④此外，在乡下还有一些田土，每年能收租十石和甘蔗五六万斤。⑤这样，廖恩波一家三口人的生活也就过得较富裕些了。

廖恩波年幼丧父，母亲特别疼爱他。她希望儿子将来长大能科举成名，做个有出息的人。在廖恩波几岁时，就被送去白马庙私塾念书。随后，又送进县城南街小学堂学习。这期间，廖恩波多半时间住在东兴镇伯父家里。⑥只是到星期日，才回白马庙去看望母亲。

1917年，廖恩波小学毕业，考入内江县立中学第十班。⑦他喜爱算术，渴求新知识。当时，一般同学周末都爱打麻将，但他却喜欢和一些同学在一起，摆谈古代英雄人物的故事，议论灾难深重的祖国、民族危亡和社会的不平。他性格倔强，有反抗精神，爱打抱不平。他对当时学校陈腐不堪的教学内容和

---

① 《访廖协群谈话记录》，1982年3月14日。
② 《廖氏家谱》。
③ 《访廖协群谈话记录》，1982年3月14日。
④ 《访廖协群谈话记录》，1982年3月14日。
⑤ 罗义宋的档案。
⑥ 《访廖协群谈话记录》，1982年3月14日。
⑦ 《访余农洽谈话记录》，1982年3月13日。

规章制度也表示反对，因而被学校降级到第十一班读书。①

1919年，北京爆发了五四爱国运动。消息传到内江，一部分热血青年学生极为振奋。这年暑假，在外地读书的内江籍学生返回家乡，又带回一些五四运动的宣传刊物，在部分青年学生当中进行宣讲和传阅；随后，一些有关宣传新文化、新思潮的刊物，如《新青年》《每周评论》，还有《星期日》《四川学生潮》《威克烈》等，也通过各种渠道，陆续传入内江。从此，这个沉静的甜城开始沸腾起来了。

廖恩波被卷进了这场革命的洪流，积极投身于内江的学生爱国运动。那时的内江，随着马克思主义思想的初步传播，抵制日货的斗争也正不断兴起。内江的学生，尤其是廖恩波就读的内江县立中学的学生，在成都、重庆等地反日救国、抵制日货斗争的影响下，纷纷走出校门，在街头巷尾去张贴标语，进行宣传，劝告商店的店主要"抵制日货，提倡国货"，"商人要知亡国恨"；号召市民谨记"爱国光荣，亡国痛苦"，"哀告同胞毋忘国耻"等等。同时，还对那些只知爱利、不知爱国的店主，特别是对内江存日货最多的一些商号，进行了痛斥，甚至将检查出来的日货用木棒砸烂。廖恩波在这场斗争中，表现得特别活跃和积极。

紧接着，在廖恩波的倡导下，内江召开了各中小学校的学生代表会议。经过协商，成立了"内江县学生联合会"。廖恩

---

① 《访余农洽谈话记录》，1982年3月13日。

波被推选为"学联会"的负责人之一。① 参加学联会的学生有三百多人。

"学联会"成立后,针对当时内江的教育受到封建学阀的把持和军阀割据势力的摧残,决定发动一场争取学生自治的斗争。那时,有一些奸商,由于受到内江县立中学抵制日货运动的打击怀恨在心,于是勾结内江县立中学校长古德钦(绰号叫古罗汉),妄图对学生严加"管教",把学生束缚在课堂上。这件事,引起了大多数同学的不满。他们在廖恩波的带领下,去找校长说理,反对学监制和校长的专横,要求实行学生自治。学生们的合理要求,遭到校长的训斥和蛮横拒绝。廖恩波挺身而出,带领同学们举行了罢课。这在内江的学运史上是第一次,在社会上引起很大反响。恼羞成怒的古德钦,暗中勾结县衙当局,指控恩波"带头闹事",是"当今余孽","品行不端",违犯了校规,而强行挂牌开除学籍。面对这种卑劣的行径,廖恩波心情十分不平,愤怒地将挂牌打碎,丢进了粪坑,以示抗议。② 同学们对学校的这一处理,也纷纷表示不满和反对,经过据理力争,终于迫使学校当局同意发给廖恩波转学证书。③ 随后,廖恩波即忿然离开了学校。这件事,深深地刺激了青年时代廖恩波的心灵,使之埋下了仇恨旧社会的种子。

---

① 余农洽的档案,1953 年 8 月。
② 《访余农洽谈话记录》,1982 年 3 月 13 日。
③ 张星石老人 1982 年 6 月 11 日给重庆师范学院历史系的复信。

二

廖恩波被强令转学后,离开家乡,到达成都,在同乡会的帮助下,先进入资属中学。① 后于1922年夏,考入四川省立工业专门学校机械专业。② 这年假期,回到内江白马庙,由母亲包办作主,与农村姑娘罗义宗结了婚。③

廖恩波在成都读书期间,先后认识了王右木、吴玉章、杨闇公等四川早期的一批革命家。在他们的教育和影响之下,廖恩波的思想进步很快。他除在校读书外,还积极参加了校内外的各种社会政治活动,开始接触到了马克思义的革命理论。那时,革命先驱者王右木,为了宣传马克思主义,在成都组织了一个"马克思读书会",经常秘密集会,进行革命的政治宣传。廖恩波除积极参加这个读书会的活动外④,还和校内的一些志同道合的同学们一起,也组织了一个"读书会",阅读进步书刊。后来,杨尚昆在回忆中道:那时,我在成都高师附中读书,闇公四哥就曾介绍我同廖恩波相识,参加他们所组织的"读书会"。当时读的书,如《欧洲社会思想史》等,虽然还不是马克思主义著作,但读书会会员从这些书里已经知道了马克思、恩格斯的名字,初次接触到了马克思主义学说。⑤ 廖恩波

---

① 张星石老人1982年6月11日给重庆师范学院历史系的复信。
② 张星石老人1982年6月11日给重庆师范学院历史系的复信。
③ 罗义宋的档案。
④ 张秀熟:《五四运动在四川》,《四川大学学报》第一期,1979年。
⑤ 杨尚昆:《回忆闇公四哥》,《重庆文史资料选辑》第二辑,1979年。

组织读书会会员们一面学习革命理论,一面畅谈时局、研究问题,使马克思主义思想越来越广泛地在校内外传播。

1922年,廖恩波在成都加入了中国社会主义青年团(S.Y.)①,成为四川早期的一批团员之一。

此后,廖恩波便利用回家乡度寒暑假的机会,仿效成都"读书会"的形式,与黎灌英、谢笃开、廖释惑(即廖维华)等进步青年一道,在内江城里的太平巷杨家祠堂秘密组织了一个"读书会"。他们邀约一批社会青年和内江县立中学的学生,一起阅读进步的报纸杂志,如《向导》周报、《中国青年》周刊和一些介绍马克思主义、社会主义的文章等。② 会员们还利用星期日聚会,各抒己见,畅谈读书体会。发生争论时,廖恩波总是认真地倾听各方面的意见,然后发表自己的见解,使所争论的问题能得到进一步的认识。此外,会员们还结合内江的社会实际,组织演讲队,到街上去进行宣传鼓动工作,以广泛传播马克思主义和唤起社会民众的觉悟。

同时,廖恩波还根据团支部的决定,及时地把"读书会"的优秀会员,如黎灌英、谢笃开等人,吸收到中国社会主义青年团。③ 这就为内江革命活动培养了干部力量,奠定了内江党组织创建的根基。

1924年,廖恩波为了团结更多的青年同学进行社会活动,便联络在成都读书的内江籍学生,发起组织了一个"内江旅省

---

① 中央组织部编印:《死难烈士英名录》,1945年4月。
② 黎守忠:《内江地下党活动概况》,1959年1月18日。
③ 张星石老人1982年6月11日给重庆师范学院历史系的复信。

同学会"①。由于他平时总是生气勃勃，办事认真负责，加之待人又热情诚恳，故被一致推选为"内江旅省同学会"的会长。②会员们常常利用星期日，到支矶石公园、川北会馆和静宁饭店秘密集会，主要是议论时政，抨击社会，以进行革命的宣传活动。当时，由于四川军阀连年混战，民不聊生，一些青年人对国家的前途和个人的理想，感到悲观失望，缺乏斗争的勇气。针对这种情况，廖恩波曾赋诗一首："愈难志愈坚，一心更一德；相将向前趋，努力追事业"③，用以鼓励旅省同学会会员的信心和斗志，激励大家投身于拯救祖国的火热斗争之中。

"内江旅省同学会"为了揭露和控诉当时内江的封建反动势力对人民的摧残，以散播革命的火种，特地创办了油印刊物《不平鸣》（即不平者，则鸣）。④廖恩波以犀利的笔锋，写了《发刊词》。其中最后两句这样写道："当今野草丛生，谁是锋利的剪草机呢？"⑤文章直刺时弊，把斗争的矛头直接指向内江的"三九"（即县团练局局长马祥九、商会会长林基九、浮桥经费收支所所长范承九。因这三人名字后面都有一个"九"字，故称为"三九"）。"三九"互相勾结，贪污田粮，鱼肉乡民，称霸地方，早为内江各阶层人民深恶痛绝。《不平鸣》刊物上公开揭露"三九"的罪行后，进一步激起了内江人民的愤怒。他们在黎灌英、谢笃开等人领导下，开展了一场轰轰烈烈

---

① 高伯华的档案，1953年5月20日。
② 《访赖图南谈话记录》，1982年4月19日。
③ 《访赖图南谈话记录》，1982年4月19日。
④ 《访高伯华、高允斌谈话记录》，1982年3月18日。
⑤ 《访高伯华、高允斌谈话记录》，1982年3月18日。

的反对"三九"的斗争。反动当局在民众的压力下，不得不将"三九"关押起来，以息民愤。这就进一步激发了内江人民的革命热情。

由于廖恩波在校内外进行革命活动的显著成绩，逐渐引起成都学生的注意和敬佩，先后被同学们推选为四川省立工业机械专门学校的学生会主席和全川学生联合会执行部的主任。①从此之后，他奔走各校，不辞劳苦，为领导全川的学生运动更加努力地工作着。

1925年3月，孙中山逝世的消息传到成都后，团组织为了扩大宣传孙中山"联俄、联共、扶助农工"的三大政策和"遗嘱"，借以扩大反帝、反封建的革命统一战线，及时联合各界人士成立了"孙中山先生成都民众追悼会"。廖恩波连日奔波各地，联络各界群众。4月6日，在支矶石公园召开的第二次筹备会上，他被到会代表推选为大会主席。② 这次筹备会议，讨论和研究了召开"成都民众追悼会"的准备工作，而且决定组织青年学生到大街小巷进行宣传。这样一来，起到了发动革命群众，在政治上扩大左派，争取中间派，孤立分化右派的作用。

上海五卅惨案发生后，反帝的怒吼声遍及全国。成都民众也异常激昂，他们在团组织的领导下，积极地行动起来，响应党中央发出的"反抗帝国主义野蛮残暴的大屠杀"的伟大号

---

① 《全川学生联合会之紧急会议》，《商务日报》第3315号，1925年6月23日。
② 《省城悼孙会之筹备》，《民国公报》1925年4月11日。

召，掀起了一场席卷成都地区的群众性的反帝爱国运动。为了执行党中央关于反帝反封建的统一战线政策，团结工农商学兵一起行动，经过廖恩波等人的奔走联系，成都于6月17日，在学道街工专校内召开了二十五校学生代表紧急会议，商议了为声援上海人民反对英、日惨杀华人而进行斗争的问题。接着，成都各学校、各工商市民一百多个团体的代表约一千人，在川北会馆召开成立了"上海英日惨杀华人案成都国民外交后援会"。这次会议决定成立总务、文书、庶务、宣传、交际五部来做"后援会"的具体工作，由总务部统筹一切。廖恩波任总务部主任。①

6月20日，"后援会"在旧皇城高师校召开了各部紧急联席会议，决定于21日举行全市国民大会，进行示威游行，以抗议帝国主义的暴行。同时决定，国民大会由总务部主任廖恩波担任会务主席，童子军总司令谢晓轩担任会务总指挥。②

6月21日（星期日）黎明，成都市区各商店均停止营业，悬旗志哀，全城罢市。各团体群众达万余人，手持小旗和各种标语，齐集西较场旧皇城会场，隆重举行国民大会。据当时的文献记载，廖恩波等"后援会"的各部负责人，为了召开好这次大会，忙碌了一个通宵而未休息。是日清晨，廖恩波提前到达，在主席台上指挥各群众团体进入会场。上午10时，他宣布大会开幕，接着由宣传、文书、庶务等部主任发表讲演，最

---

① 《成都国民外交后援会成立大会纪略》，《商务日报》第3316号，1925年6月30日。
② 《成都全民之大游行》，《商务日报》1925年6月29日。

后廖恩波代表"后援会"向大会提出了四项议案:"一、请政府照吾人目的向日英严重交涉,立刻释放被拘华人,赔偿死者命债及受伤医药费,惩办英日肇事官及凶手,英日政府向我道歉;二、凡英日在华所雇佣之中国人,一律退职;三、与英日经济绝交;四、联合世界被压迫民族,打倒帝国主义。"①廖恩波宣读完毕,万众高呼,一致赞成。顿时悲壮激昂的战斗气氛,使整个会场变成了愤怒的海洋。

接着,"后援会"组织了空前未有的大游行。廖恩波以及欧阳辑光、杨自廉(宣传部副主任)等负责人,率领着游行队伍,沿途进行演讲,带头高呼:"不要忘了上海殉难同胞!""取消一切不平等条约!""无产阶级团结起来!""被压迫民族团结起来!"②口号声此起彼落,回荡在蓉城上空。

之后,廖恩波等还到处奔走,为组织宣讲队、募捐队,帮助各群众团体加强和扩大组织等,做了大量的工作。③这一运动的开展,广泛地教育了人民,提高了群众的革命觉悟,为推动以后成都地区大革命高潮的到来起了积极的作用。

三

1926年,在实际斗争中锻炼成长起来的廖恩波,光荣地由

---

① 《成都全民之大游行》《商务日报》,1925年6月29日。
② 《成都全民之大游行》《商务日报》,1925年6月29日。
③ 梁国龄:《关于四川党组织情形的回忆》,《四川现代革命史研究资料》第二期,1981年2月。

共青团团员转为中国共产党党员。从此，他在党的领导之下，为了中华民族的解放，赴汤蹈火，开始了更加忘我的工作和艰苦的斗争。

也就在这一年，廖恩波从省立工业专门学校毕业后，被中共重庆地方执行委员会派往川南自流井，协助刘远翔（当时地委工委委员）在盐场工人中开展工作。从此这个古老而又富饶的盐都，开始燃起了工人运动的革命烈火。

廖恩波到自流井后，和刘远翔一起开展艰苦的地下工作，发展党的组织，建立起中共自流井特别支部。机关设在自流井八店街述善盐业公司内。① 刘远翔任特支书记，廖恩波负责组织工作。

自流井特支活动的重点是盐工运动。然而，当时自流井的神会制度特别浓重，加之，受反动派利用的工贼尤多，这些工贼常常勾结绅士、军阀，剥削工人，破坏真正的工人组织，给党在自流井开展工人运动带来了困难。面对这种复杂的环境，廖恩波没有畏惧，他认为这是对自己严峻的考验和磨炼的好机会。为了便于发动和组织盐工，他一身盐工打扮，风尘仆仆地奔走于釜溪河畔的东、西盐场，出没在盐工们喝茶的茶棚或居住的茅寨之中，与他们交朋友，促膝谈心。起初，只是随便摆摆龙门阵，拉拉家常，问寒问暖，从中了解盐工们的切身痛苦和要求，等盐工们对他已有所了解的情况下，才逐渐向盐工们讲述盐场的不合理制度，宣传盐工们为什么穷、盐场老板为什

---

① 《自贡现代革命斗争史研究资料》第一期，1980年12月。

么富的道理，启发工人们对盐场资本家的仇恨，提高他们的阶级觉悟。廖恩波每讲到盐场老板剥削压榨工人们的凄惨情景时，总是声音特别洪亮，常拍案怒骂吃人的资本家，对盐工们影响很深，教育很大，激起了盐工们憋在心里的满腔怒火，为后来盐场工人运动的发展作了思想准备。

不久，自流井特支接到中共重庆地委的指示，要求尽快地组织和领导盐场工人进行罢工斗争，以支持北伐战争。特支为了加强对盐业工人罢工斗争的领导，决定刘远翔改任特支工运委员，专做工运工作，特支书记由廖恩波担任。[1]

随后，自流井特支在长土洞庭寺召开了自流井盐场第一次机车工人代表大会。廖恩波到会作了《关于成立机车工会的报告》，阐述和分析了成立工会组织的重要意义，以及盐工们组织起来就有力量的道理。[2] 大会经过讨论，正式成立了自流井长土机车工会。接着，盐场各帮工会也相继成立。这就为即将形成的自流井工人运动的高潮作了组织上的准备。

1927年初春，特支再次在长土洞庭寺召开工人代表会议，决定开展一场以增加工资为中心的全盐场工人大罢工。[3] 会议在结束之时，廖恩波代表特支作了简短而有力的总结发言，他号召盐场各帮工人，要紧密地团结一致，百倍提高警惕，防止敌人的引诱离间，破坏劳工团结。廖恩波的讲话，鼓舞了工人代表团结起来，夺取罢工斗争胜利的信心。于是，一场声势浩

---

[1] 《自贡现代革命斗争史研究资料》第一期，1980年12月。
[2] 《自贡现代革命史研究资料》第二期，1981年2月。
[3] 《自贡现代革命史研究资料》第二期，1981年2月。

大的盐业工人罢工开始了。

2月14日,天刚蒙蒙发亮,盐场各帮工会就按照特支的决定,带领着手执"反对资本家剥削工人血汗!""增加工资养活全家!""增加日行肉,改善工人生活!"等标语旗的盐工们,从四面八方向自流井汇合。很快,三万多游行示威的工人队伍,就将井商会和反动政府当局围得水泄不通。在工人群众不断的愤怒呼声和强烈要求下,井商会无可奈何地接受了工人们提出的增加工资、改善伙食、减少工时和不干附加活路等项条件。这次罢工取得了初步的胜利。罢工之后,特支将在斗争中表现积极的工人骨干分子吸收入党,壮大了党的组织。从此,自流井盐场工人运动的烈火愈烧愈旺。

不久,重庆发生了骇人听闻的"三三一"惨案。自流井特支被迫转入地下隐蔽活动。第二年初春,特支在黄家山山王庙召开了一次工人代表会议。① 这次会议讨论决定:在工人生活受到严重威胁的旧历年关,再开展一场以增加工资、改善工人生活为内容的第二次总同盟大罢工。特支专门成立了由廖恩波、刘远翔、杨玉忠、王文甫、罗世良等五人组成的罢工委员会来具体领导这场斗争。② 这次斗争,前后坚持了十八天之久。在广大工人、小手工业者、店员工人和青年学生的罢工、罢市、罢课等强大力量的支援之下,反动当局接受了工人们提出的几项条件。

---

① 《自贡现代革命史研究资料》第二期,1981年2月。
② 《自贡现代革命史研究资料》第二期,1981年2月。

反动当局对廖恩波等党的负责人恨之入骨，发出通缉令，悬赏大洋一千元捕捉廖恩波。后来，廖恩波在给亲人摆谈这件事情时，曾幽默地说："我哪里能值一千个大洋啊！顶多只值两个铜板！"对敌人的追捕，他付之一笑，表现出一个革命者的大无畏精神。

此后，白色恐怖像满天乌云笼罩着整个盐都。为了保存革命力量，迎接更艰巨的战斗，四川临时省委决定将廖恩波等主要负责人撤离自流井。

廖恩波在自流井开展工人运动的时间虽然不长，但由于他和特支的其他负责人一道，在工人群众中进行了热情的宣传和细致的组织工作，唤起了盐工们的觉悟。这就为后来川南特委在自流井组织数千人的盐井工人武装纠察队和盐业工人的大罢工创造了条件。廖恩波为自贡的革命斗争做出了不可磨灭的贡献。

四

廖恩波离开自贡后，受四川临时省委的派遣，辗转于川南、川西一带活动，传达省委的指示精神，从事着艰苦的地下斗争。

时值成都"二一六"惨案之后，在四川反动军阀的大屠杀下，党的工作条件更加艰难，活动经费也成问题。廖恩波想到党的事业和同志们的处境，于是他回到家里，准备把家里的十几亩田变卖，来做党的活动经费。最初，母亲误认为儿子在外面不务正业,很生气地骂他是"不孝之子"。后经廖恩波的耐心说明和开导之后,母亲才点头同意,凑足了六十元大洋。①这期间,廖恩波的生活是困难的,但他尽力帮助比自己更困难的同志。他说自己是个乐天派,精神上是非常愉快的,应该看到,目前虽然困难很多很大,但前途是光明的,而且是有希望的。② 这表明了他对战胜困难和赢得革命的胜利充满信心。

1928年秋,四川临时省委遭到敌人的破坏,省委机关一度由重庆迁到成都。1929年2月12日,临时省委扩大会议在成都召开。会议选举了第三届省委。随后,为了加强和统一领导川西地区二十余县党的工作,省委决定在成都恢复川西特委,并且调廖恩波担任特委组织工作。③ 在特委工作期间,他常常深入农村、工厂和学校等基层单位,找党员谈话,发展党的组织,帮助和指导基层党组织总结经验,开展革命活动,使川西地区党的组织工作逐渐得到恢复和发展。

可是,1930年夏天,正当四川和全国的革命形势有了相当发展的时候,"左"倾错误再次统治了党中央领导机关。8月2日,全省第一次党代会在重庆举行,贯彻"左"倾冒险主义,将党、团、工会的各级组织合并组成为武装起义的各级行动委员会,以配合全国的总起义。川西特委也奉省委的指示,合并改为川西行动委员会。廖恩波担任川西行委的组织部部长,张春帆(苏雁秋)任行委主席,陈翰屏任宣传部部长,周国干任

---

① 《访廖协群谈话记录》,1982年3月14日。
② 张特瑜:《我和廖恩波最后盘桓的日子》,1981年1月21日。
③ 《四川现代革命史研究资料》第六期,1981年6月。

军委书记,熊子良任工委书记。① 川西行委成立后,又接到省行委紧急指示:限期(即在8月份内)发动广汉驻军②的兵士起义,并加强对广汉附近的金堂、绵竹、新都、什邡等地的工作,以配合江津、荣(县)、威(远)、梁(山)、达(县)等地的兵士起义和农民起义,进而组织红军,实行土地革命,建立苏维埃政权。川西行委接到指示后,立即召开了行委主要负责人的紧急会议。经过激烈讨论之后,认为马上发动起义没有把握,加之时间又仓促,于是决定推迟到10月份进行,同时指派廖恩波去直接领导,担任前敌委员会书记。③ 在川西行委的领导之下,经过各方面的准备工作,10月25日(农历九月初四)晚上发动了广汉兵变。但起义后不几天,在国民党二十八军邓锡侯、二十九军田颂尧部的联合镇压下,兵变遭到了失败。

广汉兵变(当地人习惯上叫"二五"兵变),在当时的条件下发生,实际上是一种"左"倾错误的表现。但是,它唤醒了川西人民的觉悟,扩大了我党在人民群众中的影响,打击了四川的军阀势力。

广汉兵变失败后,廖恩波和陈翰屏一道被迫转移。他们从华阳县出发,沿岷江而下,经嘉定、叙府秘密来到重庆,向省委汇报工作。④ 廖恩波随即接受党的指示,只身回内江进行隐

---

① 《访苏雁秋谈话记录》,1982年5月12日。
② 广汉驻军系指国民党二十八军邓锡侯部之较进步的第二混成旅旅长陈离(陈静珊)所部。时陈部三个团,驻广汉一个团,其余二个团驻新都。
③ 邹风平:《烈士牺牲调查表》,1940年12月10日。
④ 陈翰屏老人1982年2月22日给重庆师范学院历史系的复信。

蔽活动。那时的内江农村，百分之七八十的农民都种甘蔗，故称之为"蔗农"。他们不但受官府、军阀的野蛮掠夺，而且还受到糖坊老板的苛刻压榨，终年辛勤劳动，到头来却是穿襟襟挂绺绺，过着饥寒交迫的生活。廖恩波目睹蔗农遭受这三重剥削，深为愤恨，在他和地下党组织取得联系后，决定把蔗农组织起来，团结在党的周围，与糖坊老板作斗争。为此，他在凌家场主持召开了一次秘密会议，参加会议的有地下党员和接近党组织的革命群众近二十多人①，讨论了把贫苦蔗农组织起来，参加"青山帮"，领导蔗农斗争的问题。会后，"青山帮"在东乡、一四滩和永兴庙一带，开展了反对糖坊老板斗争，并且取得了一定的成绩。这一斗争，在内江的农运史上影响较大。

1931年夏天，省行委负责宣传工作的罗世文赴上海向党中央汇报四川党的工作返川后，根据党中央的指示和六届三中全会的决议，撤销了四川总行委，恢复了四川党、团、工会的独立组织和日常工作。罗世文被中央任命为省委书记，程子健为军委书记。为了加强省委工作，廖恩波被调至省委担任组织部部长，邹风平任组织部秘书。②廖恩波的担子更重了，他冒着严重的白色恐怖，长期奔波各地巡视全省党组织的工作，历尽了艰辛。

1933年夏，四川军阀"二刘战争"结束后，形成了刘湘独霸四川的局面。随即，刘湘把他的指挥机构从重庆搬到了成

---

① 高伯华、高允斌老人给重庆师范学院历史系的复信，1982年8月16日。
② 《抗战前四川党史资料》。

都。这样一来，白色恐怖更加严重地威胁着省委。为了使全省的地下党组织适应这种恶劣的环境和保持党组织战斗力，避免遭受敌人的破坏和摧残。8月，廖恩波在成都主持召开了省委扩大会议，宣布了省委关于撤销川东、川南和川西三个特委组织，建立梁（山）、万（县）、巴县、泸县、宜宾、内江、南充、三台、安（县）、绵（竹）、成（都）、华（阳）等中心县委的决定①，这是符合当时四川实际情况的。

同年8月，省委书记罗世文受党中央的委派赴川陕苏区协助红四方面军工作。省委领导机构重新作了安排和部署，由廖恩波代理省委书记。②

五

1933年10月底，廖恩波奉中央的指示，化名廖昔昆③，辞别了患难与共的战友，离开四川，前往江西中央苏区，向党中央汇报四川党的工作。④几经周折，于年底到达红都——瑞金。以后，他便留在中央机关工作。

当时，正是国民党蒋介石对中央苏区进行第五次"围剿"的时期。为了粉碎国民党的"围剿"，克服红军在反"围剿"战斗中的财政困难，《红色中华》机关报于1934年3月向中央

---

① 马质彬老人1982年6月17日给重庆师范学院历史系的复信。
② 《抗战前四川党史资料》。
③ 邹风平：《烈士牺牲调查表》，1940年12月10日。
④ 邹风平：《烈士牺牲调查表》，1940年12月10日。

工农民主政府各机关团体，提出了在4月至7月内节省行政费用八十万元的号召。这个号召发出后，立即得到各机关团体工作人员的热烈响应，中共中央机关从白区到中央苏区的外省籍工作同志联名写信给《红色中华》报，表示愿意"每天少吃二两米，不领今年热天穿的衣服，以节衣缩食的实际行动来响应《红色中华》的节省号召"。廖恩波和陆定一、邓颖超、博古、陈云、毛泽覃、成仿吾、罗迈、潘汉年等人，均在这一信上签了名。① 在他们的积极带领下，中央各机关团体在四个月内共节省行政费用130余万元，超过了原计划的62%。廖恩波等人的这一举动，充分表现了他们为革命吃苦在前的崇高美德。

由于第五次反"围剿"的失败，1934年10月，中央红军主力部队不得不离开中央苏区，突围转移，开始长征。

根据党中央事前的布置，为了配合主力部队的突围，早在8月份就在赣南以于都为中心，成立了中共赣南省委和赣南省军区，廖恩波奉命留下来担任赣南省军区政治部秘书的工作②，坚持赣南地区的游击斗争。

那时，留在中央苏区的武装力量，尚有红二十四师和第三、七、十一等独立团，加上地方政权机关工作人员和伤病员，约三四万人。党中央交代的任务是：在苏区及其周围进行游击战争，发展和壮大地方工农武装力量，保卫苏区，保卫土地革命的胜利果实，准备将来配合红军主力，在有利的条件下

---

① 《红色中华》卷164期，1934年3月20日。
② 《死刑执行枪决经过附判决书请核备文》，《驻赣第六绥靖区公报》，1935年3月；邹风平：《烈士牺牲调查表》，1940年12月10日。

进行反击。①

中央苏区的广大军民，在项英、陈毅、贺昌、阮啸仙等领导下，展开了艰苦卓绝的游击战争。廖恩波带领赣南省军区政治部的政工人员和文工团员们，翻山越岭，深入部队驻地，为广大指战员宣传演出，进行政治思想教育工作。他鼓励大家，在敌军压境，敌强我弱的不利形势下，要作好充分的思想准备，以应付各种复杂的局面，为保卫苏区要不惜牺牲自己的生命。

1935年1月，国民党蒋介石又纠集了大批兵力，妄图在一个月内荡平留在江西的红军游击队，形势十分严峻。留在中央苏区的中央分局，中央办事处和赣南省委、省军区等机关部队，被敌人分割包围，陷入非常危险的境地。2月中旬，中央分局接到党中央从长征路上发来的电令，在敌我力量过于悬殊的情况下，将部队化整为零，向外突围，继续坚持地方游击战争。

3月4日，廖恩波等人率领赣南省委党政军机关人员和一部分地方武装力量，突围到达信丰、大庾境内的马岭附近时，遭到五倍的国民党粤军余汉谋部的阻击。在此危急时刻，廖恩波身先士卒，带领机关人员和部队战士，奋勇杀敌，打垮了敌人一次又一次的围攻，战斗一直持续了一天。到3月6日，部队在信丰、会昌交界的金沙、罗坑、石寮、鸭婆坑一带，被粤军余汉谋部之第一军第一师第一团重重包围。在弹尽粮绝、伤

---

① 《艰苦的三年游击战争》，载《赣南人民新民主主义革命史资料》第十二章。

亡惨重的情况下，除一部分冲出重围外，大部分均壮烈牺牲，廖恩波及赣南省军区政治部主任刘伯坚、独立第十六团参谋长陆如龙、中央办事处交通科科长连得胜、贸易局会昌分局采办处营业部主任王志楷等五人都不幸被俘。① 随后被押往驻信丰（原登贤县）的敌军团部，后又被押往大庾县监狱，3月11日移囚粤军驻赣第六绥靖区公署候审。

从被捕的第一天起，廖恩波就作好了至死不屈的思想准备。敌人为了从他口里捞到党和红军游击队在赣南的活动情况，对他用尽了软硬兼施的手段。先诱之以高官、金钱和美女，遭到廖恩波的严词拒绝后，又拿来纸笔，威逼他写其"笔供"。廖恩波用他那戴着沉重手铐的手，毅然挥笔，慷慨激昂地写道："我之加入共产党，系为彻底推翻帝国主义在华统治和废除封建剥削制度，故献身于中华民族解放运动。"② 这短短的"笔供"，表述了一个无产阶级革命者的伟大胸怀和高尚的品格！这浩然正气，使敌人为之震慑。最后，敌人对廖恩波施用了各种残暴的酷刑。但是，这一切卑鄙的伎俩都遭到了失败。于是，敌人只好以"危害民国，扰乱治安"之罪，将廖恩波判处死刑。

1935年3月21日，大庾县城阴风惨惨，杀气腾腾。从绥靖公署通往城北门金莲山的一段二里多的公路上，敌人五步一

---

① 《死刑执行枪决经过附判决书请核备文》，《驻赣第六绥靖区公报》，1935年3月。
② 《死刑执行枪决经过附判决书请核备文》，《驻赣第六绥靖区公报》，1935年3月。

兵，十步一岗，左右两旁，荷枪林立。上午约十时，一群刽子手将带铐拖镣的廖恩波等五人五花大绑，推上刑车，押往金莲山（现大余县水泥厂门口）刑场杀害。① 面对着死亡，廖恩波等人不停地大声高呼："打倒国民党反动派！""中国共产党万岁！"激昂的呼声，响彻了章水两岸，震荡着大庾县城。

廖恩波故居

廖恩波为了党的事业，为了普天下受苦受难的人民大众，将自己满腔的热血和闪光的青春，献给了中华民族，牺牲时年仅三十四岁。

---

① 《访谢松林谈话记录》，1982年4月10日。谢松林系当年廖恩波烈士牺牲时的目睹者。

曾 莱

◎ 彭达诚 刘志湘 邱良能

曾 莱

曾莱（1899—1931），忠诚的无产阶级战士。牺牲时年仅三十二岁。他参加过北伐战争和广州起义，随后又领导了四川荣县、内江等地的农民运动，并为梁山游击根据地的创建作出了重要贡献。他的革命精神和光辉业绩，永远值得我们学习和纪念。

一

曾莱原名曾永宗，化名蓝瑞卿，1899年11月30日出生于四川荣县双石乡夏家湾。其父名贯之，是清朝秀才，教过私塾，赴考举人时在华阳病故。家中只有田地三亩，后因过继给伯父为子，又分得田地十五亩。曾莱从小就勤奋好学，热爱劳动。他放学回家，就下地干活；半夜落雨，也要起床查看田坎的缺口，大年初一早上，照常去拣肥料。进入荣县中学读书时，每期入学、放假，他都是自己挑行李。见同学中有让自己父亲或长辈挑行李的，他就斥责说："大少爷，忍心以父作马牛，将来必无恶不作。"他学习刻苦，善于观察、思考。遇到问题，必寻根究底；不钻深透，不放书本，反对寻章摘句，不求甚解，只图分数。他待人热情、诚恳、刚直，爱帮助同学，像一团烈火，因此同学们都很信任他。校长谷醒华赞赏地称他为"子路"。

二

1923年曾莱到成都，进入四川省高等师范学校读书。当时，高师校长吴玉章每个星期天都要向"高师校外同学会"作学术讲演，宣传革命思想，曾莱每次都要去听，从未间断。这对他接受革命理论和以后参加革命，有较大的影响。他对吴玉章的思想、品格和学识极为仰慕。

1924年1月，军阀杨森率部打入成都，赶走熊克武，当了四川督理，指派傅子东代替吴玉章当高师校长。不久，傅在高师校门外挂上"国立成都大学"的招牌，企图取消高师。为此，各班推举代表成立了护校组织。曾莱是代表中最活跃者之一。有一天，全校开大会，派曾莱和罗刚举到校长室夺印，经全校师生斗争，护校活动最后获胜，高师得以继续存在。

曾莱对军阀非常厌恶。他在1924年5月9日的日记中写道:"无耻的杨森,还说禁止各校学生所有活动,真是莫名其妙";5月11日的日记中又写道:"今天忽传刘湘又将与杨森等打仗……所以四川的事,才弄到这样糟,这真是可怜我们小百姓。"

1926年初,成都高师建立了接受共产党领导的进步组织——"导社",曾莱是其中的成员。那时,他的荣县同学赵鹤仙已参加国家主义派的"惕社",曾莱为了使其不误入歧途,苦口婆心地对他做了大量说服工作,终于使赵鹤仙觉悟过来,毅然脱离"惕社",并顶着冷嘲热讽的打击,转向加入"导社"走上了革命道路。

同年春节期间,为了在纪念北伐战争中英勇牺牲的荣县中学同学陈自强、徐积光,曾莱取得荣县教育界享有威望的赖君奇老师的同意,以其名义在荣县中学校内举行追悼大会。会议规模很大,气氛庄严。会上,曾莱在讲话中宣传了北伐的意义,并且提出要照顾好烈士家属,在全县人民中有很大影响。

三

1926年初夏,第一次国内革命战争蓬勃发展,曾莱认识到"教育救国论"不行,决心投笔从戎。临行前,有人劝他继续读书,待取得文凭后,保荐他当一个视学(即县教育局局长)。他拒绝说:"北伐战争关系到国家民族的存亡问题,我们应该参加,哪里还顾得毕业不毕业。"

离开高师后,曾莱从成都到达武汉,在张发奎的第四军学生军中工作，并随军北伐。在北伐中，他英勇善战，工作能力又强，很快被提升为团的政治指导员。1927年，正当北伐战争胜利发展的时候，蒋介石集团背叛革命，在上海发动"四一二"反革命政变，4月18日在南京成立了代表帝国主义和地主买办阶级利益的"国民政府"。嗣后不久，汪精卫又在武汉发动"七一五"反革命政变。至此，第一次国内革命战争遭受失败。以蒋介石为首的国民党反动集团提出"宁可枉杀一千，不可使一人漏网"的血腥口号，大批屠杀共产党员和革命群众，全国迅速陷入白色恐怖的黑暗统治。在这形势急剧恶化的关键时刻，曾莱离开张发奎部，前往北伐战争的发源地和当时民主空气较好的广州。

1927年12月11日，曾莱参加了张太雷、叶剑英等领导的广州起义，在与反动军阀巷战中英勇受伤。12月13日，起义军撤出广州以后，反动派大肆屠杀共产党员和革命人民，白色恐怖笼罩全城。曾莱化装成士兵，进入广州一医院治伤，才避开了敌人的屠杀。这时，他已和革命同志失掉了联系，虽用尽一切办法，始终没有找到，加之人地生疏，语言隔阂，不便长期隐蔽，只身徒步返回四川家乡，继续从事革命斗争。

当时，正是寒冷的冬天，曾莱身无半文，衣衫单薄，步行几千里，困苦自不待言。更危险的是，反革命派正在疯狂屠杀共产党员和革命群众，到处一片白色恐怖。曾莱并没有被这些严重的困难所吓倒，而是以坚强的革命意志，走上了艰苦的历程。他沿途对人言："我是四川农民，被拉夫当兵，辗转流落广东，现在带伤挂彩，才得请假回家。"因此，一路上他得到劳苦群众的同情,在住宿、吃饭方面得到了帮助。有时,他也帮别人抬滑竿、当挑夫,借此解决食宿。到长沙,他已经很疲倦,正想休息两天再走,忽然看见街上一大堆人围着看告示,他挤进去一看,原来是湖南军阀张贴的一张杀气腾腾的"清共"布告。长沙处境之险恶,并不亚于广东。于是他顾不得身体的困乏,一刻也不停留地继续向四川行走。进入贵州境内,天气冷得更厉害。曾莱的衣服本来就很单薄,不能御寒,此时就更难度日。好在沿途得到劳动人民和苗族兄弟的多方帮助,才勉强克服了饥寒交迫的煎熬。有天晚上,曾莱寄宿在一户苗族农民家里。当晚天气很冷,而他却睡得很香。醒来才发现,原来他盖的被子上面又多了一床破毯子。第二天临走时,这家苗族夫妇还再三要把那条毯子送他。走到贵阳后,为了解决路费和找个职业做掩护,他给一家药房的商人当苦力,挑一担一百多斤重的药品,每天走几十里路,终于到达了重庆。

四

1928年春,曾莱回到了家乡荣县,在旭阳中学教书。他虽然是个知识分子,却没有一点架子。初去学校时,自己挑行李,学校的人以为他是挑夫,问:"你帮谁挑的?"他回答说:"帮曾莱挑的。"当天学校开会,欢迎曾莱老师,但到处找不到曾莱。有人问起,他才说:"我就是曾莱。"这给旭阳中学的师生留下了深刻的印象。

当时,大革命遭受失败,中国的革命形势正处于低潮时期。但曾莱并不灰心、动摇，坚信革命高潮必将到来，革命一定会成功。

1928年3月，他在荣县，由陈家玉、程觉远介绍加入共产党，组织上派他领导荣县东路各乡的农民运动。不久任中共荣县县委委员和自贡特别区委农运委员。在他领导下，荣县的双石、高山、章家、程家、五宝和威远县的梧桐、五里浩等乡的农民运动，很快获得了蓬勃发展。

他从农民群众最关心的迫切问题入手，采取交朋访友、互相串联的方式，用通俗易懂的革命道理启发农民的觉悟。他首先找亲近的农民陈三发、董绍云、李兴海等摆谈说："我们贫苦农民受压迫剥削，冻死饿死都没得人管，你们看要咋个办才好？"他又说："我们来办个会，一起商量个办法，不让地主加租加押。"农民开始害怕说："老板势力大，我们这些穷人咋个敢反对？"曾莱就反问道："你说老板势力大，不能反对。我问你，究竟老板人多，还是农民人多？"农民都说："我们人多。"他就说："我们人多，就可以串联起来，团结一致，共同反对老板加租加押；要是他们硬要加的话，我们就要他们增加土地来多收粮食。"农民听了曾莱的话，都觉得很有道理。不久就由曾莱、丁泽光、陈三发组成了一个三人小组，并由这个小组的三个人，各自去串联，逐步地扩大组织，在农村中建立和发展了乡、区、县的农民协会机构，到1928年底，已拥有省农协会员两万多人，并建立了土地会、儿童团、妇女会等团体。在各级农民协会中，曾莱十分注意培养骨干分子，发展共产党的组织。他经常教育农协骨干分子说："农民协会要有组织领导,这组织就是共产党。共产党不为私,不为己,专为劳苦人民办事。"

在1927年以前,荣县、威远实行每担租谷征收牛头税二角。后来乡村团正任意增加,改为每头牛征收牛头税二元,借此剥削农民血汗。曾莱在中共荣县县委领导下,于1928年夏秋时节发动荣县高山、双石和威远五里浩等乡的农民开展反对牛头税的斗争。他首先采取合法斗争方式,发动群众联名向县政府控告乡村团正。县知事批示:"没有征收牛头税法令,由团正们自行解决。"团正们开初置之不理。曾莱就派黄乐尧等农协代表找团正们谈判,并警告他们:"若不取消牛头税,退还农民血汗钱,农民群众将要以武力对付。"团正们被迫退还了农民的牛头税钱,斗争取得了胜利。紧接着,他又发动各乡农民协会乘胜进行了反对地主富商"大斗进、小斗出,大秤进、小秤出",和"包行"等手段剥削农民的斗争。在这场斗争过程中,农民不上街卖东西,学生罢课,小商小贩罢市,迫使地主富商对农民作出了一定的让步。

为了反对地主加租加押,曾莱在1929年2月20日发动和领导农民群众,在五宝中心学校开大会斗争乡团正李雪村。曾莱质问李雪村:"你加佃客多少租押?加了些什么苛捐杂税?你向其他地主说了些什么?都要给群众回答。"当曾莱问到"你说蒋介石给你手令,抓到革命的农民就杀,把手令交出来"时,李雪村理亏词穷,无言对答,狼狈不堪。正当大会进行时,地下党侦察员李璧君来报告情况,区团总陈选侯、区队长陈冠群大发雷霆,并说:"敢抓团正来批斗,全是土匪。立即集中团丁包围学校，全队开枪，通通给我打死。"随即，敌人的队伍就开来了。幸好党的同志提前做好了团丁的工作，他们来后都不愿开枪。曾莱乘机与农会骨干商量，决定动员农民一鼓作气地去冲区团防局，找陈选侯进行说理斗争。曾莱手拿红缨枪，带领愤怒的群众冲进区团防局后，陈选侯、陈冠群都逃进碉堡躲藏起来。群众大声喊话："有理下碉堡来讲……再不下来，我们就放火烧碉堡。"一同被押来的李雪村，也再三告饶。后来，陈选侯、陈冠群只好派师爷龙楚珊下堡来谈判，全部依从了农民提出的条件，并由五宝团甲公所写出布告，禁止任何地主加租加押。这次反加押斗争的胜利，有力地打击了封建地主阶级的气焰，激励了农民的斗志。

1929年2月27日，荣县县政府在土豪劣绅支使下，逮捕了龚泽然、陈国清、王相廷等三位农协会员，激起了广大群众无比的愤慨。荣县县委指示，曾莱直接领导营救被捕农协会员的斗争。3月7日，曾莱发动和组织全县成千上万的农协会员和农民群众，手拿写着革命标语和红黄蓝白等各种彩色的小旗，从四面八方蜂拥入城，冲进县政府，找县知事讲理，要求释放被捕的三位农协会员。县知事刘承仕吓得从后门逃走。农民在气愤之下，把一个姓左的团正错认为县知事而打了一顿。反动驻军开一连人前来镇压，但枪还没有打响，敌军连长就被愤怒的群众拉住了，吓得他连忙赔礼道歉，说好话求饶，并调走了军队。后来由县府的一个师爷出面，答应放出三位被捕的农协会员。农民协会提出："不仅要释放，而且要挂红放炮，洗刷名誉。"县政府也都被迫答应。当天就放出了这三位农协会员，并且挂了红，放了鞭炮。接着，农民群众在县城的四大街举行了声势浩大的示威游行，沿途高呼口号："打倒土豪劣绅！""打倒贪官污吏！""反对无理逮捕农民！"声震全城，曾莱头上包一块布帕子，背上背一顶斗篷，夹在农民群众的队伍之中，指挥一切行动。最后他还在南门广场召开的群众大会上讲话，号召农民加强团结，继续斗争。

在这次大规模的农民运动后，敌人下令悬赏逮捕曾莱。他只得离开旭阳中学，以小商贩为职业掩护，深入乡间隐蔽，专做农运工作。1929年5月25日，双石乡的几千农民在县委书记程慕仁领导下，开大会斗争恶霸地主赵炳江、张树安。斗争大会正在进行时，县知事江载英亲自带领几十名武装军警来镇压，当场打死打伤农民多人。这时，曾莱正在威远县五里蒿率领群众打毁残酷剥削农民的"斗"。他闻讯后即化装成捉黄鳝的农民，在伪军警森严戒备下，潜入双石乡场上，调查了农民被镇压的情况，研究布置对死难和受伤群众的善后工作，整顿队伍，鼓励群众继续斗争。这次惨案，使曾莱更深刻地认识到：土豪劣绅和反动政府是蛮不讲道理的，必须武装农民，同军阀地主武装进行针锋相对的斗争，革命才能胜利。

敌人把曾莱当作"心腹之患"，几次派兵包围他家进行搜捕，并派便衣到处追缉。在广大农民群众的爱戴和保护下，他每次都机智地化装成农民，利用帮人犁田、车水、挑炭、打谷子等方法，巧妙地避开了。敌人逮捕不到曾莱，二十四军旅长余中英就托赵熙（清朝翰林学士）写信劝说曾莱，只要不革命，"愿意委任他当县征收局长"。曾莱对此非常气愤，回信把余中英痛骂了一顿。二十一军顾问刘督存,曾是曾莱荣县中学的国文老师,与曾莱私交较好,特约曾莱到他家谈话。他对曾莱说:"不要去干那个农民协会,跟我去二十一军,我保险帮你找个事做。"曾莱也婉言加以拒绝。后来,党组织为了保存革命力量,决定调曾莱离开荣县。

五

1929年秋,中共自贡特别区委调曾莱任内江县委书记。他至内江后,就领导党的同志深入农村,广泛发动群众,在杨家、石子、观音、白合、平坦、新店、高梁等乡成立了农民协会,共发展会员两千多人(户),并派党员周治中、闵跃山、唐爵廷等领导农民协会。

当时县委决定,在农民运动发展的基础上,根据群众的迫切要求,进一步发动农民开展秋收抗捐斗争,以断绝地方反动武装的经费,削弱、瓦解封建势力豢养的五个中队兵力。在曾莱直接领导下,秋收抗捐斗争从群众基础较好的杨家场开始了。1929年10月7日,杨家乡农协负责人在曾莱带领下,向县政府和团练局提出免收五亩以下亩捐(每亩六升谷子)的要求。团总不准免。曾莱就组织杨家乡农民两千多人,加上石予、白合等五乡农协代表两百多名,共约三千多人举行游行示威,沿途贴标语、呼口号:"打倒帝国主义""打倒军阀""打倒土豪劣绅"。当游行队伍经过三圣宫团练局时,顺势拥了进去。团总江庆余、刘则民无法阻挡,在群众的压力下,被迫答应了免收五亩以下的亩捐。可是过了几天,反动的魏知县带人来乡压制群众。曾莱便穿起毛蓝布长衫,戴上瓜皮帽,以农民代表身份与县知事进行说理斗争。结果县知事理输溜走。几天后,内江县政府又贴出告示,要继续征收亩捐,并且强词夺理地写着:"亩捐是办团(练)专款,民国八年以来,无人请免。今杨家乡农协请免五亩以下亩捐,恰合共产党入党资格……"曾莱立即于11月13日和14日,召集了杨家乡农协执委和组长会议,商讨对策。18日,曾莱亲自写了"杨家乡农协第一次质问书",据理向县政府提出质问,并要求"在短期内明白答复"。质问书严正写道:"知县说(指告示)五亩以下农民恰合共产党入党资料。内江县五亩以下农民何止十万家,还有佃农、雇农及无产工人,都是共产党吗?你要保护绅粮,剥削工农,尽可直截了当地说,何必拿共产党来压我们……"

为了配合抗捐斗争,县委决定从杨家乡收支员周俊卿贪污团练经费打开缺口,进行合法斗争,内江成立了以农协会为主体有各阶层人士参加的清算委员会,组成查账团,依法向区、县和省有关当局控告,并通过旅省同学会、同乡会,在成都散发铅印传单——"快邮代电",揭发周俊卿贪污事实真相,取得各界进步人士和开明士绅的同情和支持,逼得内江县长郑良、团练局长李汉文,指派区团总陈书元于12月22日到杨家乡督促查账。当天,曾莱和县委的同志一起,组织农民三千多人,齐集关帝庙内外,等候查账结果。当陈书元宣布"收支差额没有一千五百多石",与农会查三千人员公布的数字不一致时,双方发生了争执。愤怒的群众高呼"打倒周俊卿吞食农民血汗""打倒贪官污吏"等口号。这时，在戏台上的团丁大队长夏廷光竟口出恶言，大喊："你们是对的敢上楼来吗？"被激怒的农民就一齐奔上楼台，因人多压力重，无意中将戏台压垮，楼上楼下均有人受伤。于是更加激怒了群众。平时耀武扬威的陈书元和团丁，在群众的威力面前，个个丧魂落魄地逃跑了。吓得面如土色的周俊卿，由团丁背回藏在镇公所楼上。接着曾莱组织农民在街上游行示威，高呼："打倒土豪劣绅""打倒周俊卿""反对苛捐杂税"等口号，沿街张贴标语和内江东区六乡农协署名的《告农工书》。队伍散了以后，曾莱在文昌宫内召开骨干分子会议，决定在这次斗争胜利的基础上，进一步将农民运动推向深入。尔后又连续几次利用逢场天，组织农民游行示威，使抗捐斗争终于取得胜利。曾莱和内江县委领导的杨家乡农民秋收抗捐斗争，因规模大，参加人员多，持续时间长，对全县以至四川全省，都有较大的影响。

曾莱在领导内江农民运动中，善于向群众做宣传工作，逐步提高农民觉悟。例如他在深入调查了解情况后亲自编写的"春""夏""秋""冬"农民四季苦的歌谣，生动活泼，通俗易懂，真实形象地描写了当时农民终年劳累，受尽剥削压迫的悲惨情景，富于启发农民的革命斗争精神。这首歌谣的内容是：

"春"：春来百花开满林，米口袋撇紧，无心去观春。工农同志要谋生，军阀应打倒，土豪要肃清。同志们，下决心，努力前进，革命大功，即将告成。

"夏"：夏日田中谷子黄，拌桶乒乓响，可望吃莽莽

（即吃饱饭）。背时军阀真堪伤，捐款多花样，催兵如虎狼。挑黄谷，折苛捐，五拖六抢，看着看着，抢得精光。

"秋"：秋来桂花满园香，军阀又打仗，人民遭大殃，丘八爷，下四乡，挑抬拉汉子，陪睡拖女娘。倘若不依从，要扳要犟，钢枪一响，命见无常。

"冬"：冬日天寒雪花飘，年关已将到，心里又慌又焦。儿啼饥女号寒，衣服当完了，红苕没一条，债主家中逼，如何是好？起来革命，才有下场。

这首"农民四季苦"歌谣深受农民喜爱，曾在内江农村广为流传。曾莱除领导农民运动而外，还亲自领导过学生运动，支持内江中学校长反对国民党县党部，在内江中学实现了学生自治和有权选择教师的进步要求，并在校内建立了进步团体"青新社"。

六

1930年，四川军阀刘湘竭力利用叛徒破坏党组织。中共四川省委、重庆市委和刘湘防区的党组织，多次遭受叛徒特务的破坏，损失不小。叛徒特务猖獗，党的活动非常困难。中共四川省委为了保卫党的组织，特调曾莱由内江到重庆工作，并通过他的社会关系，派余宏文打进刘湘的二十一军特别委员会（即清共委员会）当秘书，潜入敌人心脏，去做打击叛徒罪恶活动的工作。在较长的时期内，省委通过曾莱与余宏文联系，协助余宏文搜集叛徒反共活动的情况,重点打击对党危害最大的叛徒,分化瓦解其他叛徒。他和余宏文互相配合,很出色地完成了打击敌人、保卫党组织的光荣任务。

当时,在重庆的叛徒以张宣、宋一禾、黄婉香、黄婉秋、钟恩吉、黄纯五等人,对党的危害最大。曾莱和余宏文、周云方等共同努力,周密而又勇敢机智地把黄纯五打死在街上,随后又把钟恩吉打死在黄沙溪,接着又把黄婉香姐妹打死在她们家里。经过这样几次成功的惩罚性打击,使叛徒惶惶不安,心惊胆战,不敢再放肆地追捕共产党员,有力地打击了敌人的反动气焰。

有一次,合川中心县委书记曾海元刚到重庆,要向省委报告工作,但不知道重庆寮叶巷省委机关已遭叛徒破坏,故写信约省委负责同志于次日午后某时在绣壁街一家茶馆接头。这封信被叛徒得到后,二十一军特别委员会特务便按时到绣壁街这家茶馆的两头,等着逮捕曾海元。在这紧急关头,省委再三考虑如何营救这位同志。因为到敌人虎口里救人,很难把人救出来,去救的人反而可能被老虎吃掉。因此选派的人必须忠实可靠,机智勇敢,既认识叛徒,又不为叛徒所认识。最后,省委决定派曾莱与江银和去。他俩抱着舍己救人的崇高品德及赴汤蹈火无所畏惧的精神,欣然前往。他们分开在绣壁街两头,距叛徒稍远的地方等候曾海元。过了一阵,曾莱果然看见曾海元皮肤晒得黝黑,身穿破蓝布衫,脚穿草鞋,肩上挂一个卖雪花膏的箱子,打扮得完全像一个小贩,朝绣壁街走来。曾莱从容不迫地迎上前去,先递了一个眼色,然后小声叫道:"快往回走。"就这样,在曾莱机警镇定的保护下,曾海元才得以脱离虎口,另约时间同省委接好头以后,安全地返回合川的工作岗位上。

1930年冬季,曾莱接受党的指示,通过社会关系到云阳县警备队当大队长,准备掌握地方武装,待机武装起义;后被二十一军清共委员会有个叛徒知道了,准备报告反动军阀逮捕他。省委通过余宏文取得这个紧急情报以后,立即派人赶到云阳警备队,通知了曾莱。曾莱当机立断,借口上街玩玩,迅速离开了警备队,找一个偏僻地方,化装成小商贩,离开云阳,根据省委指示连夜转到梁山工作。

七

1931年春天,梁山中心县委成立,领导梁山(今梁平)、达县、开江、宣汉、万源、大竹等县的革命运动。曾莱任中心县委书记,王希伯(合川人)任组织部部长,杨锡容(江津石门人)任妇女部长,蔡奎为县常委。陈老三(顺庆丝厂青年工人)任共青团中心县委书记。以往,由于"左"倾机会主义路线的领导,四川各地武装起义先后失败,城市党的组织也相继遭受破坏。党内同志纷纷提出疑问:"为什么四川起义一次,失败一次?"对于这个问题,曾莱根据他四年多革命斗争的切身经验,认为广汉起义失败的原因,主要是缺乏农民斗争相配合。而荣县、内江农民运动也再三证明农民斗争必须武装起来。再加以重庆的省委机关和梁山中心县委设在城里的机关屡遭破坏，都说明党的领导中心在城市很难立足。曾莱在革命斗争的实践中，开始认识到在农村建立革命根据地的重要性。

在曾莱的倡议下，梁山中心县委决定在梁山、达县交界地区创建革命根据地，并以南岳场为中心的百里槽一带为据点。经过几个月的艰苦工作和激烈斗争，终于在虎城寨、南岳场、大树坝一带建立了赤色区域。在纵横百余里的赤区内，封建军阀、地主豪绅的反动政权虽然未完全被推翻，但在许多方面为农民协会所代替了。工农红军虽然尚未建立，但用刀矛武装的农民赤卫队组织比较广泛，并且邻近还有王维舟、易心谷、蔡奎等领导的装备较好的三个游击队相配合。因此，地主豪绅逃出赤区以后，不敢再来收地租、派捐款，封建军阀的反动武装不仅晚上不敢来赤区，白天队伍少了也不敢轻易进犯。

曾莱提出在梁山、达县交界地区发动农民武装斗争，建立红色根据地，积极准备建立和扩大工农兵政权，是以他周密地分析当地的客观形势和充分发挥主观力量为根据的。他认为：第一，1930年秋，四川省委在梁山虎城寨、南岳场等地发动的四川工农红军第三路游击队失败以后，当地群众受到军阀地主极其残酷的镇压和屠杀，更加深了他们的阶级仇恨。这是发动和依靠群众的有利条件。残酷的现实教育了群众，使他们认识到要斗争，不能不武装起来，保卫自己，打击敌人。第二，军阀地主在经济上对农民的剥削，随着政治上的加紧压迫而更为严重。刘存厚管辖的地区内，一个月便要征收一年的粮税；王陵基管辖的地区内，也是一年征收好几年的粮税。加以地主加租、加押、加息，土豪劣绅强迫摊派苛捐杂税，多种剥削逼得农民群众，特别是贫雇农和下中农很难维持生活。因此，军阀地主同广大农民的矛盾也就更加尖锐。第三，虎城、南岳一带，农民运动的基础好，直接受到过四川工农红军第三路游击队的革命影响。当这支游击队失败后，虽然遭受反动派疯狂的屠杀镇压，但革命群众并没有被吓倒，许多游击队员仍然回到家乡，继续进行革命活动，其中不少人后来成为农民运动的骨干和新的游击队员。第四，以南岳场为中心的东山百里槽一带，两边是高山，中间是峡谷，地形险要，又是军阀王陵基、刘存厚防地的交界地区，他们彼此之间矛盾很多。同时地主豪绅之间的矛盾也不少，便于利用矛盾，扼险固守，依山游击。总之，曾莱认为这个地区从政治、经济以及群众基础、地形条件等方面，都是进行游击斗争和建立革命根据地的理想区域。

曾莱基于对梁山虎南地区客观形势和主观力量的以上分析，认识到在这里开辟红色区域工作是艰苦的，前途是光明的，发动农民游击战争、实行土地改革、建立革命根据地是大有可为的。当时省委派程子健到梁山巡视工作，在南岳场听到了曾莱的汇报，认为他对主客观条件看得很清楚，对建立革命根据地充满信心，对每项斗争的布置很谨慎、踏实。省委根据程子健的报告，完全同意曾莱的方针和计划。

曾莱采取了各种灵活的方式领导农民运动。1931年春，中心县委刚成立时，首先是恢复和发展农民协会组织，并紧密结合农民的切身利益，开展经济斗争。5月1日，发动和领导农民在南岳一带开会纪念五一国际劳动节，举行游行示威，鼓动农民反对苛捐杂税，实行减租减息。秋收时，组织贫农团、雇工会，作为农民协会的核心，领导贫雇农进行撬谷斗争。有组织地发动贫雇农，晚上到地主的田里，收割成熟的谷子，分给贫苦农民，再用农会名义给佃农开个收条，以对付地主。经过广泛的"撬谷"斗争，农民觉悟不断提高以后，又进一步以游击队为骨干，领导农民进行公开的破仓分粮斗争，发动广大农民到虎城寨、南岳场的胡映堂等大土豪家里去挑谷子。在开仓分粮斗争中，土豪劣绅竭力反扑，用武装镇压农民。游击队便团结农民，用武装自卫，给最坏的恶霸地主以有力地打击，处决了南岳场一个姓李的大恶霸，大大增长了农民的志气，灭了地主恶霸的威风。对雇工增加工资的要求，也由农民协会仲裁解决。

在武装斗争方面，曾莱等采用分散与集中相结合的方针：分散便于联系群众，掩护自己；集中便于打击敌人，壮大党的声威。如果敌军白天大批来到赤区，就采取兜圈子的办法，依靠妇女会员、儿童团员了解和报告敌人动向，中心县委的同志和游击队员就在敌人背后转来转去，使敌人找不到、打不着。如果来的是刘存厚的军队，便到王陵基的防区隐蔽，如果来的是王陵基的队伍，就到刘存厚的防区躲藏。如果来的敌人少而分散，或者晚上来，便伺机集中力量袭击敌人。当时赤区附近的土匪也不少，曾莱采取互不侵犯政策。土匪要过境，必须向农民协会办理手续，并保证不侵犯赤区，才让他们过境。如果土匪不办手续，或者办了手续过赤区的时候扰乱农民，进行抢劫，游击队便和农民赤卫队一起出击，有几个最坏的土匪头子，就曾遭到打击和镇压。因此，土匪也不敢在赤区骚扰。

八

曾莱烈士日记选

曾莱在领导梁山地区的革命斗争中，对外部的公开的敌人是有高度革命警惕性的，是不怕艰险、勇往直前、机智灵活、善于斗争的。但对混进革命队伍内部的敌人却缺乏实际斗争经验，防范措施也不严密。1931年秋季，正当梁山赤区的革命胜利发展的时候，他不幸被隐藏在中心县委的内奸分子金方勋、吴光辉暗杀在施家河，尸体被埋藏在梧桐树下，他为中国革命献出了宝贵的生命。

曾莱为革命光荣牺牲了，他的革命精神和光辉业绩给荣县、内江、梁山和四川人民留下了不可磨灭的印象，人民都深深地敬佩、怀念着他。

为了表彰曾莱对革命事业的卓著贡献，中央人民政府和毛泽东主席在1957年12月23日，给曾莱颁发了"革命牺牲工作人员光荣纪念证"。

余泽鸿

◎ 高文清 李德民

余泽鸿（1903－1935），四川长宁县人，中国共产党党员，上海群众运动中有名的领导人，曾在党中央和中央苏区历任要职。遵义会议后，奉命留在川滇黔边区率领红军游击队牵制敌人，掩护主力长征。1935年12月15日，在四川省江安县碗厂坡被敌人重重包围，英勇就义时以身殉职，年仅三十二岁。余泽鸿的一生，是光荣战斗的一生，他的无私无畏的革命精神和崇高的革命品德，将永远为人民学习、传颂。

余泽鸿

走上革命道路

余泽鸿，原名余世恩，笔名因心、晓野。1903年2月15日生于四川长宁县梅硐场。

余泽鸿故居

青年时代的余泽鸿曾受到五四运动新思潮的影响。1921年暑假离开家乡，考入泸州川南师范学校。这时，恽代英应聘来川南师范任教务主任，后任校长。恽代英十分关心青年的疾苦和成长，他省吃俭用，将余钱接济贫苦学生；他给学生上课，宣传马列主义；他还利用寒假率领留校师生讲演团（又叫童子军讲演团，余泽鸿担任干事，办外交兼总务）步行隆昌、宜宾、江安、南溪等县城乡，沿途做社会调查，宣讲革命道理。1922年5月，恽代英在学校成立了马克思主义研究会，并在此基础上领导一批先进青年建立了社会主义青年团泸县地方组织。余泽鸿在恽代英的影响和教育下，刻苦学习文化，自修外语，认真阅读进步书刊，积极参加社会活动，学业和思想觉悟不断提高。经恽代英介绍，余泽鸿首批加入社会主义青年团，是川南地区最早的一批团员之一。

军阀赖心辉把恽代英视为眼中钉，把川南师范骂为"罪恶之薮"，扬言要把进步师生"连根拔除"。1922年7月，乘恽代英去上海为学校购买图书仪器时，赖心辉指使永宁道尹张挺生借故撤销了恽代英校长职务,引起全校师生反对。在余泽鸿等进步学生发起下,很快在学校掀起了一个"学校公有运动",提出"学校是人民公有的,军阀不得而私"。200多名学生在余泽鸿等率领下去道署请愿,要求:"敝校制度,应归同学所有,办事用人之行政机关不得加以非礼干涉"。同时发出快邮代电,向社会呼吁,愤慨宣称:"同学等坚定一心,甘牺牲事务(及)青年热血,破除我们生命和人格自由的恶魔,保全二十五属培植教育人才的学校,扫除全国教育进行道路上的一大障碍,此学校公有运动,非到目的,宁死不止!"① 余泽鸿等还连日召集会议,抗议反动当局撤销恽代英校长职务的决定,同时还警告新任校长罗廷光:"你不要来学校,如果来了,学生就全部离校。"② 罗廷光拒绝学生的要求,愤怒的学生便将他驱逐出校。同年9月,恽代英返回泸州,眼看斗争出现僵局,为保存进步力量,曾表示只要军阀不再干涉学校事务,在校长人选上就不要坚持了。但余泽鸿等进步学生表示:"除了恽校长,谁来任校长也不要。"反动当局凶相毕露,为了扑灭这次学潮,竟然将恽代英拘留并开除了学生领袖九人。全校学生立即罢课,许多教师也挺身而出,向各界呼吁营救恽代英。"泽鸿同志及其他同学六人乃将铺被背赴县府拘留所与其爱戴的代英同志同食共寝,如不释放代英同志,他们就誓死也不离去……"③ 反动当局在学生坚持斗争下,慑于社会舆论的压力,最后通过成都

---

① 李畅培:《恽代英同志在四川》,《四川文史资料选辑》第二十八辑。
② 张济民:《恽代英同志在川南师范》,《成都日报》1959年8月15日。
③ 《余泽鸿同志传略》,存中共中央组织部。

高等师范学校校长吴玉章保释，才被迫释放了恽代英，撤销了开除学生的决定。

恽代英获释不久，根据党的指示，于1923年1月离开泸州，经重庆步行到成都。余泽鸿等几个进步学生一直跟随恽代英，一路上得到恽代英的言传身教，理论水平和思想觉悟更加提高。1923年夏，恽代英去上海工作，余泽鸿考入成都外语专科学校。在这期间，他曾与邹进贤等筹办《青年之友》刊物，在青年学生中宣传革命思想。1924年6月，余泽鸿等三名学生代表四川学生联合会去上海出席全国学生会第六届代表大会。①

上海群众运动有名的领导人

1924年7月，余泽鸿在开完代表大会后，经党组织介绍，考入上海大学社会学系。上海大学是国共合作创办的培养革命干部的学校。瞿秋白曾在这里担任教务长、社会学系主任。张太雷、邓中夏、蔡和森、恽代英、萧楚女、任弼时、李达等也先后在这里讲课。余泽鸿在校学习十分刻苦，除认真听课外，还在恽代英等指导下阅读《共产党宣言》《国家与革命》等马列著作及《向导》等党的刊物；课余则常去图书馆阅读各地报刊，了解国内外大事，也常与同学讨论当前政治形势、我国社会的现状及其前途等。由于他成绩优异，思想敏锐，长于宣传鼓动，在同学中有较高的威信。1924年秋，他被选为上海大学

---

① 《胡兰畦同志谈话记录》，1982年1月。

四川同学会代表,出席淞沪四川学生会并被选为领导人之一。

当时四川青年在上海各大中学校学习的较多,许多人因经济困难,半工半读也不得温饱,有的学生交不出学费就被校方勒令退学。淞沪四川学生会为救济那些穷苦学生,决定向川汉铁路公司当局要求从股息中抽少量经费作为救济贫苦学生的贷金,推余泽鸿等为代表出面交涉;开始遭到公司严词拒绝,后经多次与公司当局辩论,才迫使公司同意发放少量贷金,解决了穷苦学生的一些困难。

1924年底,余泽鸿与郭伯和、李硕勋等发起组织"平民世界学社",出版《平民世界》(半月刊)并在福熙路同仁里开办纯义务性质的平民夜校。[①] 余泽鸿在平民夜校除上政治课、文化课外,还经常与学员交朋友,了解他们的疾苦和思想,宣传马列主义,启发他们的阶级觉悟。通过一年左右的教学,学员的文化知识和政治觉悟都有较大的提高,为不久后爆发的五卅运动培养了一批积极分子。

1925年春,余泽鸿担任上海大学C.Y(共产主义青年团)特支书记。这时,中共上海大学特别支部根据余泽鸿的要求和表现,接收他加入了中国共产党。

同年5月15日,上海日本资本家枪杀工人、共产党员顾正红并打伤工人十余人。事件发生后,上海各界人民,特别是工人、学生无比愤怒。16日,上海工会组织召开了由各厂工会、团体代表共三十余人参加的紧急会议,余泽鸿与恽代英、

---

① 《余泽鸿同志传略》,存中共中央组织部。

刘华等应邀出席。会上一致通过:"(一)向日本资本家惩办凶手,抚恤顾正红家庭及赔偿损失,罢工期间工资全部照发,不得开除和虐待工人等六项谈判条件;(二)即日成立罢工后援会;(三)印发《告上海各界同胞书》,揭露顾正红被害的真相;(四)由学联组织募捐队进行募捐。"会后,余泽鸿积极组织上海大学同学在街头宣传和募捐,揭露帝国主义罪行,声援工人斗争。5月30日,他同何秉彝等率领上海大学学生在南京路租界捕房门前,与工人、市民一起示威游行,高呼"打倒帝国主义!""立即释放被捕者!""收回租界!"等口号。英国巡捕又开枪屠杀群众,当场死伤数十人。五卅惨案后,党中央召开紧急会议,号召上海人民立即罢工、罢课、罢市。当晚,余泽鸿等人组织领导上海几十所大中学校数百名学生代表开会,通宵达旦,群情激愤,一致决定响应党中央号召,实行全市罢课。6月1日,上海各界人民开始了罢工、罢课、罢市的斗争。6月4日,上海学联召开代表大会。余泽鸿当选为学联主席团成员,他在大会上作了报告,声讨了帝国主义屠杀中国人民的严重罪行,号召全体学生积极行动起来,同工人、市民并肩战斗。他参与制定了大会决议。6月7日,在上海总工会的号召下,成立了上海工商学联合会。余泽鸿以学联代表身份被推选为"联合会"委员。他在学联和"联合会"工作期间,立场坚定,旗帜鲜明,深入群众,一直站在斗争第一线。陈云在1978年1月的一次回忆中高度评价余泽鸿说:"余泽鸿同志是上海群众运动中有名的领导人。"①

五卅反帝运动持续了三四个月。9月以后上海各大中学先后复课。余泽鸿这时除在上海大学上课外,主要精力投入了学联工作,并主编《上海学生》(周刊)。对学联和"联合会"中的国家主义派(即醒狮派)和国民党"西山会议派"分子作了坚决的斗争。

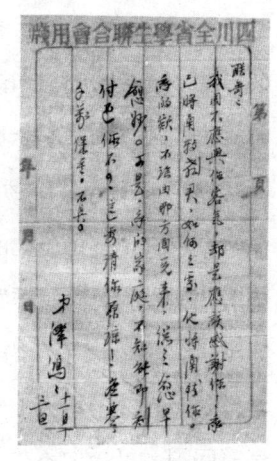

余泽鸿给堂哥余联级的信

国家主义派宣扬超阶级的国家观,主张对国民实行所谓的"国民主义教育",散布"读书救国",欺骗毒害一部分青年学生不问政治,脱离革命,甚至反对和破坏革命,为帝国主义、封建军阀效劳。余泽鸿在恽代英、萧楚女等的教育和支持下,针对以上谬论,在《学生运动与双十节》一文中指出:"专门开倒车的先生们,一直开到咸丰、乾隆年间。他们白昼做梦,梦见孔孟之道行于天下,于是主张以德化人。他们在民国共和的广告下,注释是'学生不许干政'……够了";"学生们说,我们是民国的国民,我们负了实行民国的责任,我们要打破专制时代的桎梏,帝制余孽是我们的对头……中华民国是我们人民的,我们要干预政治,不能听便卖国贼送与外国人"②。余泽鸿还满腔热忱地对一部分受

---

① 陈云同志1981年1月给长宁县民政局的复信。
② 余泽鸿:《学生运动与双十节》,《上海学生》(周刊)第一期,1925年9月26日。

"读书救国"论影响毒害以致走上歧途的青年学生进行教育。他在《读书与救国》一文中,首先肯定"青年应具备相当的知识,利用自己的聪明才力,以征服自然,促进人类的文明,所以不仅是每个青年应该读书,而且国家应该负教育的责任"。但"家庭窘迫父母兄弟的衣食尚不能维持","兵灾匪患连年不绝","学校犹风雨飘摇","教员不够分配"……处在这样"危险重重,黑暗深锁"的环境下,怎能"伏案诵吟","安心向学?"即是你能够一口气得到学士、硕士、博士,戴着学界的皇冠回国,可怜你不生在欧美,偏偏流落在穷弱的中国……"他劝告青年们:"朋友,前途茫茫,学无所用,不甘心当帝国主义和军阀的工具,还是请你多多思量……多谢一般提倡读书论者,实告于我们此路不通了。"他指出正确的出路是:"我们一面读书,研究中国如何贫困,如何可以致富,明了我们怎样可以操到有用的学问,怎样使我们的学问致用;要追问我们为什么有机会读书,大多数青年为什么漂流失学,要考察学校为何不良,教员是否应该独有学校,要力争我们的自由,不可任人剥夺,一面分些工夫去唤醒大多数比我们还不如的民众,使他们觉悟团结起来,领导他们学习向敌人进攻,终有一天翻身过来,不再受苦。"他在文章的最后还谆谆告诫青年同学:"名流的麻醉剂少饮些儿的好",要"读书不忘救国",要"右手拿着笔,左手拿着刀,右眼瞧着书,左眼探视敌人来未来了";"自由的世界全凭我们创造,亡国的悲剧声声逼近,朋友,醒悟吧!"①

---

① 因心:《读书与救国》,《上海学生》(周刊)第十八期,1926年5月30日。

余泽鸿在批判国家主义派的同时，对国民党所谓"理论家"戴季陶的反动谬论也进行了有力的批判。

戴季陶在孙中山逝世后，积极参加"西山会议派"的反革命活动，发表反动文章，鼓吹孔孟之道，反对阶级斗争，反对联俄、联共、扶助农工三大政策。他提出："中山先生的思想，完全是中国的正统思想"；三民主义的哲学基础是"继承尧舜以至孔孟而中断的仁义道德的思想"。他把三民主义当作维护封建制度儒家传统的反动谬论，阉割了三民主义的革命性，把它变成反对三大政策的一面反革命旗帜。余泽鸿针对戴季陶散布的谬论，在《纪念我们的领袖——孙中山先生》一文中指出："中山先生是中国民族解放运动的唯一觉悟者与领导者，在八十余年帝国主义侵略中国的过程中，屹然兀立，首倡反对帝国主义的旗帜，领导民众推翻为虎作伥、庇护帝国主义、摧残维新运动的封建阶级的清政府，创造共和国家"；"中山主义是中国民族解放的武器。对内要铲除少数特权阶级的人压迫多数民众，从少数人手中夺回人民的自由，从帝国主义者的铁蹄下解放中国，根本消弭人类的束缚与不平。尤其是注重下层社会——工农——的利益"；"中山先生吸收一切革命的群众于国民党组织之下，集中革命力量，以党领导革命，以党治国。训练民众以革命手段夺取政权，由人民组织政府……而消灭封建军阀卵翼下的政客官僚所操纵的政府"①。余泽鸿在文章中历数

---

① 泽鸿：《纪念我们的领袖——孙中山先生》，《上海学生》（周刊）第十五期"纪念孙中山先生特刊"，1926年3月12日。

中山先生的革命功绩和三民主义的革命内容，有力地批驳了戴季陶的反动谬论。余泽鸿在斗争中充满了胜利的信心，他在《学生运动与双十节》一文结尾处自豪地庄严宣告："我们撑着我们灿烂的旗帜，赴汤蹈火的踏过前辈的尸首前进，前进！创造未来的光明，恭贺未来的国庆。"

1926年春，学联经过整顿，余泽鸿当选为学联执行委员会主任秘书和总务部副主任，负责主持学联工作，并担任中共上海区委（即江浙区委）学生党团书记。3月2日，中央上海区委召开主席团会议，着重研究纪念孙中山逝世一周年的活动。决定由罗亦农（上海区委书记）、余泽鸿等六位同志组成"纪念孙中山行动委员会"，负责组织领导上海各界人民开展纪念孙中山先生的活动，广泛深入地宣传孙中山先生的革命事迹、革命思想和中山主义的革命内容。① 会后，余泽鸿积极组织上海学生、工人、妇女、商界等各群众团体认真开展纪念活动，还专门编辑出版了"纪念孙中山先生特刊"（即《上海学生》（周刊）第十五期）。9月18日，余泽鸿被选为中共上海区委候补委员，任学生运动委员会主任（区委书记罗亦农，组织部部长赵世炎）。② 其后，又遵照党的指示，出任国民党上海特别市党部青年部秘书，帮助青年部部长杨贤江筹划并指导上海青年运动。③

是年秋，英帝国主义为了干涉中国革命，9月5日制造了"万县惨案"。事件发生后，全国各地纷纷声援万县人民的斗

---

① 《中共上海区委主席团会议记录》，1926年3月2日，存上海市档案馆。
② 《江苏省革命史料选辑》第一辑。
③ 《余泽鸿同志传略》，存中共中央组织部。

争。在上海，余泽鸿等学联领导人，组成了"万县惨案后援会"，发出声讨英帝国主义罪行的通电，组织上海各界群众集会和示威游行，提出惩办凶手，赔偿损失，撤退外国驻华军队等正义要求。英帝国主义害怕事件扩大，勾结军阀孙传芳，封闭了"后援会"。余泽鸿等二十余人也被淞沪警备司令部逮捕。"在审讯中，余泽鸿侃切陈词，毫无惧容。"① 法庭成了革命的讲坛，敌人成了审判的对象。由于万县人民的斗争得到全国人民的同情和支持，也由于北伐战争胜利进军，孙传芳慑于全国人民的压力，被迫将余泽鸿等二十余人释放。

1927年初，中国革命进入紧急阶段。以蒋介石为代表的国民党右派集团勾结帝国主义和买办豪绅阶级，准备实行反革命政变，上海一些学校的国家主义派分子也大肆活动。在这种情况下，余泽鸿于2月7日主持召开了上海学生运动委员会第一次会议。他在会议上指出："国家主义派未因自强会的解散而反动稍减，其活动也未停止，据调查光华有百余人，大夏也有组织。右派有学生军的组织在各校活动，尤其是书校、大夏、群治等校为甚……"他还特别指出："书校的右倾，成为上海的严重问题，影响到学生运动。"② 会议根据余泽鸿的报告，着重讨论了上海学生运动的形势，提醒大家，在反动派猖獗，存在革命危机的情况下，危害最严重的是我们自己的同志在思想上、工作上的右倾。会议在统一认识的基础上作出决定：

---

① 《余泽鸿同志传略》，存中共中央组织部。
② 《上海学生运动委员会第一次会议记录》，1927年2月7日，存上海市档案馆。

(1）继续出墙报；（2）利用各种会议进行政治宣传；（3）在各校工作人员中尽量实现C.P或左、中各三分之一；（4）各校支部于开学时派定同志到无学生会的学校去活动并组织学生会；（5）防止书校同志的右倾；（6）各校支部同志尽量与书校同志发生关系及宣传目前革命危机。会议对当时情况的分析，提出的工作步骤和斗争策略，都是正确的。2月16日，中共上海区委召开第一次全体会议，着重研究部署反对英帝国主义和反对蒋介石的斗争。决定：立即在上海各界人民中开展反对英兵来华的运动。由学联、上总、妇联和商界等群众团体组成"上海各界发起反对英兵来华各团体联系会"。以"联系会"的名义登报宣传，召开全市市民大会，发通告、散传单、刷标语，组织工人、学生停工、停课、游行示威。[①] 同时决定由余泽鸿负责组织领导这一运动。在他的努力下，上海很快掀起了一个声势浩大的反对英兵来华的群众运动。

不久，蒋介石在上海发动了"四一二"反革命政变。在严重的白色恐怖下，余泽鸿仍留上海坚持党的秘密工作。[②]

大革命失败后，在极其困难的条件下，余泽鸿遵照组织决定，于1928年5月调任湖北省委常委、秘书长等职。[③] 这段期间，他工作十分艰苦，白天忙于接待和安排从各地转来的同志，夜晚抓紧处理大量的公文和事务。为了挽救中国革命，他

---

① 《中共上海区委第一次全体会议记录》，1927年2月16日，存上海市档案馆。
② 《余泽鸿同志传略》，存中共中央组织部。
③ 《余泽鸿同志传略》，存中共中央组织部。

夜以继日，不知疲倦地进行战斗。是年冬，余泽鸿又被调回上海中央机关工作，担任组织部秘书并负责主编《组织通讯》。次年调中央秘书处，任中共中央秘书长。① 除了处理繁重的日常工作外，他还负责主编《沪潮》和《政治通讯》。

余泽鸿长期在上海工作，名声较大，多次受到特务的追捕。因而，1930年6月，党中央曾派他去天津担任中共北方局宣传部部长。六届四中全会后，又改任顺直（今河北）省委宣传部部长。②

1931年4月，党中央政治局委员顾顺章被捕叛变，对党中央各机关的安全造成了极大的威胁。中央军委书记周恩来在陈云的协助下，以惊人的机智果断抢在敌人动手之前，将中央机关及主要负责人迅速疏散转移。就在这一危急时刻，根据党中央决定，余泽鸿离开上海，去中央苏区工作。③

为巩固扩大根据地而斗争

1931年6月，余泽鸿将未满周岁的儿子虞蜀江寄养在岳父家，同爱人吴静焘一道乘船离开上海，8月到达江西中央苏区，曾在瑞金县委协助邓小平工作。1932年春，调任宁都中心县委书记。不久，又调任南广中心县委（辖南丰、广昌两县）书记。南广地区是中央苏区的北面门户，战略地位极为重要。当

---

① 《余泽鸿同志传略》，存中共中央组织部。
② 安子文：《我的一段经历》，《革命史料》第一期，1980年。
③ 王敬群同志回忆材料（1975年9月）。

时广昌县城在红军手里，南丰县城及其以南地区还是国民党统治区，中央对这里的工作极为重视。朱德、周恩来、陈毅等曾先后来县委了解情况，指示工作。陈毅（当时任江西省军区司令员兼政委）、王稼祥（红军总政治部主任）曾亲自参加余泽鸿主持召开的一次中心县委扩大会并作了报告。①

1932年10月，中央红军在第四次反"围剿"中取得了"北线大胜利"，连克江西黎川和福建建宁、太宁三县，成立了建宁中心县委（辖建宁、太宁、黎川三县），余泽鸿又调任建宁中心县委书记兼军分区政委。建宁中心县委及军分区驻建宁城内，属江西省委及省军区领导。余泽鸿在建宁中心县委工作期间，执行了毛泽东制定的建立根据地、土地革命和武装斗争的正确路线，使建黎太革命根据地得到不断地巩固和发展。

鉴于建黎太地区建立不久，边区群众尚未发动和组织起来，余泽鸿率领中心县委成员深入基层、调查研究，首先抓紧恢复和发展各级党的组织，作为开展斗争的基础。在他的艰苦工作下，建黎太地各县、区、乡和基点村的党组织很快建立起来，党员的发展也进行得很迅速，仅建宁县就发展党员两百八十余人。接着，在各级党组织领导下，采取多种形式，结合群众切身利益深入进行政治宣传工作。在提高群众觉悟的基础上，开展打土豪、分田地的斗争。不到半年，建黎太地区就基本上完成了土地改革的任务。农民分得了土地，政治热情和生产积极性十分高涨，很快掀起了春耕生产高潮，提出"不荒一

---

① 《青年实话》第二卷第十四号，1933年5月7日。

块土地""努力多打粮食支援红军""支援前线"等口号。建宁中心县委因势利导，组织成立"春耕生产委员会"，提出生产任务和具体措施，要求群众在耕作自己的田土前，首先帮助红军及红军家属耕种。由于工作细致深入，广大群众"在几天内就把游击队、独立团、红军家属的田地完全犁好了，红军的公田也不日犁好"①。土地改革后，许多青壮年踊跃参加红军和游击队，出现了父送子、妻送夫的动人事迹。建宁县从1932年到1933年，参军人数就有三千多人。在扩红高潮中，建黎太地方武装——独立师、独立团发展到一千多人，黎川赤卫军达到五千多人，有力地配合了主力红军作战，在保卫和发展苏区的斗争中起到了重要作用。在当时《红色中华》上曾以《建黎太地方武装配合红军伟大胜利》为题，报道了红军"又占金谿，逼近南城，缴获洋油万余桶，盐九万余斤及其他军用品无数"的消息，并号召"全苏区的地方武装学习建黎太地方武装的积极行动，配合我红军的空前伟大胜利，立刻全线出击，各个击破敌人，完全粉碎敌人的大举进攻"②。中华苏维埃军事委员会也曾传令嘉奖。在土地改革及武装斗争取得胜利的基础上，余泽鸿领导的中心县委还加强各级苏维埃政权的建设工作。1932年12月召开了建宁县第一届工农兵代表大会，建立了县苏维埃政权，紧接着召开了区、乡、村工农兵代表大会，先后建立了十个区、七十二个乡、两百零四个村的苏维埃政

---

① 《中央苏区建黎太根据地的创建》，存福建省建宁县革命纪念馆。
② 《红色中华》第五十八期，1933年3月6日。

权。黎川、太宁两县土地改革及党政建设也完成得很好。1933年4月，随着中央革命根据地的巩固和扩大，中央决定成立中共闽赣省委、省革委和省军区，余泽鸿被任命为省委委员和省革委委员。①

在这段时间，余泽鸿生活中发生了一件极为不幸的事情，他的战友、爱人吴静焘牺牲了。吴静焘（原名吴蔷葆），江苏省武进县嘉泽乡人，1926年，在哥哥吴维忠（中共党员，1935年牺牲于南京）的影响和帮助下，脱离封建家庭，去上海大学读书，在学校加入了中国共产党。与余泽鸿结婚后，同在中共中央组织部、秘书处工作，后又一道去中央苏区。牺牲前任建宁中心县委宣传部部长、妇委书记，是当时中央苏区有威望的妇女干部之一。1933年4月的一天，吴静焘与刘志敏同去瑞金参加中央局召开的扩红会议并送慰问品。会议结束后，她们立即返回建宁。在离县城数十华里的客坊镇附近，遇上保卫团残匪正在包围袭击赶集的群众。吴静焘、刘志敏立即向匪徒开枪，打死打伤匪徒多人，解救了群众。当匪徒发现她们仅是两位女红军时，便疯狂地反扑过来。在激烈的战斗中吴静焘壮烈牺牲，刘志敏身负重伤。事件发生后，红军赶到，消灭了匪徒。噩耗传到县委机关时，余泽鸿正在主持中心县委召开的党政军干部大会，传达共产国际某次会议的决议和中央文件。这突如其来的消息，使他内心万分悲痛，他竭力克制住自己的感情，继续传达文件，部署工作任务，直到会议结束。这时吴静

---

① 《红色中华》第七十四期，1933年4月29日。

焘的遗体抬回，余泽鸿满含热泪，亲自为她洗净身上的血迹，穿戴好红军制服。追悼大会后，又亲自护送灵柩上山安埋，并亲笔书写"吴静焘烈士之墓"，树立石碑，以志永久的悼念和深切的哀思。

吴静焘牺牲后，余泽鸿并没有沉浸在个人的悲恸中，而是化悲痛为力量，为继承烈士的遗志顽强战斗。

1933年1月初，在王明"左"倾路线统治下的临时中央，由上海迁入中央苏区后，竭力推行"左"倾冒险主义，排斥、打击毛泽东的正确领导。坚持正确路线的同志，被扣上各种帽子，遭受"残酷斗争"和"无情打击"。他们在中央苏区开展了反对所谓"罗明路线"的斗争。3月，中央局提出反"罗明路线"。余泽鸿为首的建宁中心县委进行了抵制，没有组织学习和贯彻。4月，在中央局的直接干预下召开的"江西省总结会议"上，"揭发"了所谓"江西的'罗明路线'与邓小平、谢唯俊等反党的派别观念和小组织行为"，"指斥"了建黎太中心县委"罗明路线"的错误。①余泽鸿在会议上又进行了抵制，他说："太武断了，我们坚决不同意。"他回到建宁后，对这次会议的精神和决议没有向中心县委传达，也未执行。5月，反"罗明路线"的斗争扩大到建黎太地区，余泽鸿成了建宁中心县委"罗明路线"的"执行者"。5月17日至19日，闽赣省委负责人主持召开了建宁中心县委扩大会议，会议一开始，主持

---

① 顾作霖：《建宁中心县委扩大会议的成功》，《斗争》第十五期，1933年6月15日。

者在报告中就定了调子："建宁中心县委成立后，到3月中，在余泽鸿同志的领导下就执行了机会主义的罗明路线。"这给余泽鸿等罗织了罪状。主要是："对建黎太群众的不信任，对革命发展的估计不足"；"对建黎太苏区的巩固发展没有信心，对敌人大举进攻的惊惶失措"；"对土地问题的解决，认为必须'策略化'，先分谷子财产，然后进行分田"；"对扩大红军，认为扩大独立师游击队，就是扩大红军，这实际上就是认为新边区不能扩大红军"；"地方武装行动不积极化，只是分兵把口，单纯防御，对潜伏着的地主武装取放任态度"；"党的发展注意质量，因此事实上是停滞着的"等。他们以"左"的面目出现，全盘否定了建宁中心县委的成绩。在扩大会议上，余泽鸿据理反驳。会议主持者制止了他的发言，并说："余泽鸿同志站在派别观念上，企图以派别斗争来抵制和阻止反罗明路线的斗争，来向党反攻。"扩大会议后，余泽鸿继续受到批评，并被撤掉了建宁中心县委书记及军分区政委的职务。受到批评和处分的还有中心县委的其他一些同志，连年仅十三四岁的王敬群（共青团建宁中心县委儿童局书记）也因一直在余泽鸿、吴静焘领导下工作，从小就得到他们亲切照顾的缘故，而受到牵连，被讽刺为"小机会主义分子"①。

余泽鸿离开建宁后，被调到中央苏区工农红军学校（红军大学的前身）任教员。1934年4月，又调到黎川中心县委管辖的彭湃县（实际是一个镇，原为安远司）任城防司令。

---

① 王敬群同志给重庆师范学院历史系的复信（1981年9月9日）。

1934年10月，由于王明"左"倾冒险主义的严重危害，中央红军第五次反"围剿"失败，被迫实行战略转移——长征。余泽鸿被编在中央直属纵队干部团，任该团上干队政委，随军长征。

英勇战斗在川滇黔边区

遵义会议后，毛泽东亲自指挥中央红军，在云、贵、川广大地区展开了机动灵活的运动战。1935年2月上旬，红军一渡赤水到云南扎西（威信）集结期间，中央军委召开了"扎西会议"，决定"经过宣传与选拔可成立游击队在地方活动"（《扎西命令》）。为了牵制敌人，配合主力红军长征，中央决定由徐策（三军团六师政委）、余泽鸿（中央直属纵队干部团上干队政委）、戴元怀（原八军团民运部长）、夏采曦（红军干部）和地方党的邹风平（泸县中心县委书记）组成川南特委，徐策任书记。① 特委成立后，率红军指成员四百余人于威信石坎子正式成立"中国工农红军川南游击队"，徐策任政委，王逸涛②任司令员，余泽鸿任政治部主任兼宣传部部长，戴元怀任政治部副主任兼组织部部长，刘干臣、曾春鉴任正副参谋长。随即与

---

① 《邹风平自传》，存中共中央组织部。
② 王逸涛，叙永黄泥嘴人。1930年曾在忠县、丰都、石柱一带活动的二路红军担任领导工作。1931年被省委派去中央苏区，在领导游击战争时逃跑，被中央开除党籍，1933年底回川。经泸县中心县委教育后，于次年10月重新入党，在叙永特区游击队负责军事工作，后任红军川南游击队司令员，不久，投敌叛变。1950年被叙永黄泥嘴民兵捕获，1951年2月在叙永召开群众大会公审后枪决。

主力一道进入川南,在黄泥嘴与叙永特区游击队①会合,经过整编,共约五百余人,编为五个大队。1935年3月,游击队转战至兴文县建武时,南六游击队②负责人刘复初会见了徐策、余泽鸿等领导同志,汇报了南六游击队的活动情况及川南地区的敌情。特委决定:南六游击队改编为"川南游击支队",继续留在古宋、兴文、江安、长宁等县边境活动。③

红军川南游击队组建不久,即投入了打击敌人、牵制敌军的斗争。1935年3月初在叙永木厂梁子击溃川军一个团,缴获一批枪支弹药。在这次战斗中,指战员们打得十分英勇顽强,第四大队长梁亚伯(原泸县中心县委委员、叙永地方游击队干部)右手被打断后,又用左手射击,直到将全部子弹射向敌人才倒了下去,英勇牺牲。不久,游击队转战至兴文大石盘,与数倍于己之敌激战,徐策、余泽鸿、戴元怀等均奋战在第一线。戴元怀在战斗中不幸壮烈牺牲。其后,游击队打开云南长官司,击溃了滇军两个营。游击队在川、滇、黔边的活动,对主力红军二渡赤水、重占遵义,以及三、四渡赤水和南渡乌江等战役起了配合作用。

在频繁地艰苦地战斗中,余泽鸿工作深入,任劳任怨。在

---

① 叙永特区游击队,系泸县中心县委领导叙永县黄泥嘴附近农民于1934年秋建立。1935年2月初与长征去云南扎西集结的红三军团会师,红军发给游击队五十余支步枪,并留下伤病员数十人及干部数人,游击队发展到一百多人。
② 南六游击队,系泸县中心县委所属古宋兴文特支,负责人刘复初等同志,于1934年底在古宋、兴文、江安、长宁等县边境,以"红军之友社"成员为主建立。
③ 刘复初同志1976年10月回忆材料。

行军中经常和指战员谈心,及时掌握部队的情况,并抓紧战斗间隙给部队上政治课,通俗易懂地给大家讲解形势任务和川南游击队的斗争纲领,鼓舞斗志,增强信心。他还以身作则,严格执行"三大纪律,八项注意",要求指战员爱护群众,严守纪律。1935年3月的一个深夜,他率领游击队三百余人,在转战途经梅硐场时,回到他阔别了十多年的老家。刚一到屋,家里人都亲热地围拢来看望他。余泽鸿向亲人们宣传红军的宗旨,动员父亲和叔伯等将家里的粮食、肥猪、财物献给游击队或分配给群众,并教育担任梅硐民团中队长的弟弟站在革命一边。在他的说服教育下,他父亲和家里人当即将粮食、肥猪等献给了游击队。天明前游击队将要离开梅硐时,余泽鸿的老妈妈一面将刚刚煮熟的鸡蛋塞进儿子的衣袋里,一面又恋恋不舍地对他说:"你已经出去十多年了,这是第一次回家,以后不知什么时候再回来?"余泽鸿十分理解母亲的心,他轻声回答说:"需要的时候,我一定再回来。"不久,余泽鸿又带领游击队来到梅硐,在他弟弟的配合下,顺利地打进了乡公所,缴获了民团一百二十多支步枪和十多箱子弹。

1935年5月1日,游击队在叙永坛厂落堡开展了庆祝五一国际劳动节的活动。这天,政治部宣传队的同志全部出动,在落堡群众的房壁上写满了宣传标语,并刷写了《川南劳苦群众目前斗争纲领》。① 落堡劳苦群众参加了庆祝会。徐策、余泽鸿

---

① 川南特委制定的《川南劳动群众目前斗争纲领》共十二条,在叙永县坛厂公社落堡二队店子上胡译云家右耳房顶壁上,现仍保存完好。内容详见四川省博物馆编印的《红军长征过四川》第二十五至二十七页。

等在会上讲了话，余泽鸿着重宣讲了《川南劳苦群众斗争纲领》（十二条），号召游击队指战员们和劳苦群众积极行动起来，打土豪分财物，抗捐抗税，参军参战，为实现苏维埃的川南而斗争！通过这次活动，落堡和附近各族劳苦群众进一步认识到红军游击队是解放自己的队伍，在短短几天内，就有几十名苗、彝、汉族青壮年前来参军。不久，又在落堡成立了农民协会。

红军游击队既是战斗队，又是工作队、宣传队。在余泽鸿率领下，平时以大队为单位，分片包干，宣传群众，组织群众。通过写标语、召开居民座谈会、群众大会和演出文艺节目等形式，宣传党的方针政策。组织群众开展抗捐抗税斗争，捉杀国民党收款委员；组织分粮队，开展分粮运动，没收豪绅、团保、军阀、官僚的粮食衣物等分给穷人；焚烧田契借约，实行抗租抗债等。与此同时，游击队还派出工作组到敌人力量薄弱的地区建立地方区委，扩大游击队和游击区。

正当川南地区斗争蓬勃开展的时候，5月的一个夜晚，投机革命的王逸涛及其弟王元德在五龙山区叛逃。游击队随即转移到威信马家坝。在这里，特委召开了全体人员大会，徐策在会上公布了王逸涛的罪行，宣布了特委关于开除王逸涛党籍、撤销其司令员职务的决定，号召全体指战员"提高警惕，革命到底"。这时寄养在川滇黔边区的部分伤病员陆续归队。游击队清除了赘瘤，队伍更加纯洁，更加坚定团结，士气也更加高涨。接着在川滇边之分水岭（属叙永县）击溃川军"教导师"一部，缴获敌炮五门，随即又向朱家山进军。朱家山距分水岭约数十里，山势险峻，伪乡长巴登瀛和土豪朱子宣及一部反动武装，凭借坚固高大的碉堡，据险死守。游击队首先向敌人展开政治攻势。然后猛攻敌碉，并以柴草点燃大火，使顽敌与碉堡同归于尽，游击队胜利进占朱家山。在这里，经特委批准：余泽鸿与李桂红（李桂英）结为夫妇。李桂红，1930年参加革命，在中央苏区粤赣省委工作期间与戴元怀（任粤赣省委宣传部部长）结婚，一道参加长征。在扎西，又一道被调到红军川南游击队。1935年3月，戴元怀在大石盘战斗中牺牲，李桂红十分悲痛。余泽鸿经常关心她，安慰她，向她讲述自己爱人吴静焘在中央苏区牺牲的事迹，鼓励李桂红化悲痛为力量，更加坚强地生活、战斗下去。由于共同的遭遇和互相的关心，共同的革命理想和在战斗中结下的深厚友谊，他们最终结成伴侣。①

在休整期间，徐策、余泽鸿等认为朱家山形势险要，地处川滇边区，反动力量比较薄弱，距离游击队经常出没的落堡、木格岛等处较近，有一定群众基础，考虑在这里创造条件建立根据地。② 这时，活动在贵州习水、桐梓、仁怀等地的红军黔北游击队③派人联系，要求与川南游击队会合，以增强游击队力量，扩大游击区。特委同意了黔北游击队的意见。

7月初，由张凤光（原红军十一师十二团团长）、陈宏（原红军西军区政治部组织部部长）等领导的红军黔北游击队，经

---

① 《李桂英同志谈话记录》，1981年12月25日。
② 《李桂英同志谈话记录》，1981年12月25日。
③ 黔北游击队，系中共红军二渡赤水后，为阻击敌军掩护主力前进，在习水（东皇店）留下红军指战员一百多人组成，后又与红三军团于三渡赤水时留在仁怀一带的黔西游击队近百人会合，共两百多人。

过艰难曲折，到达朱家山，与川南游击队胜利会师，合编为"中国工农红军川滇黔边区游击纵队"。徐策任政委，张凤光任副政委，刘干臣任司令员，陈宏任参谋长，余泽鸿任政治部主任。纵队下属两个支队，川南为第一支队，黔北为第二支队，共约九百多人。7月中旬，转战至川滇边之长官司（旧城）。

在长官司，游击纵队遭到川、滇敌军的突然袭击。滇军两个团于拂晓前秘密占领了红山顶等高地。徐策同志过高估计了自己的力量，认为我军近千人，士气高涨，完全可以战胜敌人，决定对敌主动展开攻击。战斗打响后，川敌又从大坝增援了一个团的兵力，居高临下，用密集的枪弹和手榴弹向我射击。战斗十分激烈，从早晨一直打到下午，副政委张凤光阵亡，徐策政委身负重伤，游击队指战员牺牲百余人。在这危急时刻，余泽鸿挺身而出，大声宣布："同志们！政委已负重伤，副政委、支队长也已牺牲，大家听我指挥。"[①] 同志们掩埋了烈士遗体，抬着徐策政委，在余泽鸿的率领下迅速转移到萝卜坳。这时，埋伏在周围截堵游击队的滇军又向我发起攻击。部队越过水深齐胸的萝卜河，脱离险境。在撤退的途中，徐策政委由于伤势过重而牺牲。部队经簸箕坝转移到大雪山。在安尾坝，特委召开了紧急会议，决定余泽鸿任特委书记和游击纵队政委，刘干臣为特委委员、游击队司令员，周大山为参谋长。会议调整了干部，整顿了部队，总结了长官司战斗的经验教

---

① 《曾广胜同志谈话记录》，1981年12月23日。

训。余泽鸿满怀信心地号召大家化悲痛为力量，为牺牲烈士报仇！①

7月19日，游击队挺进至云南镇雄关上。当晚，以打土豪为名，将隐蔽在地下党员周一戎家的邹风平接到司令部。余泽鸿、刘干臣热情地接待了邹风平，通宵达旦，讨论了政治、军事等问题。邹风平将解散泸县中心县委情节和理由向川南特委作了报告，并提出"游击队无地方党帮助难于创造根据地，前途危险，应积极与二方面军配合，随中央北上抗日"。余泽鸿、刘干臣不同意邹风平的看法，批评邹在负伤后悲观失望情绪。最后，给了邹二十元大洋作为医药费，劝邹好好养病，并发给邹长短枪九支，叫他审慎组织游击队。

8月27日，游击队自滇入川，挺进至筠连县境内，28日攻占了筠连县城。打开公仓，将粮食分给群众；刷写标语，散发传单，召开群众座谈会，军民联欢会，宣传党和红军的方针政策；惩治恶霸豪绅，打开监狱，释放被监禁的群众，号召穷苦青年参加红军游击队。游击队攻下筠连城后，川南之敌为之震惊，敌重庆行营、川康绥靖公署和四川省政府对驻宜宾之敌严加斥责，县长也被撤职。

1935年9月，刘复初等带领川南游击支队至兴文县博望山与"纵队"会合。川南游击队至兴文县博望山与"纵队"会合。川南游击队编为"纵队"下属第三支队，刘复初任第三支队政委（后任纵队参谋长）。

---

① 《曾广胜同志谈话记录》，1981年12月23日。

博望山会合后，为了进一步威胁泸州、宜宾之敌，游击队在余泽鸿率领下，浩浩荡荡向纳溪重镇叙蓬溪（护国镇）挺进，沿途所向无敌。9月中旬在大州驿击溃刘奉章团防后，横渡永宁河，第二天即打下叙蓬溪。在这里惩治了土豪团阀，将其财产分给劳苦群众，并给部队添制了军衣。晚上，召开联欢大会，宣传队演出了红军歌舞和活报剧"打卡子""蒋介石扫地"等节目，使群众深受教育。在叙蓬溪，游击队纪律严明，秋毫无犯，除伤病员住指定民房外，全部露宿街头。次日拂晓部队撤离该镇，经纳溪、兰田坝、合江、叙永、古蔺等县境向川黔边前进。

这段时期，游击队转战于川、滇、黔边广大地区，攻克了赫章、筠连县城及大小场镇数十处，部队发展至千余人，是游击队的极盛时期。敌重庆行营急电令宜宾保安司令部：迅速拟制计划，实行川、滇、黔三省"会剿"。这时，早已叛逃的王逸涛，死心塌地地为国民党效劳。蒋介石公开委任他为"川滇招抚特派员"专门负责"剿共"。王逸涛则向国民党呈递消灭川南共产党及红军游击队的《意见书》，丧心病狂地向敌人提供游击队的军事、政治、组织情况及活动规律，并向敌人提出消灭游击队的反动策略；他本人也带上别动队配合敌军疯狂地进行这一罪恶的勾当。

10月，三省"会剿"开始了。在敌人正规军和地方民团的不断袭击与川军一个团的跟踪追击下，游击队处境越来越困难，加上战斗频繁，经常行军打仗，特别是川南地方各级党组织几乎全遭破坏，没有建立起根据地，伤病员得不到安置，给养困难，游击队人员逐渐减少。余泽鸿在困难的情况下依然十分坚定勇敢，率部寻找时机突围。这时，贵州省工委军委书记邓止戈奉中央指示，到川滇黔边发展革命武装，以迎接二、六军团。他在毕节按照中央规定的暗号写信给余泽鸿，要他与席大明部（贵州毕节，威宁中间一带的彝民武装，有一千多人枪）会合，攻打毕节地区的反动武装。余泽鸿当即回信说：游击队正受到"四川刘湘和滇军的'围剿'，不能前往"，并告知"在川滇黔边区与红军游击队有联系的武装有席大明、阮俊臣……"①

11月以后，形势更加险恶。滇军安恩溥旅在川滇边堵击，杨森部在川黔边截击，宜宾保安司令部则令长江以南各县修筑碉堡，组织保安队、壮丁队、常备队等地方反动武装"联防"，并实行保甲连座，妄图使游击队在川南狭小地区无立足之地。敌人悬重赏逮捕余泽鸿，抄查了他的家，关押了他的父亲及兄弟。这时，邓止戈又给余泽鸿送去第二封信，告诉他毕节地区敌人力量薄弱，希望他率部转移该地。余泽鸿复信说："正在计划分路突围。"②

12月初，余泽鸿、刘干臣等转移到长宁边境时，部队仅剩下一百多人了。"特委"在贾家湾召开了紧急会议。余泽鸿提出："鉴于部队损失大，兵力小，敌人又疯狂'围剿'，将游击队化整为零，分散到群众中去工作，然后再集零为整，消灭敌

---

① 《邓止戈同志谈话记录》，1982年4月6日。
② 《邓止戈同志谈话记录》，1982年4月6日。

人"；另有同志提出："游击队兵力少，分散了没有强有力的领导骨干，不仅不能独当一面，还有化整为零而集不成整的危险"①。讨论结果，多数同志赞成余泽鸿的意见，于是一百多人分为两个支队。余泽鸿、刘干臣带领第一支队，以长宁、江安、古宋为活动地区；龙厚生、黄虎山带领第二支队，去云南威信、镇雄和贵州毕节等山区活动。第二支队进到兴文炭厂时，被川军打散。余泽鸿、刘干臣和刘复初等三十多位指战员自长宁突围，撤到江安、古宋边境活动。12月中旬，被敌人围困在江安的泥基潮。面对不利的形式，余泽鸿感到十分惋惜和内疚，他对身边的同志讲："工作没有做好，上对不起中央，下对不起同志们。"有的同志当即劝慰说："胜负兵家常事。军事上的失利，除客观原因外，工作没有做好，我们大家都有责任。"这时，余泽鸿仍然很诚恳地检查自己说："我是游击队的主要领导人，主要责任应该由我来负。"② 他对党忠诚，严于责己，勇于承担责任的革命品德，给同志们留下了很深的印象。

1935年12月15日，余泽鸿、刘干臣等二十多位指战员转移到江安碗厂坡时，在川军十五师十三旅三十七团及江安李品山保安大队的层层包围下，游击队弹尽粮绝，余泽鸿在被敌人围捕时，以身殉职。

余泽鸿的牺牲，是党和游击队的重大损失。同志们十分悲痛地掩埋了他的遗体。但由于叛徒的出卖，敌人又将他的遗体

---

① 刘复初同志1976年10月回忆材料。
② 刘复初同志1976年2月回忆材料。

余泽鸿纪念馆

挖出,在江安等地抬尸"示众",敌《中央日报》于1935年12月26日还以"余匪尸身掘出验证"为题刊发专电。

余泽鸿是中国共产党优秀党员。他的革命事迹将永远载入史册。全国解放以后,为了缅怀先烈,教育后代,长宁县人民政府将余泽鸿的忠骨迁葬于该县烈士陵园,为他树立了墓碑;将余泽鸿所在的大队名为泽鸿大队,将长宁县一所小学命名为泽鸿小学。在烈士陵园内,还长期展出了他的革命斗争事迹。至今,川滇黔边区各族人民深深地怀念着这位坚强的共产主义战士,传颂着他的光辉事迹。

余泽鸿的英名,永垂不朽!

邹风平

◎ 乔毅民 阚孔璧

邹风平

邹风平（1905—1943），四川三台县人，出身于农民家庭。在龙绵师范求学期间，先后加入社会主义青年团和中国共产党。自此，在党的领导下，为人民的解放事业而奋战不息。在长期的艰苦斗争中，历任盐亭特支书记、成都东区书记、泸县中心县委书记、川南特委书记、四川省工委书记以及川康特委书记等职务，并当选为党的"七大"代表。1943年11月，在康生推行的"抢救运动"中，含恨去世。

邹风平的一生，是革命的一生、战斗的一生。他虽然只活了短短的三十八个年头，在前进的道路上经历过种种曲折，但他对党和革命的贡献，特别是全面抗战爆发以后，在重建和发展四川党的组织、领导抗战初期四川党组织的活动、壮大抗日民主力量等方面的重要作用，却永远铭记在我们的心中。

一

三台县北长乐镇的风池庙，有个柳树湾，1905年6月19日（旧历五月十七日），邹风平就诞生在这个小村落里。邹风平的家，世代以务农为主，过着俭朴生活。他很小就参加劳动，七岁开始每天除草、打扫猪圈牛圈，入学以后还要承担放牧猪牛和扫地等劳动，稍有懈怠就要受到祖父的斥责。这样，他从小逐渐养成了勤劳的习惯。

邹风平从八岁起开始读私塾，直到十九岁。在这十一年里，他先后读过《三字经》《百家姓》《四书》《五经》《唐诗》《宋词》《古诗源》《古文观止》和诸子百家著作。这多方面的知识，对求知欲强烈的邹风平来说，当然是有益的，但他并不满足这种严重束缚人们思想的旧学，一次又一次地选择"良师"都未能如愿。于是，他只好把希望寄于本乡的新式小学。但母亲过早病故，父亲负债累累，哪有余钱让他进新学呢？

幸运的是，在他苦无办法的情况下，"终于得到祠堂亲族的帮助"，以第一名的优秀成绩考入涪江小学高年级，深得校长称赞。尽管这时（1925年）他年已二十岁，但新鲜的科学知识却使他打开了眼界，常有"豁然开朗、别有天地"之感。特别是听校长介绍五卅惨案的经过，更激起了他的爱国主义热忱和对帝国主义的痛恨。他激愤地提出"应该同英日开战才是办法"的主张，老师介绍俄国已在列宁领导下"组成了劳农政府,所有田地按人分配,人人一律平等"的消息,又使他"喜极欢狂,并想将来我们也这样做"。

这时的邹凤平已逐渐从封建思想桎梏下解放出来,憧憬着新的生活。

二

邹凤平读完高小两年(旧制为三年毕业)后,经过紧张的自修,假借绵阳籍贯,又以第一名的突出成绩考入四川江油龙绵师范学校。这是由川北绵州(现为绵阳市)所辖十县联合举办的一所学校,凡公费生只出衣服、书籍等费。即使如此,对家境贫苦的邹凤平来说,仍然是困难重重。他既无蚊帐被盖,又无像样的衣服,更没有钱购置书本和交纳"入学保证金"。好在有亲友多方面资助,总算入了校。

邹凤平考进龙绵师范时,北伐战争正处于胜利进军的高潮。革命的风暴刮到了四川,也波及绵州各县镇。在龙绵师范的教师队伍中,陆续加入了一批进步分子,如张秀熟就曾在这里任教。邹凤平先从刘晦若先生(北大毕业生、曾受五四运动影响)那里读到《新青年》《中国青年》《向导》《语丝》《小说月报》等杂志,使他"思想彻底转变了",把孔子的道德思想观念从"脑筋中挤出去了,知道中国社会的病根是帝国主义及军阀、贪官污吏勾结的危害"。当中坝举行"反英反奉大同盟",响应成都的"驱吴(佩孚)"活动时,他跑了四十多里赶去参加,后又从教务长姚次恭(共产党员)处读到《独秀文存》《陈独秀演讲集》《新社会观》及北伐军政治部出版的小册子，如《经济学大纲》《政治学概论》及高语罕的《白话书信》等书籍。新思潮的熏陶和对马克思主义理论的学习，使他选定了信仰共产主义的道路。不久，他到中坝，由陶公若、林勋培（成都外专学生、共产党员）介绍，填表加入"涪波社"。

"涪波社"是当时共产党的外围组织，一个秘密进步团体。它是在重庆"三三一"惨案后，半公开的"三民主义研究会"不能公开活动的情况下，由其中的骨干分子转入地下，逐渐组织而成的。社名的意思是：要像涪江的波涛一样，不断前进，勇敢战斗。它是按照共青团的组织原则和作风建立起来的，以信仰共产主义、研究马列主义学说、反对帝国主义、打倒军阀作为自己的宗旨。它要求社员遵守纪律，保守秘密。凡参加"涪波社"的人，要有两个社员介绍，填写申请表，讲明自己信奉的主义（如有个学生填表时，写的信仰是"安那其主义"，就被拒绝接收）。它的社员后来发展到三十多人，其中大多数参加了共产党、共青团以及后来的红军，有的还为革命光荣牺牲。[①]

邹风平出于对共产主义的信仰和对国民党的不满，满怀纯真的感情加入"涪波社"，自认为那就是入了共产党。他对于加入共产党是看得很神圣的，觉得"党同宗教一样，既然信仰，必终身如一，牺牲到底"。这看起来似乎有些幼稚，但对他来说，则是自己生活道路上的一个重大转变。他下定决心要

[①] 与邹风平在川北长期并肩战斗过的赵利群同志的回忆。

遵循"这个路子前进，跟着共产党走"。

后来，邹风平在姚次恭的介绍下，加入青年团，并于1928年秋在绵竹由团转党，正式加入中国共产党。自此，他由一个单纯追求进步的青年学生，逐步成长为有觉悟的共产主义战士。1928年初，成都发生了"二一六"惨案。这年夏天，为了适应形势发展的需要，邹风平和赵利群的关系均转到江油，编入中共江彰特别支部，张璞任书记。他在党的直接领导下，投入到艰苦的斗争。①

邹风平根据党的指示，一方面做好"涪波社"的工作，使其能在大革命失败后的白色恐怖下，得到巩固和发展；另一方面发动师生，掀起反对国家主义派校长傅春吾的学潮。通过发宣言揭露学校的黑暗，组织总罢课，由学生会维持秩序，处理校务，并整理材料往上控告。经过激烈的斗争，校长傅春吾被撤职，斗争以胜利而告结束。在斗争胜利的基础上，根据中共江彰支部的指示，由邹风平和赵利群等组成联师学生党小组。②

三

邹风平的家庭经济状况进一步恶化，在高利贷盘剥下连生活也无法维持了。他只好忍痛辍学，于1929年到葫芦溪涪江小学校教书，靠微薄的工资收入度日，并逐步偿还家庭所欠的

---

① 与邹风平在川北长期并肩战斗过的赵利群同志的回忆。
② 与邹风平在川北长期并肩战斗过的赵利群同志的回忆。

债务。此时，他的组织关系转到了绵竹，受该县县委领导；随后，三台县也建立了党的组织，他被编入三台北路特支，负责组织工作。在特支的领导下，他和其他党员一起致力于农民运动，先后在三台北路建立了三个农民据点，利用寒暑假时间在农村开展宣传活动，使当地的农运得到迅速发展。

1930年，邹风平根据三台县委决定，同赵利群（原北路特支部书记）一起，到柳池井袁家庵爱智高小教书，负责领导北区的党组织。不久，邹风平代理校长。由于这个学校在教工中有不少党员和"涪波社"社员，因此遂成为三台北区革命运动的领导中心。县教育局因为邹风平办学有成绩还委任他为教育委员，后又任区教育主任，负责全区完全小学、国民小学和私塾的教育指导工作。

邹风平利用自己的这些合法身份，大力开展革命活动，取得了显著成绩。首先，他与党员和二十多个回乡的"涪波社"社员一起，分别深入农村开展农民运动；又在农民、教师、学生中发展了一批新的"涪波社"社员，组织农会，倡办夜课学校，利用这种学校召开农会会员会议，培训农民干部，宣传革命真理。他白天在校教课，晚上参加农会工作。到了星期天，还借查学为名，出席较远地区的党内会议和农会。由于他和其他党员的共同努力，使当地的农民运动得到顺利的发展。他多次领导农民群众进行合法的或非法的抗债斗争，甚至还亲自统率三百多人去打"西草钱店"，反击高利贷的残酷剥削，进一步激发了农民的革命热情。其次，为了提高广大小学教师的思想觉悟，他利用暑假时间创办暑期小学教员训练所，将所属小学中比较好的教员集中起来，加以训练。这无论在政治影响和社会教育方面，都收到了很好的效果。大批积极分子的出现和提高，使党的组织得到迅速发展，党员增加到一百余人，并在此基础上，建立了北区区委，邹凤平任宣传和秘书，是年秋任书记。在党的领导下，革命的力量逐步由袁家庵扩展到柳池井、马康桥和塔子山等地，有组织的农民达两千余人，赤卫队百多人，三百多名盐工也参加了盐厂工会。在农民抗债胜利的基础上，区委计划发动另一场有组织的斗争，以便锻炼群众，逐步发展为武装行动。原来这个区有一较大的盐厂煮盐，但无煤炭，煮盐全靠农民供应柴草，无一户农民不卖柴草给盐厂，以作日常开支的来源。这个盐厂经常在价格与秤上盘剥农民，农民群众愤恨已久。8月间区委领导各乡农会选出代表，组织成"柴草斗争委员会"，要求统一称秤，提高草价，否则即举行柴草罢市。农民异常高兴。在工人方面，区委亦布置了增加工资和改良待遇的斗争，并且取得了节节胜利。在武装方面，柳池井成立的民团已有四十余支枪，督练长、大队长被我党派去的同志所掌握，还派了政治教官对团丁进行政治教育，启发他们的阶级觉悟。团丁也由我们在农民中选派，准备于寒假开始行动，形势很好。

但正在这时，党的工作受到李立三"左"倾冒险主义错误的影响，省委派袁乃文来三台视察工作，传达中央关于立即开展武装斗争、夺取大城市、夺取政权的指示，督促他们立即发动武装起义，还批评他们搞单纯的经济斗争是右倾机会主义。他们只好把工作中心转为武装起义的准备。附近的几个铁匠铺不分白天黑夜地打刀矛，并准备夺取土豪劣绅的藏枪。① 这一行动很快引起敌人的注意，组织被破坏，一些同志被枪杀。这样就不仅丧失了有利的形势，而且革命也受到打击。邹风平受到反动当局的通缉。根据党的指示，他离开三台，与赵利群、许本达一起到重庆，听候省委分配工作。

邹风平和赵利群（许本达在潼南被抓兵，1933年打游击时牺牲在眉山）到达重庆时，恰值省委遭到破坏，辗转半月未能接上组织关系，只好仍返回三台。邹风平被县委派往盐亭任特支书记。后因胃病严重，难以支持，经县委批准，于1931年2月到了成都，就医于四圣祠仁济医院。半月后病愈出院，被派往成都东区任区委书记。两月后，调成都县委任常委兼宣传部部长。至6月，旧病复发，休假五月后，于12月任成都外东区委书记。

1932年2月，邹风平被调到四川省组织部当干部（当时称为秘书），历时一年。这一年中，经廖恩波（时任省委组织部部长，后任代理省委书记）的热情帮助和个人刻苦努力，他在对革命基本理论问题的认识和运用上，在同各种错误思潮的斗争中，在做各阶层群众工作方面都有长足的进步，写作水平也有显著提高。他怀着对党和人民事业的高度责任感和对敌人的切齿痛恨，积极投身到批判叛徒任卓宣（即叶青）的斗争中去。

邹风平在题为"叛徒任卓宣与反革命'青锋派'"的长文

---

① 与邹风平在川北长期并肩战斗过的赵利群同志的回忆。

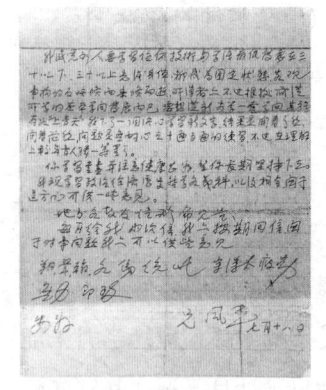

邹风平手迹

（《四川晓报》1932年3月20日载）中，深刻地批判了大革命失败后一批投机分子的丑恶嘴脸，揭穿了任卓宣对革命的危害和"青锋派"的反动实质。

邹风平没有孤立地谈任卓宣和"青锋派"。他说，在1925年至1927年革命高潮中混入革命队伍的一部分上层小资产阶级和机会主义分子，在大革命失败后，因为受不了帝国主义、国民党反动派向革命势力进攻的白色恐怖和威胁利诱，赶不上革命形势的新发展，便往往因此而恐怖、动摇，直到可耻地投降到反革命阵营中。这些叛徒替反动派当走狗、做侦探，诱捕党的干部，破坏党的机关，成为死心塌地的反革命派。"这种可耻的叛徒行为，对于我们是非常容易了解而不足为怪的。"而叛徒任卓宣则是其中最"别致"的一个。因为他不仅1927年在湖南叛变之后，当过何健的反共侦探和走狗，并且现在正以《科学思想》和《二十世纪》作幌子，充当为反动派服役的"青锋派"的头领。这就具有欺骗性，必须加以揭穿。

接着，邹风平在《叛徒任卓宣》的标题下剖析了这个反革命的一生。任卓宣曾到过法国勤工俭学，在革命浪潮里卷进了革命队伍。回国之后，马日事变中两度被捕，最后叛变革命投敌而去。他甘愿充当敌人的侦探破坏湖南省委机关，无耻地出卖了党和团的十五名干部。在这十五个烈士中有一位英勇的女共产党员,她曾经是任卓宣的爱人,也被这凶恶的叛徒出卖了,但是他绝不会想到,这位革命烈士在她慷慨就义的时候宣布与叛徒决裂,痛斥任的无耻背叛。

在任卓宣出卖了他所知道的最后一个革命同志和秘密机关之后,他在湖南的反动营垒里已经派不上用场,只好回到成都。任卓宣一回到成都,到处寻找四川省委,又给四川省委写信,为其叛党罪恶辩解,企图再次混入党内。当时的四川省委虽没有同意他混入党内,但党内一些同志却认为任在青年学生中有影响,存在着"惜才"与同情的情绪。甚至到1932年党内还有同志认为"青锋"主编《二十世纪》是他最适当的工作。因此,邹风平不得不下功夫对任卓宣及青锋派作分析批判。邹风平在《反革命的青锋派》标题下解剖了青锋派的实质。

任回到成都后,当上了成都大学的图书馆主任,改名为青锋,网络一批人出版了《科学思想》。《科学思想》专以"研究、研究"的口号来麻痹青年,企图使他们离开现实的斗争与共产党的领导。在他们的文章中,经常卖弄一些马列著作的词句,并断章取义地引用列宁关于青年应当学习、再学习的指示来诱惑青年,这就具有更加危险的欺骗性。邹风平指出任所玩弄的花招并不高明,他贩卖的是被阉割、被庸俗化了的革命理论,他的目的是把青年从革命斗争前线引向死寂的书斋。《科学思想》对青年是吗啡,是鸦片!他还指出,只要回顾一下黑暗的1928年和1930年以后全国一切左派刊物几乎绝迹,而《科学思想》能够公开出版,《二十世纪》能在南京公开兜售,博得一切叛徒、落伍分子的拥护,这是多么明白不过的事情啊!

接着,邹风平分析了"青锋派"的政治纲领。"青锋派"否认中国现阶段革命的资产阶级民权性质,否认中国半封建经济之存在,否认政治上的封建军阀,因此否定中国应该进行土地革命,而主张中国应该直接去干"社会革命"。他们认为现在没有革命,现在是反革命时期,所以应当作"研究","曲才待用",等到中国实业发展,组织新的工人到产业中去,那时中国的革命高潮会自然到来,再进行第二次革命;反诬中国共产党一方面认为资本主义不发达,而又要去建立无产阶级的领导权是个"矛盾"。邹风平以中国革命斗争的大量事实和列宁在第三国际二次大会上的讲话对"青锋派"进行了驳斥,指出,他们这种理论不过是俄国1905年革命失败后叛徒考茨基理论的再版。

邹风平揭露"青锋派"究竟是什么人组成的呢?没有一个工人,没有一个农民,没有一个劳苦知识分子,有的是任卓宣这类被清除出党的叛党分子,大官僚的同乡、门生,几个受革命影响而又怕认真革命的自由职业者和少数被欺骗的青年学生。而在同情者中还可发现"汉州"兵变的刽子手。

"九一八"事变以后,全国人民的反日斗争汹涌澎湃地发展起来,"青锋派"以"读书救国""无产阶级无祖国"等卖国论调来配合国民党镇压学生的反日斗争。在国难当头之日,劝群众要镇静,不要起来斗争,邹风平严斥这是任卓宣一伙的卖国行径。最后他提出:我们应当以布尔什维克党员的顽强性,克服小资产阶级的温情主义，无情地打击反革命"青锋派"的一切反动主张，不让他有半点存在的可能，坚决肃清他在党内和群众中的影响，以巩固我们的党和革命的群众组织。

为了进一步揭露任卓宣的叛徒嘴脸，邹风平又写了《读二十世纪书后》这篇长达一万余字的文章，发表于成都《工商日报》，教育了群众，捍卫了革命原则。[①]

这是一场极其重要的斗争。邹风平在这场斗争中，旗帜鲜明地站在斗争的最前线，表现了坚定的无产阶级立场和很高的马列主义水平。这场斗争无疑对四川党组织的思想建设和组织建设起了重大的作用。

为了加强党的建设，省委分期分批地轮训全川各地的党员干部，由罗世文、廖诗勉、程子健、邹风平等同志共讲四课。他们结合形势学习中央文件。[②] 每期三至五人，共办了八十几班。由于来往人员接洽管理均由邹风平具体承担，使他有机会了解到全川各地的情况，学习各种斗争的宝贵经验，进而提高自己的工作能力。在省委组织学习小组（当时叫列宁小组）的过程中，他与罗世文（省委书记）、廖恩波编为一组，在罗世文的直接领导下，认真学习革命理论，使这个组成了模范小组。之后，根据省委的派遣，他又化装进入兵工厂，检查该厂党的工作，接着又参加和领导成都兵工厂的罢工。经过斗争，终于使这次有三千多工人参加的大罢工取得胜利。

[①] 《邹风平自传》。
[②] 《邹风平自传》。

在这段时间里，邹风平的生活是紧张而又艰苦的。他到处奔走，顾不上个人的吃喝和休息，但对同志却十分关心。当时成都正发生巷战，城外的同志进不了城，没有组织救济，生活困难。他得知这一情况后，心里十分着急，不顾个人安危，亲自给这些同志送钱去。对有病的同志，更悉心照料，从吃住、安全，到病愈后的工作，都作妥善的安排，表现了他对革命同志的深厚情谊。

1933年2月，四川省委接到党中央关于抗日作战协定三条件的决议。为了将决议精神及时传达到各地的党组织，派邹风平作为川南巡视员，先后巡视了内江、自贡和嘉定等中心县委，传达中央和省委的有关决定。他从小组起直到中心县委，层层检查，亲自出席有关的群众会议，历时三个多月，于6月初回到成都。由于他出色的工作成绩，受到省委的"口头嘉许"。紧急着，他又以川北巡视员的身份，巡视了三台、阆中和顺庆等三个中心县委，细致地检查了各地的工作，积极号召各地的党组织"向武装行动方面作准备，直接游击战、地方起义，以响应红四方面军"的活动。在他的推动下，这些地方的武装斗争得到迅速发展。当他于7月返蓉时，即被大家推选为省委委员；8月，又任省委常委兼秘书长。

四

1933年9月底，遂宁、安岳一带的农民运动迅速发展起来，省委派邹风平为特派员前往领导。邹风平到达后，经过一个多月的深入发动工作,群众革命热情更加高涨,在纵横四五十里的区域内,有组织的群众达五千余人,除各乡的赤卫队外,还成立了三个游击队。他们在红四方面军节节胜利的鼓舞下,过高估计了自己的力量,邹风平认为,有这样高涨的农民运动,立即发动武装起义,一定能取得胜利,因而他将原来到安岳指导开展日常斗争的计划改为立即准备武装起义,并给省委去信谈起义的时间安排。由于信件转送出问题,省委不同意起义的指示未能及时收到,安排的遂安起义如期举行。邹风平不懂军事,省委派去的军事指挥员又在途中失掉联络,因而缺乏有力的指挥系统。敌人闻讯扑来,使农民处于四面包围之中,迫不得已,只好迅即举行武装起义。由于寡不敌众,准备仓促,又缺乏经验,在优势敌人的强攻下,起义失败,牺牲很大。邹风平也险被敌人逮捕,几经周折,始返回成都。由于这次起义失败,他受到省委的严厉批评,给予"撤销特派员职务并严重警告一次的处分"。

遂、安武装起义的失败,对邹风平来说,是一次很大的教训。多少年来,他一直处于顺境中,想不到竟会受到这样的挫折。尤其是眼见自己的阶级弟兄倒在敌人的屠刀下,革命力量蒙受损失,心中十分难受。但是,他没有动摇,反而更激起了前进的巨大勇气,"下定了十二万分的决心,要打出一个局面;彻底检讨自己,要从政治、组织工作、生活各方面做个模范共产党员"。为了在实际工作中纠正自己的错误,弥补对革命的损失,他请求党给予最艰巨的任务。当时,正值刘湘打败刘文辉,带了一批叛徒在泸州到处抓人,泸县中心县委被削弱、不健全，亟待恢复。经省委批准同意，派他到那里去加强泸县中心县委的工作。

泸县中心县委，共辖荣昌、隆昌、泸县、内江、江安、纳溪、叙永、古蔺、古宋、赤水、合江、南溪等十二个县，分为五个特区：泸县、纳溪特区；叙永、古蔺、古宋特区；江安、长宁、兴文特区；荣昌、隆昌特区；赤水、合江特区。这几个特区的情况不同：叙永、古宋、赤水、合江的党组织比较健全，江安、长宁、兴文特区刚开始建立党的队伍，荣昌、隆昌特区是川南党组织新发展的地区。当时的中心县委由于执行了"左"倾冒险主义，动辄就搞起义而不讲究斗争的策略；常常公开用共产党、共青团的名义张贴标语、散发传单，因此，很易被敌人发觉。在白色恐怖笼罩下，党员站不住脚，只好频频调动，群众的斗争热情也受到挫折。在组织被破坏以后，剩下的党员仅六十余人，均零星地分散在各地，不能形成统一的力量。仅有的十几个干部，因过于暴露，又无合法的职业作掩护，站不住脚，只好东躲西藏，难以领导群众开展斗争。

1934年1月8日，邹风平到达泸县，与留在城内的唯一交通员俞明华取得联系后，第二天即奔赴各地，调查研究，总结经验。到旧历年底，他已跑了三个地区，为召开中心县委扩大会议作好了准备。1934年2月19日至28日，泸县中心县委扩大会议在叙永召开。会上，邹风平深刻地总结了遂、安起义的经验教训，分析了当时全国、全川和本地区革命斗争的形势，强调一切要根据实际情况办事，使各地的工作在统一行动中互相配合。他以遂、安起义的经验教训教育大家：平时应注意向群众作宣传，发展组织、巩固组织，以积蓄力量，要注意利用合法形式与敌人作斗争，重要的是不要轻易地发动起义；要搞斗争或起义，一定要有周密的计划，要作充分切实的准备，要充分发动群众，对各方面的条件要作客观分析。否则，仅凭革命热情，盲目地进行斗争或起义，必然招致失败，使群众蒙受损失，给工作造成困难。他要求大家不仅要敢于斗争，而且要善于斗争。最好是多搞合法斗争，在斗争中提高群众的觉悟，把他们组织起来。党团组织领导人，应尽可能隐蔽在群众中，不要轻易暴露。

为了把工作的重点逐步从城市转向农村，会议决定把中心县委从泸县迁至群众基础比较好、军阀统治又比较薄弱的川滇黔三省交界的叙永县。在改组、重建泸县中心县委时，邹凤平被选为书记，具体参加领导叙永、古蔺、古宋、赤水、合江等地区的工作。党、团的同志几乎全部转移到农村。这样，一方面有利于农村斗争的开展，另一方面又避开了城市里的叛徒、特务的追踪破坏，使党的组织得以保存和巩固。

1934年春天，中心县委在邹凤平领导下，在叙永南区的黄泥嘴、两河口分水岭一带和赤水福兴场靠近土城一带，以及古宋部分地区发动了有许多农民参加的春荒斗争。这是党有计划、有步骤，而且是利用合法的形式进行的。首先是广泛地启发群众觉悟，使群众自觉起来进行斗争。在斗争中利用旧社会"吃大户"这种贫苦农民易于接受的斗争形式，组织群众吃大户。然后，根据运动的进展情况，适时地提出"破仓分粮"口号，使农民运动向前推进了一步。在农民与地主阶级的矛盾进一步尖锐化时，最后引导农民拿起武器，开展武装斗争。这次春荒斗争一反过去盲动主义的搞法，完全按照实际情况，根据运动发展的程度采取适当的斗争形式，使群众在运动中得到实惠，受到教育，提高了觉悟，因而使运动的发展一浪高过一浪，将斗争不断向前推进，并取得胜利。由于这场斗争打下了很好的群众基础，后来红军长征到此时，几支游击队都出现在这一地带。

邹风平在川南这一段工作之所以能够取得成绩，是因为他深刻认识到提高领导层思想的重要性。他到达泸县后，在深入调查研究、摸清情况的基础上，及时地召开和主持了中心县委扩大会议，让大家认真讨论国内外的政治形势，讨论当地的实际状况，讨论在城市党组织被破坏、叛徒特务四处追捕共产党员的白色恐怖下，党的组织应该怎么办等问题。经过学习讨论，使与会的同志提高了认识，统一了思想，增强了信心，决心切实地把党的工作重点转移到农村，加强对群众运动和武装斗争的领导。同他在一起战斗过的同志在回忆这一段斗争历史时，无不称赞他的优秀品质和领导艺术。

邹风平是一位和蔼可亲的人，具有长者风度。他不仅对马列主义理论有较高的修养，而且还有深厚的古典文学和历史知识基础；讲起话来滔滔不绝，既有风趣，又深入浅出，连老人、妇女都易懂。遇到有争议的问题，总是以理服人。因此，同他一起工作过的同志都把他当作良师、挚友和兄长，都愿向他一吐心中的疑问、喜悦或抑郁之情。① 他对人处事,既坚持党的原则,又襟怀坦白,充满热情。如对原中心县委书记文功奎的处理,就是一例。

当时,文功奎的爱人刚从敌人手里被保释回家,组织上对她尚未审查清楚。文功奎自成都开会回来,不经组织同意,就去看望。邹风平为此对他进行了严肃的批评教育。他非但不接受,而且还很有情绪。为了保证党组织的安全,邹风平毫不犹豫地撤了他县委书记的职务;但考虑到他在古宋一带太有名,处境很危险,又劝他及时离开家乡出去。文功奎对此很感动,终于接受了党组织对他的批评。又如中心县委的另一位领导同志,由于生活上不够严肃,群众有反映。邹风平就及时地批评了他,后来又感到自己的批评过分,不够恰当,便立即向这位同志作了自我批评。对在狱中的同志,邹风平也写信进行安慰和鼓励。如文功元被捕入狱后得到他的信件,受到很大鼓舞。②

在生活上,邹风平很刻苦,处处以身作则。他掌握党的经费,从不私自动用分文。到泸州后,总是同大家一样在群众家里吃饭,就是下饭馆,也吃得很简单,有时一天就吃一个红薯。到"赤合"特区时,他和大家一起住在兵工厂里;在叙永,他住在一个船夫家里。由于他关心同志,爱护同志,并能身体力行,所以虽处在很困难的时期,大家随时都有被捕和牺

---

① 文功元:《邹风平同志在川南地下党工作的情况》和郑伯克等:《忆邹风平同志》,《人民日报》1982年8月5日。
② 文功元:《邹风平同志在川南地下党工作的情况》和郑伯克等:《忆邹风平同志》,《人民日报》1982年8月5日。

牲的可能，但无人叫苦，工作起来非常积极。这与邹风平的工作、教育，特别是他作出的榜样分不开。和他曾经共同战斗过的老同志每当回忆起他时，无不充满敬佩的心情，称赞说：邹风平领导川南那一段工作是很有成绩的。无论和他相处的时间长或短的同志，都觉得很受教益，称赞他是一位很好的同志，不愧为我们党的一位有领导才能的组织者。

正当省委在肯定泸县中心县委的工作成绩，布置川南今后工作任务的时刻，突然发生了马如龙卷款潜逃事件（马由省委派到中央苏区学习返川后不久，就卷款八百元逃跑到军阀刘湘处）。接着，史伯康（省委组织部部长）等又被捕叛变，致使四川的党组织遭到空前打击和破坏。泸县中心县委因此失去了上级党的领导。

面临这一严重情况，以邹风平为书记的泸县中心县委，并没有仓皇失措，而是冷静地分析形势，克服种种困难，坚持革命斗争。

这时正是1934年8月，红三军已进到贵州的婺川、正安一带。为了与红三军取得联系，泸县中心县委给贺龙同志写了密信，并以小商贩作掩护，派了两次交通，但均未能把关系接通。即便如此，他们仍根据红军长征的形势，及时地发出了战斗的号召。川南的党是最前线的党，前线党的任务是武装斗争，让每一个党员深入群众，发展组织，从而给党员和干部指明前进的方向。但是，县委的二十余位干部，在日益恶化的环境下，得不到任何方面的救援，连吃饭也成了大问题。在这困难时刻，是逃命还是继续前进？对每个革命者来说都是一场考验。由邹凤平等组成的中心县委响亮地提出两个口号："共产党人只有被敌人杀死的，没有饿死的"，"共产党人只能谈工作，不能谈生活；生活从工作中解决"，借以教育和鼓舞各级干部。

为了战胜困难、开展工作，邹凤平和中心县委的同志首先带头深入农村，帮农民做活路，与农民交朋友，关心他们的疾苦，宣传革命的道理，同时带动其他干部也这样做。上行下效，收到了很好的效果，不仅解决了吃饭、睡觉和工作问题，而且使当地的农民运动大大活跃起来。与此同时，邹凤平又到工人中进行活动，把赤水兵工厂和泸县的织布工人、码头工人发动起来，建立自己的组织，开展斗争。这一段的斗争活动，锻炼了干部，激发了他们的积极性和创造性，进一步打开了工作局面。

在武装斗争方面，根据泸县中心县委的决定，经过一段时间的努力，逐步建立了一支有十余人的游击队，并在邹凤平的主持下，提出了斗争的三大任务，即：打土豪，破仓分粮，给群众以利益，并复活群众织织；彻底摧毁农村政权统治机构；尽量搜集枪支武装自己。大家明确了目标，增强了信心，群众也纷纷行动起来，在短短的一个多月中，就恢复了农会组织，扩大了游击队伍，打垮了敌人在农村中的部分基层政权，建立了公粮公款制度，为革命筹得了不少经费，使干部和群众都为之振奋。接着，中央红军长征路过叙永，游击队的同志见到彭德怀，得到了有力的支援；中央红军送给了五十多支枪和大量子弹，并派给几个红军干部到游击队工作。这便大大加强了游击队的力量，武装斗争的烈火越烧越旺。原来的黄泥嘴游击队迅速地扩大为叙永县游击队。不久，中央又拨给人枪四百多支，并将这支武装改为川南红军游击队。在党的机构方面，组成了川南特委，指定徐策为书记、邹风平等为委员，负责整个川南地区的斗争。

不久，中央红军挥戈西进，巧过金沙江，强渡大渡河，沿川康边境急速北上。当主力红军离开川南后，敌人就乘机加紧围攻党的地方武装。该地的国民党留守部队和地方民团，集中优势兵力对付赤合游击队，仅肖镇南统率的民团即达四千五百人。在从2月到3月一个月的激战中，大批指战员英勇牺牲，最后只剩下不到三十人。此时，局面亦已很艰难，而四川省委所遭到的严重破坏又波及川南。叛徒史伯康带着一伙走卒赶到泸县，逮捕了中心县委的秘书陈继光；陈又叛变，伙同史伯康到处捕人。顿时整个城乡都被白色恐怖气氛所笼罩。困难重重、险恶丛生。到底怎么办？出路在哪里？这些尖锐问题不能不引起每个革命者的深思，身为领导干部的邹风平尤为苦心谋虑，反复斟酌。为了在当时的具体条件下坚持革命斗争，他与李亚群（泸县中心县委组织部部长）等商议，制定出当前的行动计划：将川南地区的所有干部暂时转移到川滇边境的山区，以免再遭破坏；同时在新地区发动群众，争取土匪，开展武装斗争，扩大革命力量；派人赴上海活动，筹集经费以组织武装行动，与川南游击队相配合；在失掉上级党直接领导的情况下，与自贡、内江等中心县委一起，共同组成一个川南临时特委，以统一大家的步调。

上述的行动计划,经干部会议讨论一致通过后,邹风平便立即前往内江、自贡等地征求意见。大家都赞成建立川南临委的提议,并相互约定于4月28日,在自贡牛佛渡召开三个中心县委的联系会议。正当代表们相继赴会之时,不料史伯康为首的叛徒们早已等候在那里。邹风平临危不惧,急中生智,临时改变计划,星夜返泸。刚到卢泽民(党员,后被捕叛变)家,史伯康即尾追而来,满街警笛齐鸣,敌人蜂拥入房,情况极其危险。他赶紧从卢家的前屋转入后院,然后爬上临街的院墙,再转上街房,飞跑到城边,跃上城墙。在后面边喊边追的敌人越来越近,快到跟前了。在这危急时刻,他奋不顾身地从城墙的缺口一跃而下。但城高沟深,黑沉沉的夜晚又无法看清地面,加之跳得过急,结果在堕地时脊椎受了很重的伤,腰痛难忍。他凭着坚强的毅力,把长衫脱下来束紧腰部,咬紧牙关,顺着城墙艰难地往前挪动。幸喜那一带没有居民,在茫茫黑夜的掩护下,他终于摸到了沱江边上,但人已精疲力竭,实在无法再走。于是他伏在地上,往前爬,整整爬了十里路,才到达连云洞下的一个村庄。此时,他已经动弹不得,只好忍着钻心的剧痛,在一棵桂圆树下挨到天明。后来,在两位好心农民的帮助下,才把他抬到江纳泸特区大渡口山上的黄克永家里。黄是特区委员,家境贫苦,既缺饭食,又无医药,他也跟着过艰难的生活,继续忍受着伤痛的折磨。环境日益恶劣,难以安宁。有一天,他的住处突然被反动派包围起来。在这千钧一发之际,幸得黄大嫂的弟弟紧急报信,由同志们在危急中把他扶至密林深处躲藏起来,才幸免于难。

邹风平目睹泸县中心县委干部所剩无几，而反动派的进攻却更为凶残，上无党的直接领导，下无有组织的群众活动。在此屡遭挫败之后，他不得不深思着一些问题：蒋介石集团从《上海协定》《塘沽协定》与日本帝国主义合击抗日同盟军，到与美国签订二万万元棉麦借款，与英、法签订军械借款，请德国人赛克特到南昌指挥第五次"围剿"，请意大利政府派人训练空军。这一连串的事实都说明：蒋介石为了绞杀革命，就是卖国投敌也在所不惜，且证实了这个政权是帝国主义灭亡中国的清道夫。但是，在目前能说蒋介石政权在崩溃中吗？如果蒋介石政权正在崩溃，何以解释冯阎的失败、福建人民政府的失败，而蒋却得以威逼两广，夺取贵州，插入四川，收编了东北军等问题？

苏维埃政权没有在一省或数省取得首先的胜利；第五次反"围剿"不是胜利而是失败，长征损失不可想象，在长江西岸建立根据地也不可能了，赤合游击队应该怎么办？这是最应注意的问题。

从"九一八"到当时抗日的问题，是党面临的最大的"苦闷问题"。明明是东北沦陷，为什么偏偏要提出"保卫苏联"？蒋介石坚持"攘外必先安内"的方针，我们的口号则是抗日必先反蒋。这样下去行吗？我们应该勇猛向前与日本军直接开火，这样也许能够打破这个僵局。

此时的邹风平心潮起伏，久久思考着这些他个人难以解决的革命的根本问题。他不知道"左"倾机会主义者在把革命的航船驶向暗礁林立的险地；他更不知道在危急关头遵义会议已拨正了革命的航向，毛泽东正在狂风恶浪中引导革命走向胜利。

应当说，由于他当时所处环境的局限性，难免有某些考虑不全面的地方，但尽管如此，他是绝不屈服于敌人的暂时猖狂的。根据当时的具体情况，他在5月29日的干部会议上，提出了暂时"解散泸县中心县委""宣传抗日""保全干部"等坚持革命斗争的主张，其目的在于借宣传抗日以掩护干部。只有这样办，才能保存革命的火种，积蓄力量，以迎接革命高潮的到来。他坚信"找到中央以后自有办法"，"找到中央以后一切服从中央"。他的意见得到与会者的赞同，并确定派李亚群去上海找中央。另外，利用原有的基础把留下来的干部分散到云南去，坚持川滇边界的斗争。

会后，邹风平由侯建成（党员）护送到云南边境的周一戎（后发展为党员）家养伤，并以该处为立足点，逐步聚集干部，开展活动。他和侯建成从6月4日动身，仅靠一个银圆作食住费，受尽饥寒、跋山涉水，行程一千余里，终于在当月的28日到达了目的地。

到了周一戎家后，邹风平为了活动方便，改名周子和。同年7月，他按原计划派侯建成出发，专程去四川江安迎接留居川南的干部赴滇会合，共谋开展斗争的事宜。但他的满心期望却再一次受到沉重打击：已经为数不多的干部，在赴滇途中全被叛徒捕去，所有的组织被破坏无余。面对这种严酷的现实，他依然挺起腰杆，将仅有的几个人组织起来，在云南雄关一带开展农运工作，组织游击队，坚持革命斗争。刚开始活动，其中一个队员又被敌人抓去，所藏的全部枪支尽被搜走。自此，人缺枪无，武装斗争难以进行，环境恶劣，活动更受限制。

恰在这时，邹风平通过周一戎的关系，认识了其舅父王应嵩（镇雄第六区区长）。王正需聘请一人给自己的儿子王樵（昆明市昆华中学毕业，抗战后入党）补课。此人佩服邹风平的学识，坚持要他承允。为了解决衣食和养伤的钱，找个掩护，他只好勉为其难。从此，他一面躺在床上医治腰伤，一面充当家庭教师。由于他知识丰富，教学有方，深得家长欢迎，学生由两人逐渐增加到二十八人。这种生活一直持续到1936年底。

孤雁恋群，战士思归。离开火热的革命斗争。见不到并肩战斗的同志，再加上腰伤久拖不愈，对邹风平这样的老战士来讲，"精神处于极端苦闷中"。但即使这样，在他的心底，仍燃烧着革命的烈火，待时机一到，随时准备投身到那战火纷飞的战场，去与敌人厮杀，为人民献身。他多么盼望能早日找到组织！

正当邹风平苦闷的时候，忽然传来振奋人心的消息。派到上海去的李亚群终于找到了党。他真有说不出的喜悦和激动，一股热流涌进心头。党指示他"好好养病，病愈时即到上海"。随后党又寄来报纸杂志，以提高他的思想认识，使他能跟上形势的发展。于是，他愉快地加紧养伤，积极进行赴沪的准备。

1937年2月，邹风平从云南动身，取道贵阳、长沙、武汉等地到达上海。当党组织征求他的意见愿否去延安时，他以极为兴奋的心情表示了自己渴望已久的强烈愿望。不久他就途经西安,来到了党中央的怀抱。

五

在延安,邹风平被送到中央党校第五班学习。通过三个月的刻苦攻读,他在无产阶级政党的建设和马克思主义的政治经济学理论方面的认知水平,都有显著的提高。

同年11月10日,邹风平离开中央党校,参加了由中央负责同志主持的四川工作会议。会议研究了四川工作情况和今后的任务,决定派邹风平等人回川,组成以他为书记的四川省工委,负责恢复和重建党的组织,领导全省的革命斗争。

邹风平等肩负党中央的重托,满怀激情,踏上了奔赴四川的途程。刚到广元,邹风平就不顾跋涉之苦,抓紧时间在旅馆里开了一个会,即"广元会议"。会上,由他交代了到达目的地后的工作任务,然后分两路继续前进:一路是邹风平、廖志高等人,直接到成都,会合早已在那里工作的张曙时、罗世文;另一路是于江震、王子模和彭世荣三人,到南充建立川北工委,归省委领导。

1937年12月,邹风平等到达成都后,就同廖志高、张曙时等人组成省工委,重新建立了四川党组织。

当时省工委的主要任务是:重建党的各级组织,壮大党的队伍,把日益高涨的抗日运动推向新的高潮,并引导到为实现党的任务而斗争的轨道上来。为了实现这一重大任务,以邹风平为书记的四川省工委,进行了艰苦的、大量的工作。

邹风平运用自己曾在四川多年工作的经验和对四川政局比较了解的有利条件，以及他那丰富的斗争经验、较高的知识水平，和四川省工委的其他同志一道共同努力使四川党组织的重建工作进展迅速，很快就打开了局面。

邹风平首先考虑的是省工委机关的安全。为此，他经过一番调查研究，决定将省工委设在比较僻静的平安桥街南口一个独院里，只留他和廖志高两人住机关；另外请富有斗争经验的赵世炎的老母亲夏孃孃迁来同住，以作掩护。之后，迁到焦家巷，住机关的也只有他和甘棠、赵利群三人。由于机关隐蔽，工作做得好，所以能在敌人的鼻子下坚持两年多，从容指挥全川各地的斗争。

省工委建立后，邹风平就针对自1935年四川省委遭到敌人破坏后便没有全省性的统一组织，各地党的力量分散，未能形成整体，以致缺乏强大的战斗力的情况，集中精力狠抓了清理和整顿党的组织这一工作。他一方面将自己从延安带来的关系，如韩天石、陶唤馥等人的关系迅速地接上头，帮助他们建立起党的组织；另一方面，又对与党失去联系，但仍积极活动的党员，进行深入的考察，区别不同情况，采取不同的处理方法。如饶孟文在1937年1月自发建立起来的"中共成华特支"，做了很多工作，在推动成都地区的抗日救亡运动方面，起了不少作用。邹风平在坚持不承认该组织的原则下，对其所属的每一个成员，逐一进行考察，通过个别谈话、审查，分别吸收入党。川南的万敬修、廖寒非也建立了类似的自发组织。鉴于其内部情况比较复杂，邹风平等省工委的负责人在考察过程中，吸收了优秀分子，而将有问题的人坚决淘汰。对于刘连波、刘文哲所建立的组织，因与上海党（特科）发生关系，邹风平就直接到武汉，通过长江局加以解决吸收。这样不仅纯洁了党的队伍，也使党员受到了深刻的教育。当年曾经接受邹风平直接考察的同志，至今仍满怀深情地称赞他那深入细致、一丝不苟的工作作风和对党对同志高度负责的精神。

为了较快地把党的工作开展起来，邹风平分析了抗日救亡运动以来的新形势，积极选拔和大胆使用那些党性强、有强烈的爱国心和献身精神、熟悉本地情况、联系群众、有一定组织工作能力的青年同志，把他们作为依靠的力量。实践证明，这些年轻同志在老同志的带领下，确实负起了重建四川地下党和领导抗日救亡运动的重任。

随着工作的进展，特别是在清理和整顿原有党组织的基础上，如何建立各级党的组织，积极而慎重地发展党员，壮大党的力量，就被提到了重要议事日程。以邹风平为主要负责人的省工委十分重视这一工作。他们统一研究，分工负责，由廖志高主持川东、重庆的工作，于江震坐镇南充，组织川北工委；邹风平在成都统筹全川，兼及西康。由于党在四川有长期的斗争历史，在人民群众中有深刻影响，抗日战争前后在城市中相继掀起了抗日救亡的群众爱国高潮，对党提出的抗日主张积极拥护，特别是在青年学生中党有很高的威信，这些客观形势都为党在发展党员方面，在开展工作方面提供了极为有利的条件。邹风平和省工委其他同志充分利用了上述有利条件，发展党的组织，开展党的工作：一方面组织动员了大批青年到延安和抗日前线，直接壮大了革命根据地和抗日前线的革命力量；另一方面在大后方的四川各地相继建立了党的组织，发展抗日民族统一战线，使党的主张、党的号召深入人心，使党真正成为四川抗日群众运动的领导核心。1937年12月初建立省工委时，全省只有为数不多的党员，次年春即增加到三百四十人，至1938年冬省工委扩大会议时，全省党员已发展至四千人左右。这些成绩，和邹风平的工作以及他的政策思想水平是分不开的。

在发展党员工作上，邹风平既注意了在工农群众中建党，但又不拘泥于阶级出身和职业。他根据抗日战争和国民党统治区抗日救亡的特点，把较多的精力放在了城市里的青年学生、青年教师和职员，以及统一战线中的上层分子方面，使党组织的活力适应了新时期、新形势的要求。

为了适应形势发展的需要，加强领导，中共中央长江局决定撤销四川省工委，分别成立川康和川东两个特委。邹风平改任川康特委书记。罗世文派到川康特委任书记后，他为副书记。罗世文主要负责政策、方针的领导和上层统一战线工作，特委的组织领导工作仍以邹风平为主。

党员人数增多后需要教育提高，各级党组织的建立需要强有力的骨干去领导。邹风平等负责人对于党员的教育和干部的培训工作，给予了特别的注意。无论是省工委时期，还是后来的川康特委时期，给党员上党课，对干部进行训练的工作从未停止过。身为主要负责人的邹风平，无论工作多忙，周围环境多么复杂，都坚持亲自给党员上党课。到了川康特委时期，又抓紧办学习班。当时川康特委地区有十个中心县委，下属近五十个县委或特支。从1938年10月到1939年上半年，县以上干部便已基本轮训完毕。学习班的课程，大体按照中央党校的几门课开设，其中包括"党的建设""职工运动""统战工作"和"秘密技术"等。"党的建设"和"支部工作"两门课由邹风平主讲，期期如是。

邹风平等省工委负责人很重视开辟宣传阵地。过去，这一工作多由各抗日团体和各革命组织分散进行，力量不够集中。省工委成立后，实行统一领导和指挥，根据党中央的部署和形势发展的要求，及时提出宣传的中心。党组织和进步团体掌握了大批报纸和刊物，如《四川日报》《新新新闻》《新民报》等都有党员在那里工作。邹风平到成都不久，便很快将有文字工作经验的李亚群派往车耀先主办的《大声周刊》，以加强那里的工作，又抽调杜桴生到《四川日报》，以增强党在该报社的力量。此外，他还经常关心深受读者欢迎、由党员所创办的《时事新闻》《星芒》《全民》等新闻刊物的工作。这些报刊宣传抗日，教育群众，盛极一时，影响是很深广的。在检查和布置各中心县委的工作时，邹风平也总忘不了各地方的报纸工作。因此，各中心县委都掌握了当地的一些宣传舆论阵地，为打开工作局面发挥了巨大的作用。

统一战线是革命的三大法宝之一。省工委成立后，对这一点非常注意。他们按照党中央关于发展进步势力、争取中间势力、孤立顽固势力的方针，利用四川地方实力派同蒋介石利己政策的矛盾，积极开展争取工作。始则促使刘湘由投蒋反共转变到抗日的立场，继又与邓锡侯、刘文辉、潘文华等地方实力派的代表人物，建立统战关系，鼓励他们同蒋斗争。在党的统战工作之下，四川地方实力派逐渐转向抗日，为抗日战争的胜利发挥了积极的作用。邹风平还不顾个人安危，化名周子和，亲自到成都协进中学兼课，利用机会对师生进行教育，给党员上党课，为革命事业培养干部。

经过曲折艰苦的斗争，四川党组织在邹风平等人的领导下，学会了运用各种方式进行斗争。为了保证党组织的安全，邹风平等领导人把党的公开工作和秘密工作严格分开，始终保持着高度的革命警惕。初入川时，面对着人手极少，局面没有打开的种种困难，总是沉着冷静，同困难作顽强的斗争；当各种工作逐步展开，出现大好形势的时候，仍保持着清醒的头脑，密切注视着周围情况的变化，随时作好应付不测事件的准备。1939年后，局势日渐紧张，川康特委根据南方局的指示，有计划、有组织地进行了疏散，将已经暴露或可能暴露的党员积极分子分期分批地转移，或赴延安，或到农村，或到抗日前线。仅在投考山西民族革命大学（名为阎锡山开办，实为我党掌握）的名义下，就把近两百名革命青年（50％以上是党员）安全送到了陕北。① 同时，还调整了部分中心县委的领导机构，以适应新的形势。1940年3月，蒋介石派康泽到成都，一手制造了"抢米事件"，白色恐怖笼罩蓉城。这更进一步引起川康特委的警觉。经过特委紧急会议的研究，及时采取了断

---

① 韩石天：《在京部分老同志座谈会上的发言》，1982年8月22日。

然措施。邹风平等负责人在认真检查各方面应急措施及其落实情况后,自己也立即隐蔽起来,移居乡间。尽管敌人前后六次指名搜捕邹风平,均以落空而告终。在罗世文、车耀先等被捕以后,中共中央南方局决定将邹风平等调回延安。6月24日,他与张曙时等随同董老(必武)告别成都安返延安。从四川省工委成立到此时近三年时间里,领导机关没有遭到大的损失;大批干部成长起来之后,又顺利地保存下来,成为日后各条战线的重要骨干,这是一件极不容易的事情。

从1937年底邹风平入川建立省工委,到1940年6月离蓉,其间,四川党的工作有了很大发展,取得了显著成绩。无论在恢复和建设党的各级机构、发展党员、扩大党的队伍、培训和输送干部、教育群众、扩大革命统一战线、推动全川的抗日运动等方面,都有新的起色,从而为赢得抗日战争的最后胜利和解放战争的伟大胜利做出了可贵的贡献。这些成绩来自党中央和长江局、南方局的领导,广大干部和党员的英勇奋斗,但也与邹风平的工作分不开。在那些紧张战斗的日日夜夜里,他作为省工委和川康特委的主要负责人,身负重任,日夜操劳,把自己的智慧和力量无条件地献给了党的事业。他除了来往于成都与武汉、重庆之间,向上级党组织汇报情况,请示工作,接受任务外,还主持召开各种会议,研究问题,提出任务,检查工作。他不断地找人谈话,了解情况,勤奋工作,任劳任怨,从不讲条件。他自腰部受伤后,身体损伤很大。多年来,腰部使不上劲,行走不敏捷。1938年的邹风平正是壮年时期,看上去却像一个瘦弱的五十来岁的老年人。由于长期的胃溃疡,身体虚弱，从延安返川工作期间，胃痛更为经常，甚至不得不将胃切除三分之二。然而，这些病痛并没有减弱他的革命意志，他仍然勇敢地肩负起四川党组织工作的领导重任，日夜战斗。他不顾白天工作的劳累，夜间还在灯下孜孜不倦地刻苦学习。有时，深夜仍伏案书写给各中心县委的信件，或在蝇头小楷的组织关系介绍信上签字。邹风平这种与疾病作斗争的惊人毅力，这种一心扑在革命事业上的顽强斗志，充分表现了一个共产党员崇高的献身精神。他曾经写给李亚群一首绝句："少小未识儿女情，十年刀丛余此身。老大何堪天台去，桃花原不惜残春。"这不仅是他拒绝个人婚事的表白，更是其忠于人民事业的真实写照。

六

邹风平从四川撤离回延安后，一面治病，一面进入中央党校学习。

从1942年底起，党中央正式开始审查干部，由康生在西北公学搞试点。这个学校的学生中，有一部分是从白区去的党员，康生用逼供信、车轮战等办法，搞出了许多所谓"特务"和"特务组织"。一个兰州地下党员，被逼无奈，编造假口供，说什么国民党对我白区的党实行"红旗政策"，即用特务、内奸搞假共产党。本人自称就是特务。康生不问真伪，如获至宝，一口认定这是审查工作的一大突破。于是一面将此虚假材料抄报中央，一面到处宣扬说"红旗政策"是国民党在其统治区对共产党实行内奸政策的一个新策略,从而得出了大后方党组织靠不住,需要"重新估计"的荒谬结论。随即他开展了追查活动。接着又连续召开会议,由那些"悔过自新的特务"出来现身说法,号召有问题的人迅速向党坦白。后来,又由康生作《抢救失足者》的报告,要求共产党员去"抢救"那些自觉或不自觉的"为敌人服务"的人。一夜之间,许多来自国民党统治区的党员,立即成为被追查和逼供的对象。在康生的操纵下,四川的党也被诬陷为国民党特务内奸政策制造的"红旗党",把许多党员打成了国民党的特务、内奸。在这种情况下,作为在四川从事多年党的工作、担负四川党重要职务的邹风平,也就成了重点追查和逼供的对象。

邹风平在相当一段时间内,坚持实事求是的态度,主动讲清自己的情况,并检查自己曾经出现过的缺点和错误。但随着康生逼供手段的不断升级,他的这种检查总难以达到要求。在压力越来越大的情况下,他蒙冤受屈,终于含恨去世。在他死前,曾三次写信给党中央和毛主席。在信里他满腔热情地关怀着四川党的发展,他不希望因为他的死使国民党高兴,使敌人幸灾乐祸,使自己的同志沮丧。他曾表示:"只要对党有利,个人荣誉得失当置之度外","只要问心无愧,何惧个人委屈"。他在信里表达了自己对党的忠诚,相信随着革命的胜利,随着四川的解放,他的问题一定会搞得水落石出、一清二楚的,他坚信"终有为党知道的一日"。

康生的倒行逆施,引起了党中央的高度注意,立即作出了审干的九条方针,毛主席还主动地对错误承担了责任。紧接着又进行了甄别工作，纠正了在肃反中的错误。①

对于邹风平的问题，中央非常重视，专门责成程子健和梁国龄进行调查研究，在占有大量材料的基础上进行审阅。程子健等经过长期的工作，写出了长篇报告，对所涉及的各种问题一一作了马克思主义的分析，全面评价了邹风平的一生，否定了康生所强加的莫须有罪名，还历史以本来面目。之后，中央又进一步作了结论，充分肯定了邹风平对党和人民事业的贡献，彻底纠正了对他的不实之词。鉴于十年浩劫所造成的混乱，胡景祥等又联名给中央写信，要求给邹风平平反昭雪。中央组织部在回函中，再次对他进行肯定，重申了过去的结论。②

当我们今天重温邹风平的一生，回顾他所走过的道路，无限缅怀之情，在心中油然而生。以迫害干部和群众而臭名昭著的康生之流，早已被人民扫进了历史的垃圾堆。党的十一届三中全会拨乱反正，继往开来，确立了一条适合我国情况的社会主义现代化建设的正确道路，伟大的祖国出现了崭新的面貌。邹风平虽然过早地离开了我们，未能亲眼看到如今的形势，令人深感惋惜，但他那献身革命的精神，却永远留在人民心中。他用一个共产主义战士的毕生实践，把一颗炽热的丹心，无条件地献给了党和人民的事业，为通向革命和建设的胜利道路，做出了最大的努力。

---

① 中央关于防奸斗争中防止扩大化问题的有关指示。
② 参见程子健、梁国龄等所作的《关于邹风平问题的研究报告》，中央有关指示，以及胡景祥等给中央的信和中央给胡景祥的回信。

黎灌英

◎中共内江市党史资料办公室 王东伟整理

黎灌英（1895—1928），中共内江地区党团组织的早期领导人之一。大革命失败以后，他先在郫县做党的工作，后调任中共绵竹中心县委书记，积极发动群众，组织领导了川西北的绵竹起义。他无论在任何条件下，都朝气蓬勃，最后以宝贵而短暂的青春，为革命谱写了英雄的诗篇。他的事迹将永远载入史册。

黎灌英

黎灌英（又名黎静中），1895年9月20日出身于四川内江县东兴镇排龙冲一户农民家庭。其祖父黎正灿、父亲黎世昕（又名黎君，号庶熙）均曾兼营商业。黎灌英出世不久，其父因经商负债，将田产变卖，家道日益中落。更不幸的是，祖父又染病卧床，母亲备受刺激，精神错乱。所以黎灌英仅在十岁前读过一点书。之后，便担起家庭的部分生活重担。早上,他要挑菜走十几里路进城去卖,回来又要下地劳动,还得侍奉病重的祖父。尽管如此,他却不忘读书,一有空就坚持自学。1910年,刚满十五岁的黎灌英便以优秀的成绩考入了内江县立中学四班学习。1913年,中学毕业了,他又以优秀的成绩考入了成都储才中学。这是一所新式学堂。黎灌英过去所学的全是旧学。起初,他对储才中学开设的新课如英语、数学等的学习,感到非常吃力。为了赶上老师的授课进度,他下决心刻苦钻研,常常看书学习至深夜。他旧学基础较好,尤擅长作文,动辄下笔洋洋千言,蔚然大观。这所名曰"新式学堂"的学校,其教学方法却非常保守,要求学生不要过问社会。为此,黎灌英曾写过一篇作文《申屠蟠论》,借批判东汉时保守派的代表申屠蟠,批判学校当局主张脱离现实、明哲保身的思想。这表现了他立志投身于社会的决心。

1915年,学生们举行了罢课斗争,反对学校当局的腐败,黎灌英也参加了。学校当局压制了这场斗争,并要学生们写悔过书才能重新上课。黎灌英则坚持认为"无过可悔",毅然退出成都储才中学回到内江。

1917年,他到川军舒荣衢部去当兵。1920年,在但懋辛师部,担任过书记员、军需官等职。当时由于军阀连年混战,给老百姓带来了极大的灾难。黎灌英目睹这一情景,一度陷于整天饮酒赋诗的忧郁苦闷之中。

随着五四运动的蓬勃发展,黎灌英看到了中国的希望,他振奋起来。1923年,他同川军边防军官学校的内江人谢笃开一道,离开军队,结伴回到家乡,从事实际的宣传民众、组织民众的工作。

很快,黎灌英就同在成都读书的廖恩波以及进步青年廖释惑二人相识,常常聚会在一起,阅读《新青年》《学灯》等进步刊物,讨论时事,抨击不合理的社会制度。这时的廖恩波已在成都加入了社会主义青年团。经过他在内江的工作,介绍了黎灌英、廖释惑、谢笃开等人加入团的组织,并组成了内江县第一个社会主义青年团小组,由黎灌英担任组长。

在黎灌英的领导下,内江团小组不断扩大,运动也逐步深入,还同当时设在武汉的团中央取得了联系。

为了传播马列主义,动员民众,黎灌英在内江太平巷杨家祠堂内组织了读书会,吸收知识青年和进步学生十余人参加。他们除定期读书学习讨论外,还经常去街上张贴标语,宣传反帝反封建的革命道理。读书会的发展,为后来内江党组织的建立,奠定了思想基础。

在宣传革命理论的同时,黎灌英和谢笃开还在 1924 年领导群众掀起了一场打击地方贪官污吏的斗争。当时,内江商会会长林基九、团练局局长马祥九、浮桥经费收支所所长范承九三人,在地方上飞扬跋扈,为非作歹,大肆贪污佃粮。人民群众恨之入骨,称他们为害人的"三九"。黎灌英、谢笃开打听到讨贼军第一军驻渝办事处处长高一白,早年曾加入过同盟会,又是内江人,便写信向他告发"三九"罪行,要求为民除害。在得到高一白回信后,他就组织召开了内江公民大会,一致要求地方政府予以严惩。内江政府迫于民众的压力,不得不将"三九"关押起来。但过不多久,"三九"买通官府,被释放了。这件事教育了黎灌英，使他认识到：地方官吏与土豪劣绅是沆瀣一气的，要想依靠反动政府来打击地方土劣，绝不可能；只有靠宣传和发动群众，把人民组织起来，与反动政府对抗，才能真正实现社会的平等。

通过反"三九"这一事件，黎灌英在内江民众心目中威望提高了，被推举为内江城中区民团副团总。他巧妙地利用这一合法身份，并借高一白和内江民团团总付尧轩的名义，在内江白鹤场组织了东乡联团，成立办事处，并开办了民团干部讲习所，进行革命宣传，培养革命骨干，组织并掌握革命的武装力量。黎灌英为实际上的负责人。这个讲习所按军队的编制分为三个中队九个班，有学员一百多人，开设有政治、军事等课程，教员大都由团小组和读书会的成员担任。讲习所开办三个月后，军阀王缵绪察觉其中革命空气太浓厚，便派政治部主任钟汝为强行予以解散。虽然如此，但黎灌英等人播下的革命种子已在学员心中扎下了根。

讲习所被强行解散后，黎灌英又在自贡附近的三多寨开办了一个新的团练干部讲习所。他不顾军阀的各种刁难，坚持办了六个月之久，使第一批学员全部毕业。

1925年上半年，黎灌英受组织委派，到重庆参加五卅惨案国民外交后援活动。在这次反帝斗争中，黎灌英在杨闇公等人的领导下，积极工作，他的那种工作热情和深入的作风，得到大家好评。不久，中共重庆地方委员会成立，黎灌英由社会主义青年团团员转为中国共产党党员。

1925年底，黎灌英奉重庆党组织的指示，回内江于第二年

2月建立了中国共产党内江县特别支部,任特支书记。这是党在内江的第一个组织,也是全省最早成立的党组织之一。为了执行党关于国共合作、迎接大革命到来的方针,黎灌英同特支的其他同志一道,组织成立了内江县国民党左派临时党部。黎灌英担任县党部的负责人,其他执行委员也多数由共产党员担任。

1926年春天,黎灌英以国民党临时县党部的名义,在内江水巷子李氏宗祠成立了一所内江公学。这个公学以普及民众教育、改善工农生活为公开目的,以"实施党化教育,提高科学常识,端正蒙养基础,救济失学群众"为公开的教育方针。实际上,开办这所学校的目的,是为了更直接地向群众宣传革命道理,更多地培养革命青年,为即将到来的大规模群众革命运动做思想上、组织上的准备。黎灌英担任这所公学的校长,并亲自主讲政治课。他对学校的课程安排、教学内容都侧重于社会科学方面,设有政治学大纲、经济学大纲和现代历史等课程。在课堂上,他向学生介绍革命理论,指导学生阅读《向导》《中国青年》等杂志。开办不久,影响遍及全县,学生人数由最初的七八十人增加至一百二十多人。校址也由原来的李氏宗祠迁到更加宽敞的东坝街万寿宫内,并新增设了初中班和政治班。

在这所学校里,政治空气非常浓厚,校园里革命歌声不断。在假日、节日、纪念日,教师还组织学生到城内街头巷尾进行宣传。在黎灌英等人的鼓励下,学校的一些女教师、女学生冲破封建礼教的桎梏,带头剪短发,同男教师、男学生一起上街演讲。内江公学成为当时内江的一个革命活动中心。

黎灌英非常注意宣传工作。尽管他十分繁忙，既要领导特支的工作，又要领导国民党左派县党部的工作，还要负担内江公学的教学，但从不放弃进行革命宣传。他经常到农村去作社会调查，向农民宣传组织起来同土豪劣绅作斗争的意义。为了吸引农民听讲，他还从岳父家里拿了一部手摇留声机，搬到乡场上，先放音乐吸引住农民，然后讲演农民痛苦的根源，帝国主义、军阀、土豪劣绅对农民的残酷剥削和压迫，以及耕者应该有其田的革命道理。他把革命道理编成通俗易懂的民间歌谣，教农民唱：

红日未升天未晓，庄稼佬就起来了。
每天累得不得了，找些钱来得不到。
遭强盗抢去了！遭强盗抢去了！
帝国主义大强盗，贪官污吏跟到搞，
还有劣绅和土豪。庄稼佬挨得不少：
加租加粮加谷草，还提豌豆和红苕。
大小春都提尽了，穿的是短袍，
吃的苞谷与红苕，连这些也难吃饱。
大人挨饿都还好，儿女饿得天天叫，
看你心焦不心焦，团结起来最可靠。
把这些敌人打倒，我们才能撑起腰。

1926年，三十岁的黎灌英与内江公学的女教师叶庄伯结婚。为了反对旧礼教，宣传新思想，他们毅然举行了内江第一次新式结婚的仪式。新郎新娘手持鲜花，携手并肩在城内街上走了一圈，回到家中，接受人们的祝贺，形式非常简单。黎灌英对人们宣传说："现在要实行男女平等，女的不能只在家里，要出来参加工作。"他还说："我们年轻人一切都要改革，要反对旧礼教。"在他的支持与鼓励下，妻子同他一道走上街头，宣传演出；还同他一道奔走于沱江两岸广阔的农村，建立农协会组织。

1926年11月，四川第一次国民党全省代表大会在重庆召开。黎灌英和妻子叶庄伯代表内江县左派国民党，赴渝参加了这次会议。

会议期间，黎灌英同杨闇公、刘伯承等一道开会研究了如何反击国民党右派的进攻，如何更广泛地开展工人、农民运动等问题。

1927年1月，黎灌英回内江后，根据国民党省代表大会的布置，在内江水巷子主持召开了内江县国民党第一次代表大会，共有六十多人参加，代表着当时内江的一百多个国民党党员和各乡场区分部。由于内江的国民党组织是黎灌英亲自建立和领导的，在发展组织时注意了纯洁性，因此这次代表大会实际是各乡的共产党员和积极分子的大会。在这次会上，黎灌英传达了省代会的精神，讨论了发展内江国民党组织，以及发展工会、农会和妇女、青年等组织的问题。大会正式提出了宣传新三民主义，打倒军阀、打倒土豪劣绅的口号，并选举黎灌英为县党部负责人。共产党员廖释惑、谢笃开等人当选为执委。

当时，地方反动军阀曾想派代表参加大会，遭到黎灌英等人的坚决拒绝。

1927年2月，黎灌英在内江万寿宫主持召开了内江工人代表大会，研究组织、发展工会的问题。接着成立了码头、人力车、理发、粪帮等工会组织，共有会员两百多人。

这段时间里，内江农民运动也有了很大的发展。特支指定了专人负责协会工作。黎灌英亲自到东兴镇的观音井、马浦堰，白马镇的赛峨山、烂泥沟、石龙口一带组织农协会。很快，农协会组织就遍布沱江两岸山乡，仅石子、东兴两个乡就有会员四百多人。

在城内，黎灌英安排叶庄伯出面组织妇女联合会，公开发表宣言，吸收广大劳动妇女参加。妇联向社会各界募捐两百元，在城内药王庙开办了妇女识字夜校。

随着群众运动轰轰烈烈地开展，内江的党团组织也有了很大的发展，党员由特支建立时的四人发展到二十四人，形成了坚强的领导核心。

1927年3月31日，重庆发生了"三三一"惨案。接着，省委书记杨闇公壮烈牺牲。这时，刘伯承同志在泸州领导的泸顺起义遭到川黔两省军阀的围攻。黎灌英到泸州与刘伯承面晤后，连夜赶回内江组织民团武装，准备援泸。他很快在城内集中了一支两百多人的武装队伍。不幸，消息被走漏了，反动派出动大批军队包围内江城，准备进行血腥大屠杀。为了避免群众的牺牲，上级指示立即停止援泸行动。

敌人进城后，四处搜捕黎灌英，他的处境十分危险。在这种情况下,他的家人和一些同志都劝他离开四川,到外地去避避风头。他却坦然地说:"四川的革命工作我们不做,哪个来做?我死也要死在四川。"

他隐蔽到城郊芭蕉井一个同志家里,一面安排已经暴露的同志进行转移,一面密切注视事态的发展。直到省委调离他,他才离开内江。

黎灌英离开内江后,党组织考虑到他身体不太好,决定派他到旷继勋部队去担任中校团副。这时,他听说郫县的革命斗争迫切需要干部,便主动要求到还没有建立党组织、工作条件更为艰苦的郫县去。他的请求得到了批准。

素以富庶著称的川西坝上的"银郫县",在反动政府的强征暴敛下,广大人民处在饥饿的死亡线上,到处是一片破败的凄惨景象。农民同地主阶级的矛盾,人民同反动统治者的矛盾,反动统治阶级内部的矛盾都异常尖锐,阶级关系呈现出非常复杂的局面。郫县农民为了反抗统治阶级和地主的剥削压迫,自发地组织了两次示威游行,斗争矛头直指反动军阀。1927年上半年,发生了农民武装围攻县城的斗争。为了加强对郫县农民运动的领导,党决定派最优秀的干部到郫县建立组织,开展工作。

1927年7月,黎灌英到了郫县。

他首先在地方开明士绅办的"青塔团练学校"担任政治教官,用革命思想教育学员,在学员中发展和培养党员。到第一期学员毕业时,党团员人数已有了相当的发展,使这所团练学校成了培养农民运动干部的学校。有了这个基础,经省委批准，建立了中共郫县临时县委，由黎灌英担任县委书记。在党的领导下，郫县农民抗捐抗税的斗争很快汇入了全国性的革命洪流之中。

黎灌英领导县委把党的工作重点放在组织农民、教育农民上。他除了在团练学校上课，还经常深入贫雇农中去进行调查研究，号召农民组织自己的农会。在这之前，郫县曾建立了一些由地主、富农、袍哥把持的农会组织，实际是为地主阶级服务的。黎灌英经过深入的调查研究后，决定对原有的农会进行改造。在他起草的农会章程中，明文规定："有一百亩田地的人不准参加农会"，"农会只找穷苦的农民参加"。为了充实和加强农会的领导班子，他将青塔团练学校毕业的党员和进步学员派去担任农会的负责人，使旧农会的政治成分逐步得到改变，活动也经常起来。贫雇农高兴地说："黎教官来以前，农协会都是袍哥把持。现在组织的才是真正的农民协会。"在党的领导下，郫县农民的思想觉悟提高了，他们提出了"打倒高租大押"的革命口号。

在组织发展农民协会的同时，黎灌英还积极地领导工人运动，先后在郫县新场建立了独轮车、理发、改工、篾工等十几个工会。其中独轮车工会的影响最大，后来逐步扩大到雅安、邛崃、大邑、崇庆、温江、郫县、崇宁、彭县等地。1927年底，这几个县在党的领导下，联合成立了"川西南独轮车工会"，并在新场召开了两次代表大会。

1927年10月，为了检阅农民武装力量，扩大革命影响，县委决定在新场召开追悼抗捐抗税斗争中死难农友的大会。这次大会，经过充分的准备，规模是空前的，除了有新场本地和马街、三道堰的农军和群众外，几乎川西坝子所有的县都派来了代表，共计一万多人。农军荷枪实弹，威风凛凛，显示了农民武装的巨大力量。整个新场挂满了各界人士送来的挽联、祭幛，其中有一些出自黎灌英的手笔。黎灌英在大会上讲演，他说："军阀是不可怕的，只要我们团结起来就可以打倒它！"会上，印发了黎灌英草拟的宣传提纲，演出了文艺节目。黎灌英还写了一首《悼死难农友歌》，在会议期间教唱。

会后，黎灌英带领群众，在新场场口竖立起一座近两公尺高的"本邑军农冲突死难农众纪念碑"，还举行了盛大的提灯游行。这次追悼会前后共开了三天，充分显示了农民群众的力量，也是向军阀的直接示威。

追悼会后，黎灌英又在吉祥寺开办了第二期干部训练队，吸收了四百多名学员。同时在吉祥寺办起了农民政治夜校，培训农会干部，并把妇女协会和少年宣传队建立起来了。

随着工作的逐渐深入，农民协会基本得到了改造，团防武装的下层负责干部逐渐由倾向革命的"青塔团练学兵"充任。于是，黎灌英便在郫县进一步领导农民开展了一系列反对封建剥削的斗争。他所采取的实际步骤为：

一是改斗改秤实行减租。四十斤的老斗改为三十二斤的新斗，把十八两的老秤改为十六两的新秤。农民向地主交租用新斗新秤计标，实际上减少了地租。

二是开展反夺佃斗争。对那些不按农会规章办事的地主，组织农民把他捉来游街，戴上高帽子，帽子上写上"奸中夺佃"四个字,打击了恶霸地主的嚣张气焰。

三是开展清算斗争。这项措施主要针对保正或有点势力的地主,清查他们贪污的罪行,勒令其退赃;同时清查黑田,对那些隐瞒不报,或者少交团米的地主,强令其补交。

四是济贫和提高雇工待遇。农会把算账、查黑田等斗争得来的钱粮,在"救济贫民"的口号下,无偿地发给贫苦农民和工人。同时,农会规定了雇用工人的最低工资标准,雇工要和雇主吃同样的饭菜,雇主不准中途辞退工人,不准阻挡雇工开会等。

这些斗争,长了农民的志气,提高了农民协会在群众中的威信。热火朝天的革命形势,引起了反动统治当局和军阀的惊恐不安,他们互相勾结起来,密谋策划镇压日益发展的农民运动。首先是进行收买黎灌英的活动。郫县当时属于第二十八军的防区,驻在郫县的二十八军的一个营长王岫生,是黎灌英在川军时的上级。他受军阀和反动政府的指派,找到黎灌英,要黎灌英归顺政府,并许诺给予二十八军旅长的职务。这种卑鄙的收买手段,激起黎灌英的无比义愤,他严厉地斥责了王岫生。反动统治者见收买不成,便采取威胁恐吓的手段。他们在成都的报纸上登出通缉令,扬言要把黎灌英逮捕归案,严加惩处云云。黎灌英对此嗤之以鼻。这时候,他因为长期辛劳,积劳成疾。省委为了他的安全和健康,于1928年2月将他调离了郫县。

1928年初,四川省委为了贯彻实现全国总起义的计划,批准了绵竹县委关于举行武装起义的报告。为了加强党的领导,省委决议成立绵竹中心县委,负责领导秋收起义的工作。黎灌英回到省委,还没有来得及治病,甚至还未来得及看望快要分娩的妻子,听到将要举行绵竹起义的消息后,便要求省委派他到绵竹去工作。在他的强烈要求下,省委同意了,并任命他为中共绵竹中心县委书记。

黎灌英到绵竹后,立即投入起义的准备工作。他领导农民群众开展了反对苛捐杂税、反对土豪劣绅的斗争,在斗争中发展了一批党员,并建立了工会、农会等组织。很快,党团组织的成员就发展到近百人,组织起来的群众达数千人。为了对即将到来的武装起义加强领导,中心县委决定成立武装起义的行动委员会,由黎灌英任主任委员并负责政治部工作。省委为了支持这次武装起义,派出了一支由十多名经验丰富的同志组成的手枪队到绵竹协助起义工作。行动委员会还开办了"特别训练班",培训起义的指挥人员。

暴风雨来临之前有数不清的工作要做。黎灌英忘记了自己的病情,从早忙到晚地工作,经常是深夜刚躺下,又被喊起来,天一亮又出外奔波去了。过度的劳累,使他的病情加重,最后到了不能起床的地步。即使这样,他想到的仍然是党的工作。他请求组织上找几个人,用凉床将自己抬着,照常出去参加会议,了解情况,布置工作。望着他日益消瘦的身体和被疾病折磨着的面容,看到他在这种情况下的工作热情和负责精神,同志们都很受感动。

绵竹七四农民暴动纪念碑

经过几个月的匆忙筹备，1928年7月4日晚上起义开始了。参加起义的人员，包括绵竹本地的基本武装队伍，什邡、彭县、安岳、罗江等地来支援起义的同志，以及工会、农会、怒潮社、新生民导社等团体的群众共一千多人，按照预定的计划在城外聚集，由黎灌英宣布举行武装起义。起义队伍乘着黑夜迅速占领了县城附近的乡、镇公所，然后分成东北、西南两路，向县城进攻。黎灌英亲自率领东北路的队伍。

7月5日拂晓，起义军按照原定计划抵达绵竹县城。晨曦中，县城郊外显得特别宁静。没有料到，由于起义计划被泄漏，敌人已经做好了准备，寂静的原野上，蕴藏着罪恶的屠杀。当起义部队刚欲攻城时，突然敌人伏兵四起，将起义部队包围在城外无遮无挡的平坝上。起义军英勇还击，毕竟力量悬殊，所处的地形又极为不利，队伍很快就被冲散了。

面对这突如其来的变化，黎灌英决定放弃攻城计划，突围出去，保存革命力量。他率领东北路队伍，杀开一条血路，冲了出去。不料敌人布置了好几道包围圈，刚冲出去又遇重兵。黎灌英只得下令分头突围，以牵制敌人。战斗打到最后，黎灌英撤退时，才发现身边只有张仲生和李晏凡两位战友。他们决定到附近去找原来口头表示倾向革命的民团区大队长谭尊五，望其掩护，并借用他掌握的力量再行起义。但谭尊五早已投向反革命营垒，起义的消息就是他向反动政府告的密，反动政府封他为山防支队的大队长，他还想杀害黎灌英后向反动政府索要更大的职位。这些，黎灌英当时并不知道。

谭尊五见黎灌英等人前来，先是假惺惺地表示了一番同情，又佯装派人护送。当走到汉旺乡至马尾场中途的一棵大酸枣树下时，谭尊五撕下了假面具，暴露出狰狞的反革命面目。他威胁黎灌英等人背叛革命，随他一道去向政府邀功请赏。黎灌英等人当即断然拒绝，同谭尊五等及其随从展开了搏斗。终因寡不敌众，三个人都被捆绑起来。

谭尊五又用死来威胁，黎灌英朗朗吟道："入山以为泉水清，出山才知泉水浊。"大骂谭匪出卖革命。另两位同志也坚贞不屈，誓死不投降。恼羞成怒的谭尊五，下令用乱刀将黎灌英等三人活活砍死。后来，当地群众将烈士的遗骸葬于酸枣树下。

黎灌英牺牲时，年仅三十三岁。

半个多世纪过去了，内江人民、郫县人民、绵竹人民都还深深地怀念着这位四川早期农民运动的杰出领导人、优秀的中国共产党党员黎灌英。烈士牺牲所在地的那棵近百年的大酸枣树，历经沧桑，如今还是那么郁郁葱葱，倔强峥嵘，巍然屹立。它象征着黎灌英烈士永垂不朽的革命精神！

车耀先

◎ 沈寄踪　钟永玉

车耀先

车耀先（1894—1946），又名车荣华，中国共产党党员，成都有名的抗日群众领袖。1894年出生于四川大邑县灌口场。少年时代，曾以小贩为生。辛亥革命后，参加了由"保路同志军"组成的川军。1927年"三三一"惨案后，离开旧军队，在成都开设努力餐馆。1929年加入中国共产党，任中共川西特委军委委员。1936年，发起成立"成都各界救亡联合会"，积极支持和帮助出版《活路》旬刊。1937年1月，创办《大声》周刊，宣传团结抗战，反对妥协投降。1937年12月，中共四川省工委成立后，车耀先和罗世文单线联系，致力于上层统战工作。1940年3月，国民党反动派在成都制造了"抢米事件"，造谣诬陷共产党，车耀先和罗世文同时被捕，先后囚禁于贵州息烽和重庆"中美合作所"集中营。1946年8月8日,车耀先被特务秘密杀害于渣滓洞松林坡。

一

车耀先出身于一个小商贩家庭。其母因性格倔强,和祖母不能相处,乃回到大邑县灌口场娘家,自己开了一家糖食铺。其父则住在离场五里的乡下,帮人背运茶叶、煤炭,有时从成都买回一些旧衣服在场上摆地摊出售。车耀先和哥哥都跟着母亲、外祖母过活。

车耀先五岁时进私塾,断断续续读了两年多的书,后来他的家庭由于债务纠纷和别人打官司,在层层敲诈勒索下,被搞得倾家荡产,车耀先也由此辍学了。

日子很艰难,十多岁的车耀先便不得不挑起生活的担子。他以少得可怜的本钱,从二十里外的县城买回火柴,到场镇贩卖。来回奔波,常常弄得疲惫不堪。

有一次涉水过河,他又累又饿,两腿支持不住,一下栽倒了。急流把他冲了好远,几乎淹死。又一次,他帮人背一捆布。哪知越背越沉,走了几里路,实在背不动了。无可奈何,只得向布贩说了不少好话,倒赔了五文铜钱才算了事。

后来车耀先在狱中给子女写遗书回忆这段艰难的岁月时曾写道:"在这奔波劳碌的三年当中,受了不少讪笑和欺凌、指责和痛骂。没有人同情我,也无人怜惜过我。听其我这个十二三岁的儿童挣扎在饥饿线上。死也、活也,凭自己的命运去闯。纵不想它，也不会忘它。"

童年的艰苦生活锻炼了他坚强的意志，同时也使他深深体验了下层人民的痛苦。

1908年，车耀先刚满十四岁，县城一位发售火柴的商人见他诚实可靠，便介绍他到崇庆州"益盛荣"商号当学徒。这家商号经销火柴，兼营银钱调换。离商号不远有一家书铺，车耀先时常从那里租些小说回来，一有空就看。老板的五叔胡价人是个怀才不遇的读书人，看到这个小学徒居然如此喜欢读书，实在难得，便把他当作弟子，不时加以指点。于是识字读书就成了他每天晚上的功课，《三国》《列国》《聊斋》《西厢》成了他学习的课本。他在崇庆的四年中先后读了几十部小说和历史书籍，养成了爱好读书的习惯。

1911年，四川发生"保路风潮"，揭开了辛亥革命的序幕。各地纷纷成立保路同志会，发动罢市、罢课。革命党人发动了武装起义，组织"同志军"，反抗清朝政府。崇庆州在7月初也宣布罢市，车耀先随胡价人参加了保路同志会的活动。8月初，一支"同志军"开进了崇庆城，把人民痛恨的警察头子"斌太爷"抓来砍头示众，为民除害，大快人心。这件事给车耀先留下了深刻的印象。

车耀先三年学徒期满出师后，被留在商号当"先生"，每月工钱十二串。在经历了辛亥革命的风暴之后，他已不甘于这种平庸生活了，觉得长此下去没有什么出路。这时，胡价人已到"同志军"改编的川军二师八团工作。曾经为民除害的"同志军"对车耀先是很有吸引力的，于是他下决心弃商从军。

二

1912年未满十八岁的车耀先进入川军。当时胡价人在连里当司书,因为眼睛不好,写字吃力,就把他留在连里帮着抄写公文表册。第二年,胡价人被解职回家,他便下连当兵。每日勤学苦练,决心"在奋斗中求出路"。一月后即由二等兵升为一等兵,半年后经过考试升为下士,一年后当了司务长。

在保路风潮中组织起来的"同志军",虽然基本上是自发参加斗争的广大下层群众组织,但其领导成员大多是"哥老会"(袍哥)的首领。当辛亥革命的果实被新的统治者——军阀、官僚窃夺之后,这些"袍哥"首领大多被腐化、收买了。"同志军"被改编,变成了军阀争权略地、镇压人民的工具。这个根本性质的变化,他当时是不可能认识得到的,故仍冒着枪林弹雨,在战场上出生入死。1918年,车耀先升任连长。一次,他在陕南镇巴县被围二十一天,因坚守孤城有战功,得到北洋政府颁发的一枚"文虎勋章"。

车耀先最喜读书,即便行军时也带着书籍,有空就阅读。1922年,他驻军简阳时,认识了原在华西大学读书、后因经济困难而辍学、在简阳福音堂当教师的聂生明,便经常前往求教。聂生明对这位好学深思、热情正直的青年军官十分钦佩,认为"在中国的军人中,车耀先是鹤立鸡群"。聂生明便给他介绍自然科学和文学书籍,也介绍基督教义。他则从经济上帮助聂生明上大学读书。1923年,车耀先在简阳附近贾家场的战斗中头部负了重伤,被丢弃在战场上。聂生明九死一生把他救了出来,护送到成都医治。由于碎骨压伤神经,致使右腿僵直,车耀先成为跛足。

"幼年仗剑怀佛心",车耀先怀着一颗同情人民苦难的"佛心",却得到这样的结果。旧军队的生活,使他看到了军阀混战给人民带来的无穷无尽的灾难和痛苦,痛心之余终于认识到自己"仗"的原来不是为民除害之"剑",而是"屠刀",出入枪林弹雨,只不过是为军阀们的私利效力而已。他愤慨地说:"我的腿是为军阀争洋房、小老婆而残废的!"他要"放下屠刀求真神"。可是这救国救民的"真神"在哪里呢?他在风雨如磐的黑夜里上下求索着。

聂生明给他指引的"真神"是基督教,是《新旧约》。也许基督教能减轻人民的苦难吧?他怀着这样一个天真的幻想接受了基督教的洗礼,并且在军队里传教。他带的一个团的官兵也都成了基督徒。可是"真神"经不住现实的考验。教会中披着宗教外衣的帝国主义分子凌辱中国人民的行为,使他又进一步认识到,什么"博爱""平等",全都是骗人的谎言。这个"真神"既不能救国,也不能救民,他失望了。

直到1924年至1927年的大革命风暴,才给苦闷中的车耀先带来了希望之光。当北伐军打到武汉之后,四川军阀迫于形势,假惺惺地表示拥护革命。1926年12月,川军刘湘所部改编为国民革命军第二十一军。一批政治工作人员,黄埔军校的学生从广州来到刘湘的部队里,其中很多是共产党员。在他们的影响下,"读破新旧约千遍"而未找到出路的车耀先,开始学习共产主义，逐渐明白"宗教不过欺愚民"，只有革命才能救中国的道理。他说："1927年的革命思潮，淘尽了我的宗教信仰，社会主义代替了我的圣经。"他的思想发生了根本的变化，成为以共产党人为领导的重庆莲花池国民党（左派）省党部的真诚拥护者。车耀先被任命为改编后的国民革命军二十一军四师十团的国民党（左派）代表。这时，他的部队驻扎在重庆附近的白市驿，积极支持附近农民反抗土豪劣绅和"团阀"的斗争。四师师长罗仪三对他说："什么打倒土豪劣绅，那些只是宣传嘛，怎么能认真干呢？"但他的确是认真干的。看到刘湘部队挂起革命军的旗号，却保持军阀部队的旧习不改，他很不满意，并在会上公开加以指责，因此引起右派军官对他不满。不久，刘湘与蒋介石勾结，制造了"三三一"惨案，残杀共产党人和革命群众。车耀先怒不可遏，却找不到对策。接着"四一二""七一五"事件发生，蒋介石、汪精卫相继叛变革命，轰轰烈烈的大革命失败了。车耀先感到失望和愤慨，借出席"基督教东亚区大会"的机会离开四川到了上海。

在"基督教东亚区大会"上，车耀先又一次看到控制教会的帝国主义分子对东方被压迫民族的歧视，他愤而中途退出会场。1928年2月，他由上海东渡日本。

在日本的一些展览会上，车耀先看到许多羞辱我国的展览品，如北京的城门、康熙的金龙大炮都被作为战利品陈列着，还看到黄海海战中被击败的中国北洋舰队的图片，甚至青岛也被当作了日本的海军基地而制成模型公开展览。他的民族自尊心受到刺伤，为祖国蒙受的羞辱深感痛心。3月，他回国路过朝鲜，又亲眼看到了朝鲜人民的亡国之痛。进入我国东北境内，日本侵略者气焰之盛更使他触目惊心。他在日记中写道，从安东到沈阳，从沈阳到大连，"俨然如日本之地然"，鞍山铁矿被"日本人日夜开采，可惜！可惜！沿途仍如日本国内情形然，决不似中国之土地"。……"真如一殖民地然。可悲！可恨！"看到日本帝国主义侵吞我国东北的"满蒙计划"正在一步一步进行，有强烈爱国心的车耀先怎能不为祖国的前途忧虑啊！5月抵达上海，换轮船西上。一路上看见日本、英国、美国军舰"纵横于长江，示威于南京"。他在日记中愤慨地写道："帝国主义之威风今已尝之矣！想我党军（按指国共合作领导的北伐军）去年到武汉后，其努力如何之大，其威风震撼全球。今反受日本如此之辱。此何故耶？非反共之过耶？"他对蒋介石背叛孙中山先生的三大政策，疯狂反共，十分痛恨。

这次出游，促进了车耀先思想上的进一步觉悟。他曾经说过："十七年（1928）游历日本、朝鲜归来，甚觉国事蜩螗，对于一切均感不满。"他为祖国的命运、人民的痛苦而心急如焚。他严肃地思考，认真地阅读革命书刊，对中国共产党领导的革命运动有了更深刻的认识。"喜见东方瑞气生"，他从中国共产党看到了祖国的希望。

车耀先回到四川时，新的军阀混战正在酝酿。刘湘提出保送他进陆军大学深造，或者委派他出任县长，他都一一加以拒绝。他已下定决心，同旧的生活决裂，去寻找新的革命道路。

三

1928年冬天，车耀先由重庆回到成都，他在白色恐怖的血雨腥风中加入了中国共产党。"投身元元无限中，方晓世界可大同。"在人民革命的洪流中，他对壮丽的共产主义事业满怀胜利的信心，写下了"愿以我血献后土，换得神州永太平"的庄严誓言。

入党后，车耀先以经营"努力餐"为掩护，参加中共川西特委军委直属的特别小组工作。他利用与刘文辉大邑同乡的关系进了二十四军特别班，在二十四军发展党的组织；以后又担任川西特委军委委员，参加了策动1930年10月著名的"广汉起义"。他还在成都基督教徒中从事统战工作，广泛团结爱国的教徒，以反对帝国主义分子，并引导其中一些人走上革命道路。1930年，教会中的帝国主义分子企图在教会势力集中的成都华西坝修筑围墙，使这个地区成为变相的"租界"。成都人民奋起反抗。车耀先积极参加这次斗争，率领爱国的教徒打着基督教的旗帜示威游行，迫使教会不得不停止筑墙活动。1931年，车耀先发起组织"中华基督教改进会"，提出"自立""自传""自养"的口号，以使教会脱离帝国主义的控制，得到了广大爱国教徒的拥护。

车耀先创办的"努力餐"餐馆

"九一八"事变以后,车耀先积极从事抗日活动。1932年5月9日,他在成都少城公园召开的纪念"五九"国耻群众大会上,发表了慷慨激昂的演说,怒斥蒋介石对外不抵抗的卖国投降政策。反动军警刚入会场捕人,他幸得群众掩护脱险。随即他又发动了援救被捕爱国人士的运动。"三军联合办事处"反动头子向传义密令城防部队于深夜包围"努力餐",逮捕车耀先,但所派之部队为二十四军冷寅东师陈拙修团。冷、陈两人均为车耀先同乡好友,不仅事先通了消息,还让其避往冷寅东公馆,次日凌晨即派汽车将车耀先送往重庆转赴上海。半年后,车耀先始重返成都,但已和党组织失去联系。此后,他曾在刘文辉的二十四军和邓锡侯的二十八军担任上校参谋、副官长以及刘文辉组织的"互助总社"秘书长等职务。在那黑暗的年代,他利用这些职务作掩护,进行了广泛的社会活动,在四川地方实力派中上层人物中建立了许多社会关系。1933年,他从冷寅东处获得搜捕地下党的黑名单,当即多方设法通知黑名单上的同志转移,为保护革命力量作了很大努力。

在这期间,车耀先还在基督教会、"世界语学会"和"注音符号促进会"等社会团体中积极活动,团结了一大批知识分子。他在担任"注音符号促进会"常务理事时,于1935年出版了《语言》杂志,亲自撰写了许多宣传汉字改革的文章,还设计了一套成都话拼音方案。他使用注音符号教努力餐餐馆的工友们识字读书,并通过学术性文章来传播改变不合理的社会制度的革命思想。如他在《实施民众教育的两个先决问题》一文中就指出,如果不首先解决人民的吃饭问题,国民党政府提出的《扫除文盲方案》便一钱不值。而人民的吃饭问题，在国内外重重压迫的现实情况之下，是没有解决可能的。

1934年以后，车耀先在省立成都师范学校和省立女师校任"国音"（注音符号）教员，还主办了几期以小学教师为主要对象的"注音符号传习班"，通过讲课和课后谈话，给学生灌输抗日救国的思想，启发了不少有志青年走上革命道路。其中的许多人成了四川抗日救亡运动的骨干，有的后来还成了党的优秀干部。

在最艰难的条件下，他一点一滴地积聚着革命力量。

四

日本帝国主义的武装侵略，使中国面临亡国的危险，民族矛盾上升为主要矛盾，国内阶级关系发生了新的变化。1935年8月1日，党中央发表了著名的《八一宣言》，号召停止内战，一致抗日；同年12月中央政治局会议进一步确定了建立抗日民族统一战线的政策。四川党的组织虽然由于王明"左"倾冒险主义错误而损失殆尽，但是有一些党员在与党组织失去联系的情况下，仍然在分别进行活动。车耀先便是其中之一。他们从不同的渠道了解到党的号召和新的政策，便积极行动起来，推动四川地区的抗日救亡运动。

1936年10月18日，车耀先以"注音符号促进会"的名义，联合成都四十多个社会团体，发起组织"成都各界救亡联合会"，在春熙路基督教青年会召开了有三百多人参加的发起人大会。临开会时，警备司令部派人前来制止。车耀先晓以民族大义，并与警备司令部直接交涉，获准开会半小时。他代表发起人向大会作报告，痛陈民族危机，声泪俱下，群情激愤，一致决议在一周内正式成立"救亡联合会"。这次大会犹如一声惊雷，打破了笼罩着古城成都的死寂空气。国民党省党部又恨又怕，力图缩小它的影响，下令封锁消息，扣发各报刊的有关报道。车耀先打算以"救亡联合会"名义刊登启事也被禁止。在事实真相被封锁的情况下，10月24日，报上却登出了一条取缔"救亡联合会"的新闻，荒唐地提出："省党部以其既未立案擅行集会，难免无其它企图。电呈中央请示办法，复电饬转知地方当局取缔。"

什么"难免无其它企图！"不过是秦桧"莫须有"的翻版。车耀先强压住满腔怒火，以锋利之笔写了一篇《发起救亡会的经过》，刊登在11月出版的《活路旬刊》和《语言》杂志上。他愤慨地写道："我们以为世界上最正大的事业，就是爱国救亡……立志救亡固不敢作'传谕嘉奖'之想，而赤心不致有'其它企图'之嫌。……不然，爱国者变为犯法人，国事尚堪问耶？国亡尚有日耶？"

同时，他还在《语言》杂志上刊登了《救亡联合会经过纪实》的新闻特写，用事实揭露国民党的谎言。

"救亡联合会"虽然被取缔了，车耀先却没有停止抗日救亡活动。他积极支持由韩天石、胡绩伟、周海文等创办的救亡刊物《活路旬刊》；从"努力餐"楼上自己的住房中腾出一间房子供编辑部使用，并在编辑方法、稿件选择、版面设计等方面给以帮助。《活路句刊》在 1936 年 11 月初创刊，出了三期便被迫停刊。于是车耀先决定自己出面办一个刊物，让该刊中的一群青年转移到新的阵地上来。他在《答友人的一封信》中说过这件事的经过："十一月本市即有几个青年办的《活路句刊》出现，我竭力扶助，期为民众喉舌。殊案未立准即有查封之谣……这些热血爱国青年，既不准他们起而行，又不许他们坐而言，我们稍有良心血性的人，还能忍视下去么？我才愤然作个呈文，中有站在民众立场，吁请政府团结御侮；强化民族意识，拥护中央抗战救亡，大声疾呼，唤起民众等语……"这便是四川抗日救亡刊物中读者最多，影响最大的《大声周刊》。

正当车耀先着手筹备《大声周刊》的时候，发生了震动中外的"西安事变"。国民党报刊大肆造谣诬蔑，发出一片"平叛""讨伐"的鼓噪。由于国民党封锁事实真相，散布谣言，广大群众认识不清。即使在进步青年中，思想也相当混乱。车耀先每天晚上用他那台半旧的收音机收听西安电台的广播，并且记录下来。为了把"西安事变"的真相及我党中央和平解决西安事变的方针告诉群众，揭穿国民党的欺骗宣传，他决定让《大声周刊》尽快出版。参与筹备的同志鉴于当时形势十分紧张，建议稍缓时日。他激动地说："正是在这样的时候，需要我们出来大声疾呼。如果你们害怕，我一个人也要干！"

这时，以刘湘为首的四川地方势力与蒋介石的中央势力矛盾日益加深，刘湘逐渐接受了中国共产党"联合抗日"的主张。12 月 31 日，地方势力控制的四川省政府批准了《大声周刊》立案。1937 年 1 月 17 日，《大声周刊》克服重重困难而诞生了。

五

《大声周刊》由车耀先担任社长，社址设在祠堂街"努力餐"楼上车耀先家中。车耀先不仅要为《大声周刊》筹集经费，而且还要负责编辑工作，亲自撰写社论、短评和一周时事述评。他的文章简短精练，锋利生动，很受读者欢迎。

《大声周刊》坚持宣传"对内和平，对外抗战"的主张，与国民党臭名昭著的"先安内而后攘外"的投降政策针锋相对。《大声周刊》创刊号即以孙中山的临终遗言"和平！奋斗！救中国！"作为社论的题目，揭露汉奸亲日派要以武力讨伐张、杨，挑起大规模内战，实现"以华灭华"的阴谋。

车耀先还写了《宣传与谣言》一文（署名"笠盟"），转引了西安电台广播、外电报道等有关"西安事变"的十九条新闻资料，其中包括张、杨抗日救国八项主张，西安事变的经过，蒋介石发言人宣布蒋介石接受张学良、杨虎城八项主张，作出六项许诺等报道，把"西安事变"的真相告诉了读者。他还用"安步"的署名写了短评《我们希望于汪先生者》，一针见血地戳穿了汉奸亲日派头子汪精卫"麻醉国人，缓和抗日情绪的欺骗措辞"。

在以后各期，《大声周刊》还陆续发表了《中共中央调停陕变通电》《西安事变张杨对时局主张之通电》，以及《和平解决陕事》《彻底统一和真正抗战》等一系列文章，为实现国内和平做了积极的工作。

《大声周刊》以建立抗日民族统一战线作为宣传中心，刊载了《中共中央致国民党三中全会电》，宋庆龄、何香凝向国民党三中全会提出的关于恢复孙中山先生三大政策的提案，还发表了《我们对三中全会之期望》等六七篇文章，阐明团结抗日的重要性。

《大声周刊》的言论使读者耳目一新，受到广大群众，特别是爱国青年的热烈欢迎和拥护。国民党反动派则十分仇恨和恐惧。可以说，不论正面或反面的反应都非常强烈。如车耀先所说："或许声音太大的缘故，惊动了党政军民之中的工、农、商、学、朋友、非朋友；识者不识者，口头的，文字的，警告、威吓、恐怖，自然，也有赞成和佩服，勉励和安慰。一天数起或数十起，反应之大而且速，据说这是办刊物最成功的事。这与其说是《大声》的成功，不如说制箝舆论的失败。与其说《大声》大胆，不如说少见多怪。"

国民党省党部急忙派遣特务监视车耀先。其中一个大邑人用同乡的名义每天登门"拜访"，赖着不走，直至深夜才离去；同时，放出种种流言，进行恐吓。车耀先在《答友人的一封信》中说到当时的情况："到本年1月17日，一般人目为胆大心粗的《大声周刊》才与读者见面，啊呀！不得了哪！什么反动刊物啊！共产党的宣传哪，人民阵线啊！某公的喇叭呀！什么手段对付呀！'努力餐'楼要变为大川饭店哪！多多多，凶凶凶！怎么办？怎么办呢？"

早已把生死置之度外的车耀先，尽管每天听到传说要砸他的餐馆，要抄他的家，要逮捕、暗杀他，均泰然处之。"只要政府愿蹈北洋军阀的覆辙我亦步邵飘萍的后尘!"这就是他的公开回答(见《大声周刊》第十期,《车耀先答友人的一封信》)。

车耀先在惊涛骇浪之中奋斗着。《大声周刊》出到第十三期,4月17日,国民党中央便加以"消息言论多不正确"的罪名,悍然下令查封,并派人到"努力餐"楼上抄走刊物数百份。参加《大声周刊》工作的同志受到打击,很气愤,心情沉重。车耀先却指着被抄得乱七八糟的编辑部,幽默地说:"来,来,来,给它照张相,留个纪念!"然后,他提出了一个方案:换个名字,换个地方,继续出刊。在他的鼓舞下,同志们斗志更旺。"大声"更名"大生",在暑袜街租了一间房子作社址。5月8日,《大生周刊》和读者见面了。为了不引起敌人注意,编辑兼发行人用了余路由的名字,写稿人也都改用新的笔名。但是,"面目虽然不同,声音却是一样",读者更加扩大。《大生周刊》还转载了斯诺的《一个美国记者的苏区访问记》,一扫国民党反动宣传对共产党和红军的造谣诬蔑,让广大群众了解共产党领导的人民革命运动的真实情况。

国民党警犬的嗅觉十分灵敏,不久便发现了这是《大声周刊》的"伪装"。6月5日晚上,《大生周刊》出到第五期,国民党当局便以"更名出版,言论更为荒谬"的罪名第二次下令查封。车耀先没有气馁,随即在东御街租了一间房子,将"大生"化名"图存"。7月9日,在卢沟桥的炮声中,《图存周刊》出刊,依然大声疾呼:要求全面抗战,反对妥协退让。当时国民党还在幻想与日本侵略者妥协,继续退让。因此,《图存周刊》的声音仍然为国民党所不能容忍,仅仅出了三期,又被查封了。

六

1937年3月14日，由《大声周刊》等三十六个团体联合发起，成立了"成都各界救国联合会"。车耀先派周海文代表《大声周刊》和他本人参加了成立大会。七七事变之后，"成都各界华北抗敌后援会"成立，车耀先被推选为"后援会"的负责人之一。由于盼望已久的对日抗战终于实现，他兴高采烈，精神格外振奋，每天很早就到后援会去参加会议，讨论工作。接着"成都文化界救亡协会"等救亡团体纷纷成立，成都的抗日救亡运动终于冲破国民党当局的压制和阻挠而轰轰烈烈地开展了起来。车耀先是成都抗日救亡运动的中心人物之一，在群众中有很高的威信和号召力。他充满爱国热情的演讲、精辟而生动的谈话，鼓舞了不少人投入抗日救亡的洪流，启发了不少青年走上革命道路！

在《图存周刊》被查封之后，车耀先又为《大声周刊》的复刊而不屈不挠地斗争。国民党当局一拖再拖，最后不得不给了一个"姑准复刊"的批复。1937年11月5日，《大声周刊》复刊，旗帜鲜明地宣传党动员一切力量，争取实现全面抗战的路线，反对国民党的片面抗战路线。在大力宣传坚持抗战到底，反对妥协投降的同时，还要求国民党实行政治民主，开放群众运动，改善下层人民的生活。《大声周刊》的复刊词明确指出："我们为着民族独立，自然要展开抵抗侵略的解放战争，但同时，不进行民权自由和民生改善，这一战争是没有胜利把握的。"

《大声周刊》高举抗日民族统一战线的旗帜，同一切破坏团结的言行坚决斗争。这时，国民党顽固分子利用汉奸、特务、叛徒叶青之流，造谣挑拨，叫嚣什么维护国民党"一党专政"，要共产党解散组织，取消陕甘宁边区，妄图瓦解统一战线，从根本上破坏抗战。《大声周刊》及时组织各界人士和读者发表一系列文章对"一党专政"的谬论严加驳斥。车耀先为此写了《不要中敌人毒计——挑拨》《谨防离间与妥协》《党争不停，武汉不保》等著名的评论。他写道："我们抗战获得最后胜利的唯一条件，就是把四万万五千万同胞团结起来，共同对付我们唯一的敌人。我们的抗战所恃者在此，敌人的侵略所惧者亦在此。因之，愈使我们团结的愈好，愈使我们分裂的愈不好。……汉口某报（按指国民党的《扫荡报》）的一党专政问题之提出，其来源是否出自敌人不得而知，可是在客观上很有被敌人利用而施展它一贯的毒计的危险。"他痛心地指出："敌人想方设法以挑拨，离间之手段，从而分化之，破坏之。务期达到'以华制华'之目的而后已。……不图丧心病狂者流，既知陷阱而必蹈之，不曰'一党专政'，便曰'阳奉阴违'……大有国亡事小，党争事大之势。呜呼！山河破碎，尚欲内讧，稍具天良，能如是耶？"

《大声周刊》还报道各地的救亡活动，发表讨论救亡工作的文章，对全川各地的救亡运动起了积极的推动作用。《大声周刊》还发表了来自"抗大""陕公"的通讯，吸引了许多青年奔向延安。车耀先还帮助不少青年解决具体困难，以实现到延安的愿望。

《大声周刊》多次组织慰问抗战军人家属，分送"杀敌光荣"铜牌，还发起和办理"防毒募捐"，以支援在敌后英勇抗战的八路军。大声周刊社以读者为基础组织了"大声抗敌宣传社"，由车耀先担任社长，发展社员一千余人，成为四川抗日救亡运动的一支重要力量，其中许多人后来加入了中国共产党。

车耀先把《大声周刊》作为党在国统区的一块宣传阵地，倾注了自己的全部心血。

七

1937年12月，中共四川省工委成立，车耀先经党中央批准，恢复组织关系，后由罗世文直接联系。1938年3月以后，《大声周刊》也建立了党的支部。由胡景祥任支部书记，分担了车耀先的担子，使他能以更多的时间和精力从事统战工作。

车耀先善于联系群众，能接近各式各样的人物，他喜欢与人商量问题，从不以一己之见强加于人；他对人热情，好帮助人，急人之急。人们乐意与他接近，所以他联系的群众十分广泛。他和他所主持的《大声周刊》为扩大和巩固四川的抗日统一战线做了大量的工作。当时人们戏称他为统一战线的"线长"，赞誉他是标准的统战人才。大声周刊社也被誉为"统战部"。大声周刊社经常召开各种座谈会，邀请各界人士一同讨论时局，通过讨论使党的主张化为群众的共同意见。当时，四川地方势力与国民党中央之间矛盾很深。他协助罗世文在地方势力上层人物中开展统战工作，推动四川地方军人支持抗战，巩固统一战线，抵制投降分裂的逆流，而不去附和蒋介石的反共政策。他介绍一些进步学者教授，如邓初民等经常给四川地方上层人物分析国内外形势，帮助他们认清方向。当林伯渠、吴玉章等回延安经过成都时，车耀先联络"青年记者协会"等群众团体，排除国民党的阻挠，召开了有各界代表人物数百人参加的欢迎会，请他们介绍陕甘宁边区的抗战工作，阐明党的主张，以扩大党的影响，用事实揭穿国民党的造谣诬蔑。

1938年4月，车耀先发起成立"中苏文化协会成都分会"，以广泛团结进步力量。国民党顽固分子十分忌恨，千方百计进行破坏，在召开成立大会前夕，车耀先和其他许多应邀到会者都接到了油印的恐吓信，有的写着："……中苏文化协会成立，将有炸弹表演，台端幸勿参加……"有的写着："查台端在社会已经取得了崇高地位，近竟自甘堕落，受五等政客车耀先之利用，……同人等警告台端，应即日声明脱离车耀先之领导……"车耀先接到恐吓信后毫不动摇。他和胡景祥一道按时前往青年会楼上开会。国民党复兴社分子纠集反动学生一百多人挤进会场，车耀先刚一宣布开会，他们便蛮横地要求"集体入会"，鼓噪捣乱，使成立大会无法进行下去。与会者含着眼泪高唱《义勇军进行曲》而散。事后，车耀先写了《如是风波》一文（《大声周刊》复22号），向全社会公开揭露这伙丑类的无耻行径。几经波折之后，"中苏文化协会成都分会"才得以成立。而在商议分会负责人选的一次筹备会上，国民党"复兴社十三太保"之一的邓文仪亲自出马,带着武装卫士到会,硬要以反苏反共的国民党党棍程天放为会长,反对筹备会推选张澜为会长,而且不同意七名理事中,地方人士占四名。车耀先坚决反对,据理力争。邓文仪恼羞成怒,抽出手枪气势汹汹地对准车耀先。车耀先毫不畏惧地说:"我是当兵的出身,这玩意见得多了,吓不倒我!"邓文仪无法得逞,中途退席而去。

车耀先在群众中有巨大的影响,被邓文仪之流视为眼中钉、肉中刺。国民党特务在"努力餐"餐馆对门开设了一家面食店,日夜窥探着他们的动静,而且不断放出流言,说什么车耀先逃跑了,被暗杀了,"行政院"下令通缉了,等等。不少亲友为他的安全担心,有的劝他"不要再干了"。车耀先幽默地说:"如果爱国硬是有罪,抓我去坐牢,正好还我的书债。我买了这些书,还没有时间看哩。"

1938年七八月间,正当日本侵略军进攻武汉的紧急时刻,国民党不仅不支持动员人民起来保卫武汉,反而在一些地方取缔救亡团体。《大声周刊》也于8月13日被勒令停刊。在《大声周刊》停刊号上,车耀先写了一篇义正词严、有理有节的停刊词,揭露了国民党政府的倒行逆施。

本刊自去年1月15日创始以来,即本着"对内和平,对外抗战"大声疾呼,中间虽几经挫折而对原来的主张仍一贯不变。及至去年11月5日奉到四川省政府"姑准复刊",正式复刊以来,又本着巩固团结,抗战到底唤起民众。对于抗日战争,虽无多大贡献;而于救亡运动亦不无小补。究竟何负于国家？何碍予当道？

本刊前后共出六十一期，约百数十万言。自信：无一字出乎三民主义范围；无一字离开民族国家利益；即每周呈阅之党政机关，亦无一字之指摘。不知何故，屡受处分。而破坏民族统一战线与专事挑拨漫骂不谈抗战建国之刊物，皆核准发行；对于热心爱国努力救亡之本刊反几次查禁。不卜我党政诸公是否悉将各刊披阅比较？是否根据三民主义原则与抗战建国纲领为可否发行之批准标准？若以无稽之谈，门户之见作为取舍，则何以临事？何以服人？

本刊之创始与复刊，省府均有指令，中途发生查封，党部递有呈文。呈文至今未批，指令当然有效。今忽勒令停刊，令人莫明其妙。言论自由？言论自由！

今后仍本救亡天职，大声呈请复刊。与其无理服从，何若据理力争，爱国同胞，其助我乎！

然而，武汉失守以后，蒋介石采取消极抗战、积极反共的方针，更加强化了他的法西斯特务统治，加紧进行反共反进步力量的活动。《大声周刊》的复刊已不可能实现了，像抗战初期那样公开进行群众性的抗日救亡活动也不可能了。车耀先在1939年7月15日给大女儿车崇英的一封信中分析了当时的形势："抗战又踏上较严重的阶段，就是投降派以反共口号掩饰他们由破坏团结而中途投降的阴谋。因之专门有人制造摩擦，扩大摩擦，我们在此时期，宜表面沉寂，充实自己，切勿再惹人注意。我呢,就正在这样做啊!"

"表面沉寂"并不意味着停止战斗。车耀先仍然利用一切可以利用的机会,进行合法斗争。1939年9月,经过共产党和各党派民主人士的提议,在国民参政会通过了要求国民党政府实行宪政的决议。国民党为了改善自己的法西斯形象,也打起"实行宪政"的幌子大搞欺骗宣传。车耀先利用这个机会,广泛团结民主人士,在成都积极推动"宪政运动",编写了《宪政运动问答》《宪政金钱板》,举办"宪政演讲会""宪政研究会",将宪政宣传变为启发人民觉悟,向国民党要求民主权利的武器。国民党见势不妙,慌忙抛掉了"宪政"的幌子。

八

1939年冬至1940年春,蒋介石在与日本侵略者暗中进行媾和试探的同时,为了扫清投降的障碍,发动了第一次反共高潮。1940年春,特务头子康泽率领他的反革命别动队到成都阴谋策划,妄图一箭双雕,既打击我党和一切抗日进步势力,又破坏四川地方实力派与我党之间结成的统战关系。于是康泽师承希特勒"国会纵火案"的故伎,炮制了"成都抢米事件"。3月14日,国民党特务暴徒两三百人化装为贫民,闯进四川地方实力派潘文华的银行仓库抢米,砸毁银行,然后捏造了"共产党煽动群众抢米,破坏抗战后方"的谎言,强迫四川地方实力派同意逮捕共产党员和爱国民主人士。川康特委以局势紧张,布置一些同志撤退和转移。但有的同志对局势的严重性估计不足，认为还可以坚持下来，没有转移。

3月18日晚上，风雨交加。"努力餐"和《新华日报》成都分馆所在的祠堂街一带停电。特务在暗中包围了这一地区，八九点钟时，以八路军代表的公开身份驻成都的罗世文回《新华日报》分馆，被暗藏在附近的特务绑架而去。11点钟，特务又捕走了《新华日报》分馆负责人洪希宗。半夜一点钟，特务到"努力餐"敲门，谎称："老板，有电报。"餐馆工人开门，特务蜂拥而入，用手枪指着工人问"老板在哪里？"车耀先披衣下楼，知道出了事，镇定自若，大声对特务说："我是车耀先。"特务狞笑着说："省党部请你去，有点事，很快就回来。"另一伙特务则上楼搜查，搜去了两封信和几本书。车耀先穿上袍，带了棉衣、棉鞋大声对特务说："不用绑，我自己去。"

国民党特务在成都大肆搜捕。先后抓了十多人，其中有参加过《大声周刊》工作的薛特恩和唐介舟。军统特务头子戴笠急忙由重庆飞成都，亲自审讯。戴笠一再表示，只要承认"抢米起义是共产党上级指使"，便可立即释放，可是被捕的同志坚贞不屈。戴笠什么也没有捞到。

南方局及时指示川康特委以成都市委名义散发《为抢米事件告成都市民书》，公开揭露了国民党嫁祸于中国共产党的阴谋。周恩来代表党向蒋介石提出抗议。戴笠无计可施，将罗世文、车耀先以及原刘湘的顾问郭秉毅等人押到重庆，其余被捕的十多人则"就地处决"。这些同志临死不屈，被活埋于龙泉驿半山上。

九

　　车耀先和罗世文被押解到重庆后,囚禁在军统望龙门监狱。戴笠妄图打开一个缺口以破坏四川党的组织。他见严刑拷打达不到目的,便改用"软化"的办法。听说车耀先对主张抗日的冯玉祥比较尊敬,便向车耀先表示,只要他发表一介声明,就请冯玉祥介绍他加入国民党,并委派他出任四川民政厅厅长。车耀先断然拒绝,表示"宁死也不同意"。为了将敌人的这一阴谋和自己"以死拒之"的决心告诉外面的同志,以免敌人冒用他的名义混淆视听,他避过敌人的监视,写了一封信,通过一位在狱外街道上捡拾垃圾的贫苦老妇人,将信带给了住在两路口的友人周趣涛,请收信后在《中央日报》或《扫荡报》上刊登广告,使他放心(因为狱中只能看到这两家国民党官办报纸)。周趣涛按照信中的暗示,转告了曾家岩50号"八路军办事处",并在5月10日、11日两天的《扫荡报》人事广告栏登出了这样一则广告:"一兮兄:来信收到。均照办。速将住地及近况告知为盼。棣佛"("一兮"是车耀先使用过的一个笔名)。

　　然而,外面的同志却再也未能接到车耀先的片纸只字了。车耀先既未"软化",也不"转变",只是狱中生活启发了他,要利用牺牲以前的一段时间,给子女写一封遗书,把自己走过的道路告诉他们,教育他们继承遗志。他在遗书的开头写了一段含义深远的话:

民国二十九年三月，余因政治嫌疑被拘重庆。消息不通，与世隔绝。禁中无聊，寝食外辄以《曾文正公家书》自遣，遂引起写作与教子观念。因念余出世劳碌，磨折极多，奋斗四十年，始有今日。儿女辈不可不知也。故特将一生之经过写出，以为儿女辈将来不时之参考。使知余：出身贫苦，不可骄傲；创业艰难，不可奢华；努力不懈，不可安逸。能以"谦""俭""劳"三字为立身之本、而补余之不足；以"骄""奢""逸"三字为终身之戒，而为一个健全之国民，则余愿足矣。夫复何恨哉？

由于身处牢狱，时时在敌人监视之下，遗书不能不写得隐晦一些，但是字里行间仍然流露着矢志不移的革命情操。"奋斗四十年，始有今日"，表明他对于自己经过艰苦曲折而终于走上革命道路是何等的自豪啊！"今日"身陷囹圄，面临死亡，他毫不后悔。虽然留存下来的遗书只有叙述童年和少年时代的残篇，但是从那幽默的语调中，仍然使我们不难想象他当年在那阴暗的牢房里，在死神的阴影下，从容不迫含着微笑叙述往事的情景。

半年的时间过去了，戴笠用尽心机都是枉然。车耀先始终没有暴露自己的共产党员身份，也拒绝为国民党工作。戴笠黔驴技穷，将车耀先和罗世文一起转押到军统息烽监狱，长期关押。

六年的漫长岁月，每一天都是一场特殊的战斗。车耀先和罗世文一道，坚持狱中斗争，不为敌人的淫威所屈，不为敌人的花言巧语所动,一次又一次挫败了敌人的阴谋诡计,表现了共产党人坚贞不屈的崇高革命气节和浩然正气。

1941年3月,息烽监狱从在押人员中提出一些人担任狱中工作,车耀先也被提了出来。监狱长周养浩同他个别谈话,装出一副"友好"的态度,希望他"将确实的政治身份,据实以告"。车耀先一眼看穿敌人的诡计,立即回答

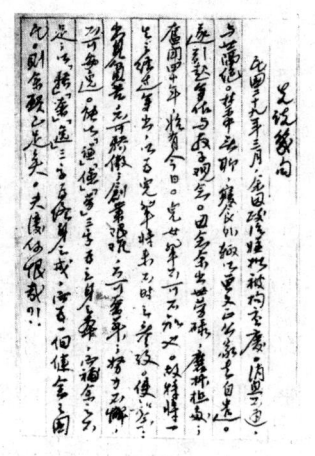

车耀先在狱中写的自传中的前言

说:"我不是共产党!只是站在国民之立场,从事抗日救亡。"说到要他出来工作,车耀先抢先说:"我是个军人,少年读书不多,很想借此机会多读一些书,最好能让我管理图书。"周养浩答应他管理图书,但却另外派了一个在押的军统特务暗中监视。

狱中堆存了几千册各式各样的图书,其中有许多是难友们入狱时被没收的进步图书。车耀先将这些进步书籍加以修补,有的换个不显眼的封面,混杂在一般图书中编号出借。有的在扉页还写上"文优纸劣,特请珍惜"八个大字。在押的军统人员和复兴社分子向监狱长密报车耀先将"反动"书刊出借,是有意在狱中宣传共产主义。周养浩去问狱中管"教务"的文光甫。文光甫因系"第三党"成员而被关押,车耀先平日常与他摆谈,相处很好。文光甫便说,借书的事,车耀先事前向他谈

过，他觉得那些书没有什么，将这件事遮掩过去了。许多进步图书得以在狱中广为流传，给难友们以难得的精神食粮。狱中原来只有国民党官办的报纸，车耀先利用管图书的机会，增订了一些民办的报纸和进步报刊，如《华西日报》《华西晚报》以及后来的《民主报》《民主联合刊》等等。所以，自从车耀先管理图书以后，狱中看报借书的人便多了起来。久禁魔窟中的难友们，得以知道外边的一些确实消息，看出反动派日趋崩溃的形势，坚定了斗争的信心。遇有重要消息，车耀先便写在纸条上，将线装书拆开，把纸条夹进去再订上，然后，交给一个叫杨文富的兵夫，送到指定的牢房交给指定的人。杨文富是附近的贫苦农民，被国民党抓来当兵夫。经过车耀先的争取，他常常帮助车耀先传递图书。车耀先把这个小小狱中图书馆办成了难友们的精神食粮供应处和通讯联络站。

车耀先知识广泛，诙谐健谈，他利用一切机会和难友们摆谈，以幽默而有风趣的谈话在狱中传播革命的乐观主义精神。他在谈话中非常自然地插叙一些古今中外忠臣义士和革命者威武不屈的事迹，使听者深受鼓励，精神振奋。

车耀先好学不倦，在狱中仍坚持自学。除了继续学习过去已有一些基础的英语外，还向罗世文学习俄语。他利用"坐牢"的时间努力充实自己，准备出狱以后更好地为党工作。

1944年冬天，日本侵略军从广西直逼贵州独山。车耀先和罗世文一起被转移到遵义，战局稳定后又押解回息烽监狱。特务肖某对他威胁说："你要赶快自首啊！"车耀先冷冷地回答说："我不懂得什么叫自首。"特务说："你不自首，一辈子都出不去。"车耀先轻蔑地说了一句话："出不去就算了！"特务只有干瞪眼。

罗世文和车耀先被捕后，我党中央多次与国民党交涉，要求释放，均被国民党顽固派拒绝。抗战胜利后，参加"政治协商会议"的中共代表团再次提出释放政治犯的要求。国民党谎称罗世文、车耀先已病逝狱中。为了遮掩谎言，戴笠一方面密令将罗世文化名"张世英"，车耀先化名"田光祖"关在重禁闭室，隔绝了他们与外界的接触。另一方面，继续玩弄"软化"的花招，妄图一逞。1946年端午节，特务头子假惺惺地说"每逢佳节倍思亲"，邀请罗世文、车耀先赴宴，被他们严词拒绝。特务们气急败坏，竟使用强迫手段将他们押赴宴会。车耀先和罗世文沉默而愤怒地站在丰盛的席前，看也不看一眼，怒斥敌人，再一次挫败了敌人软化的阴谋。

1946年7月，车耀先和罗世文被转押到重庆"中美特种技术合作所"白公馆监狱。蒋介石全面发动反共反人民内战后，下令秘密杀害罗世文和车耀先。1946年8月18日，车耀先和罗世文一道昂首走向刑场，国民党特务借用美国提供的武器将他们杀害于松林坡，并浇上汽油，焚毁了遗体。

"愿以我血献后土，换得神州永太平。"车耀先以自己的宝贵生命实践了这庄严的誓言。

车耀先烈士塑像

程子健

◎中共四川省委统战部党史征集办公室

程子健

程子健（1902—1973），1923年在法国加入中国社会主义青年团，1924年7月回国，在社会主义青年团重庆地委工作，1925年转为中国共产党党员。在五十年的漫长革命生涯中，他勤勤恳恳地在自己的故乡——四川的土地上工作。他是四川早期党的领导干部，参加过四川地方党组织的筹建。1925年中共重庆地方委员会（即省委）成立，他即任地委第一届工委书记，长期从事工运和军运工作。二十世纪三十年代曾任过四川省委书记。新中国成立后一直领导西南和四川的统一战线工作，为贯彻党的统一战线政策，呕心沥血，鞠躬尽瘁。

程子健原名程秉渊，字心浦，党内化名秋霞。1902年10月28日出生于四川荥经县。荥经地处川康边陲，交通不便，消息十分闭塞。程家几房人合伙在城里经营了一家卖糖食和水烟的商店。他家住在县政府隔壁，离劝学所很近。他七岁入学，十二岁高小毕业。当地无中学，他就参加水烟糖果店售货，因为是自家子弟，待遇上优于一般学徒，他就利用业余时间自学。1917年，程子健已是十五岁的少年，抱着强烈的求知欲，渴望到省城升学。恰好这时一个小学同学从成都来信，提到吴玉章在成都倡导留法勤工俭学，开办了一所留法勤工俭学预备学校，鼓励程子健上成都投考，并抄寄了一份招生简章。入学条件是：凡年满十四岁以上，自愿赴法国留学，缴纳会费一元，取得留法勤工俭学会会员资格者即可入学，学习法文。他是个有抱负的人，早将在商店工作的收入积攒起来，准备有机会上成都另谋出路。现在既有勤工俭学的机会，能到文化昌盛、科学发达的西欧国家去学习，又无须家庭资助，这真使他喜出望外。征得家长同意后，他立即准备行装。1919年秋，程子健来到省城，如愿以偿地进了留法勤工俭学预备学校第二期。这个身体瘦小却十分敏捷的青年，对人生充满了热情和希望，在生活的道路上开始了新的起点。

1919年五四运动掀起的反帝反封建的革命风暴，席卷古老的蜀都，在留法预备学校学习的学生，一面抓紧学习法文，准备留学考试，一面积极参加以抵制日货等为主要内容的爱国运动。当时有十三个思想进步的同学，受俄国十月革命的影响，取"劳工神圣"的意义，组成"劳人团"，程子健是积极参加者。这个团体在他们到法国后还存在，直到1921年5月才宣布解散。以后十三个同学中有十二人在法国参加了中国社会主义青年团，均先后转为中国共产党党员。

在成都学习期满，省政府不同意补助旅费，要学生自筹。这对程子健来说是十分困难的，他只好求告父母四处借贷，好不容易才凑足两百元旅费。1920年11月下旬第二批四川留法勤工俭学的学生乘"智利"货轮赴法，1921年1月上旬抵法国马赛。这时正值法国经济不景气，找工作很困难。克来棱的史来德公司是半机械化制造武器的工厂，需要大量的散工，每日工资五法郎，仅够吃面包。程子健经济无来源，急于觅得工作，就随四川同学到了克来棱，在轧钢车间当散工。这是一个高温车间，工作是用长把铁钳，夹着几十公斤到百多公斤的钢

1923年5月15日，法兰西北省度爱矿校纪念，坐者左一为周恩来，立者左一为程子健

材飞跑，不仅劳动强度大，且有危险。程子健来到法国原想能进学校深造，谁知竟在这里啃面包、喝自来水，累死累活干了两年多散工。1923年4月才进了巴黎电影专门学校，说是学习放映和摄制电影，实际进了一次短期放映训练班，三个月毕业，又到巴黎奈罗汽车厂当磨工和车床工。年底，由同厂工作的同学吴琪介绍加入中国社会主义青年团。

1924年7月回国，在上海由党中央负责人邓中夏接见，派回四川。到重庆与团中央特派员萧楚女接上关系，分配在社会主义青年团重庆地委职工运动委员会工作。这时他刚从法国回川，尚无固定职业和生活来源，他想用法国学到的电影放映技术，开办一所电影院，既有社会职业、生活来源，又可利用放映电影宣传革命。他这个想法经团地委同意，便约了三个留法同学，联系了一个药材商人，集资在重庆打铁街开办了社育电影院，以后又在成都总府街筹办了智育电影院。1926年春为支援綦江东溪米案募捐，社育电影院还放映他从法国带回来的一套幻灯片。这是四川最早的两个电影院，他长期以此为社会职业掩护革命活动。因为经营电影院，得和一些工商界人士交往，他不得不常常穿上旧西装出入交际场所。当时有的同志开玩笑说："程秉渊是穿着西装做工运。"而这位西装青年却是法国史来德公司和奈罗汽车厂卖过三年多苦力的工人。这一段生活使他熟悉工人的生活和疾苦，以后成为四川最早的工运领袖。他担任过中共四川省委、四川省工委、川西特委、川康特委的负责人，领导四川的工人运动前后达九年之久。

1926年春，中共重庆地委成立，程子健任工委书记，他积极深入工人群众开展宣传和组织工作。1926年重庆成立工会，冉钧任委员长，程子健任副委员长，在市总工会的领导下，各行业纷纷成立了赤色工会，有三百多个基层工会组织，工会会员最高达一万七千多人。1926年4月，他领导了重庆启渝印刷公司工人的罢工斗争，5月领导了重庆工人反对军警镇压五一集会游行的罢工斗争。1926年10月，成都也成立了市总工会，积极开展了成都地区的工人运动，推动了自流井、泸州、顺庆等中等城市的工人运动的发展。1926年万县九五惨案发生后，他立即领导重庆工人组织了"雪耻会"，抽调六十多个优秀的青年工人组成重庆雪耻会工人纠察队，主要任务是宣传发动市民拒用英日仇货，在码头、仓库检查、封存、销毁仇货，维持社会秩序，查办不法奸商等。这六十多人分为四个小队集中住宿，他利用这一机会除进行军事操练外，还亲自为他们上政治、文化课进行培训。

1927年，蒋介石勾结四川军阀在重庆制造了屠杀共产党员和革命群众的"三三一"惨案。一部分同志转移到成都，加强了中共川西特委的领导力量。程子健也到了成都，在川西特委负责组织工作。当时四川军阀全力围攻刘伯承领导的泸顺起义，解散各地的革命群众团体，逮捕了一些革命团体的领导人和积极分子，白色恐怖笼罩全川。川西的革命人民并没有被四川军阀的血腥镇压所吓倒，在中共川西特委的领导下，开展了各种斗争，使川西地区的革命形势反而得到蓬勃发展。许多学校建立了党团组织，并以党团员为核心，组织和发展了一批进步青年组织，开展了争取教育经费独立的运动。全市工人群众开展了反对国民党反动派解散革命的市工会，对反动派操纵的省、市工会进行了短兵相接的斗争；还在社会上广泛发动各阶层人士，开展了反对军阀滥制劣币的斗争。他作为川西特委的主要负责人之一，参加了各项运动的具体组织领导工作，并注意培养各项斗争中涌现出的积极分子，从中发展党、团员。这个阶段是成都地区党、团组织发展较快的时期。

1930年，盘踞重庆的刘湘在二十一军军部成立了"清共委员会"，大肆捕杀共产党人，在全川制造白色恐怖，特别恶毒的是利用叛徒破坏地下党组织。省委主要领导同志刘愿庵、穆青、程攸生、邹进贤、李鸣珂等于三四月先后被叛徒出卖壮烈牺牲，省委机关遭到破坏。战友们牺牲的噩耗传到成都，程子健感到十分悲痛，但大无畏的共产党人，并没有被敌人的残酷屠杀所吓倒。当重庆急电调他前去工作时，他明知重庆环境险恶，却立即赶到重庆，同罗世文、饶耿之等积极筹组了中共四川临时省委，程子健任书记，在危难之际毅然挑起领导全省革命斗争的重担。正当革命艰苦危困的时刻，中央派余乃文来川传达全国举行武装起义的决定，四川省委立即将党、团、工会合并，成立各级行动委员会，程子健任行委主席。当时省行动委员受"李立三路线"的影响，对全川形势作了错误估计，认为四川军阀连年混战，自顾不暇；四川党团组织得到恢复和发展，川东游击队在万源、城口，四川工农红军二路游击队在丰都、涪陵坚持游击，开展武装斗争，因而已经具备了大搞武装起义的条件。于是，布置各地发动兵变、农暴，拟组成十七路游击队。在这期间，先后发动了江津、合川、广汉兵变，丰都、梁山、荣县农暴，在自贡发动盐业工人政治同盟大罢工等斗争，但均遭失败，使革命力量受到很大损失。刘湘继续利用叛徒在重庆四处抓人，省委饶耿之等领导同志又先后被捕牺牲。程子健因长期在重庆战斗，叛徒多认识他，住处要经常转移。当时省委也难以在重庆继续活动，年底被迫再迁成都。这一段时间行动委员会斗争失败的教训是特别深刻的。

后来他到上海向中央汇报工作时，沉痛总结和检讨了这一阶段时间的错误。后来每提到这个时期斗争中的人和事，特别是盲目执行上级指示，强令四川的三路工农红军离开游击根据地东征，几至全军覆没，感到十分痛心。他在以后总结工作中写道："四川省委执行立三'左'倾盲动路线，时间虽然只有几个月，但给四川地下党和人民造成严重损失。这时，我任四川行动委员会主席，应负主要责任。我犯了严重错误。"

1933年初，程子健去上海向中央汇报，被留在中央军委工作。3月初，他奉命去宏源里江苏省军委联系工作，不知道省军委书记朱之江已被捕，国民党特务正守在机关抓人。他一进门就遭逮捕，关在老闸捕房。经多次刑讯要他供认是共产党员，他一口咬定是找错了门，不是共产党。以后他被解往南京伪宪兵司令部拘留所，经叛徒出卖指认，被迫承认自己是共产党员，对有关组织问题，尽管严刑拷打，一直坚决拒绝交代。当时同监的难友都估计他可能要"上雨花台"，大家凑钱买馄饨为他送行。他做好为革命牺牲的准备，谈笑自若，把生死置之度外。狱中一般都在拂晓提人枪杀，他每晚睡觉都把鞋子放在枕边，以便提他时从容登鞋而出。接着几天，同案的几十个同志都陆续转监。他自己虽下定牺牲的决心，但却祝愿同志们早脱险境。一天早上，当听见看守喊到他的名字时，他从容起立，而同狱难友却十分紧张，一朝鲜同志金元镐含着热泪抢前紧握程子健的双手。在这生离死别的时刻，战友们都以沉重的心情围着程子健含泪告别。不料看守宣布程子健押转南京中央军人监狱，环立的战友犹如见到亲人绝处逢生一样，高兴得几乎要把他抬起来。曹少白把仅有的一点糖果赠送程子健，金元镐不知如何是好，忙脱下身上穿的一条裤子，要他穿上。当程子健正要押往南京中央军人监狱的时候，看守又宣读了国民党按照《危害民国紧急治罪法》，判处他无期徒刑的判决书。临行时，程子健与难友们握手告别，含笑致意：同志们！放心吧！共产党人只要生命不息，就要继续战斗！

在南京中央军人监狱关押两个星期。1933年7月，程子健又被解往江苏苏州军人监狱，同牢的同志有李乐平、刘瞻、杨守仁、李维、邱止庵、孙锦涛等人。牢内有政治犯，还有其他刑事犯，年轻人不少。当时刘瞻才二十一岁，是一个年轻的新党员，血气方刚，常常违犯看守的所谓监规而被挨打受罚。程子健就用摆龙门阵的方式，给他讲解一些党的基本知识和监狱斗争的策略，还主动指导和帮助年轻的党员学习理论。当时通过"外役"（即普通犯人，每天可以进出做些担饭、送水和倒马桶等杂务）偷送一些政治书籍，如艾思奇的《大众哲学》《世界知识》等组织大家学习。他还耐心地讲解《反杜林论》《哲学之贫困》等书籍，深入浅出，引起了听者更大的学习热情。对于同牢一些因贩毒、偷盗或抢劫而入狱的，程子健教他们学文化，用浅显的道理讲旧社会的黑暗现象和产生的根源。他们受到程子健的影响，后来有的人走上了革命道路。其中有一位叫房文涛的上海青年工人，对程子健特别崇敬，出狱后积极参加革命斗争，后来成了一名光荣的共产党员。

程子健在牢房艰苦险恶的环境里，坚持为党工作，为培养一代新人而尽了自己最大的努力。他是同房难友中的长者，他们对他都十分尊敬。当他胃病严重时，他们轮流守护，为他端饭送水。他像磁铁一样，把大家团结在一起，互相学习，互相鼓励，互相照顾，形成一个团结战斗的集体，发挥了一个优秀共产党员的特殊作用。

监狱里的生活十分艰苦，每天只有很少菜饭，饭里还有沙子，秋天长期吃烂冬瓜。狱中发动过多次要求改善伙食的斗争，每次他都积极参加，因此被加过两次大镣。1935年夏，全狱发动了一次绝食斗争，当时他因长期牢房生活的折磨，患有严重的肠胃病，每顿饮食很少，常常胃很难受，为了生存，把满嘴酸臭的食物闭着眼咽下去。在这次绝食斗争中，程子健带病和大家一起坚持斗争，强忍头晕胃痛的折磨，给同房的难友讲拒食斗争的政治意义，说明坚持斗争是锻炼自己革命意志的一种形式。他以浓重的四川口音一字一句地鼓励大家："勿忘巫山跋涉，牢记汉水转战。铁窗亦战斗，全凭斗志坚。大风大浪受锻炼，哪怕铁锁链。我坚敌胆寒，苦到尽头有明天。"他那种坚毅沉着、顽强战斗的精神，使同房难友十分感动。全狱绝食斗争坚持了五天，大家颗粒未餐。监狱当局被迫接受了"犯人"要求自买一些书籍、延长放风时间、改善伙食的条件，绝食斗争获得了胜利。同志们开始进餐，而带病坚持斗争的程子健却已衰弱得不能进食，只得抬至病房。当他身戴沉重的铁镣被抬出牢房时，许多同志都感动得哭起来。

1935年秋在狱中听到中央红军已进入川西北，他高兴得彻夜难眠，似乎看到他长期战斗过的故乡红旗漫卷、战歌遍野，他欣然命笔写诗抒情。同狱战友许涤新深受感动。1973年程子健在成都逝世，许涤新在痛悼战友的诗中写道："无期徒刑等闲事，横眉对敌不低头。但愿华西潮水涨，千愁万恨付东流。"后两句就是引程子健当时的诗句。这首悼念诗既是对老战友的怀念，也是对程子健在狱中坚贞不屈的真实写照。

1937年抗日战争爆发，国共进行第二次合作，党中央提出要求释放全国政治犯，国民党被迫接受，苏州监狱从8月下旬开始陆续释放政治犯，程子健等判无期徒刑的六十人，在江苏高淳县最后一批释放。当时因长期囚禁生活，程子健患脚气病十分严重，脚趾溃烂，腿胫红肿，出狱后寸步难行，由同狱战友背、扶到了湖北。到达汉口后因一时无处住宿，就暂住难民营，并分头出外找党的关系。他因足疾正蒙头大睡，突然听到卖《新华日报》的叫声，便翻身追出买了一份《新华日报》，然后到报社找到徐迈进，谈了他们的情况和心情。徐迈进对这些受尽国民党监狱折磨的同志十分同情，立即将他们的情况向长江局作了报告。过了几天，由徐迈进带他们到长江局机关，同组织部秘书长刘顺元见了面，经过审查，吸收他们参加了长江局举办的干部训练班。

1938年4月，中共四川省工作委员会书记邹风平去武汉向长江局汇报工作,同时要求给四川增派干部。程子健原是四川党的领导干部,长江局即决定派他随邹风平返川。四年多囚禁生活的锻炼,使他更加坚定了革命意志,回到四川后革命激情高昂。回顾1933年他离开故乡时,革命处于低潮,全川一片腥风血雨,现在到处一派热气腾腾的景象,成渝各地抗日救亡的群众运动正蓬勃发展。5月到成都后,他立即以饱满的革命热情参加省工委的领导工作,任省工委组织部部长。6月,省工委准备派出一批干部,如刘传苇、侯方岳等入党不久的青年同志到各地开展工作,决定先由程子健负责,开办一期党员训练班,培训这部分同志,主讲人是邹风平和程子健。讲课内容有职工运动、农民运动,还讲批判张国焘错误和托派斗争等内容。10月,省工委撤销。11月,成立川东、川康特委,程子健任川康特委组织部部长兼工委书记。

由于各地救亡运动的蓬勃开展,涌现出大批积极分子,发展了许多新党员。1938年春,全省党员只有三百四十多人,至10月即发展到约四千人。作为组织部部长的程子健及时考虑到应如何提高党员的素质,加强党员的基本知识教育,严格党的组织纪律等问题。他和邹风平商量继续开办小型党员训练班,只要有各地同志来汇报、联系工作的机会,即留下进行一次短期训练,多则七八人,少则二三人。由罗世文、邹风平和郑伯克这些既富有斗争经验,又有理论水平的老同志来上党课。程子健主管训练班的组织领导,还亲自上课,讲党的秘密工作原则、工人运动、反特斗争、监狱和刑场上的斗争,这些都是他多年地下斗争和领导工运的经验总结。这些小型、简易的党员训练班，形式灵活多样，大多是在茶馆或以郊游野餐形式在田坝上课。上课时讲课人很认真，听课人也很专注，对培训党员干部很有成效。

随着抗日救亡群众运动的开展，全省大中城市的工运工作也迅速发展，逐步建立了工会组织。当时程子健任中共川康特委组织部部长兼工运书记。川康特委建立后，成都市委于11月撤销，他直接领导成都市工运工作。在成都市除按行业积极组织工会外，他还亲自领导成都市工人抗敌宣传团的工作。工抗团从1938年春建立，至1939年4月，仅一年时间，发展到二十二个分团，人数达一千多人。各种救亡活动如抗战一周年纪念、庆祝台儿庄大捷、保卫大武汉等的集会和游行，以及为前方战士募寒衣、写慰问信等活动，工抗团都积极参加。1939年春，抗战进入相持阶段，汪精卫投靠日本，国民党暗中加紧投降分裂。川康特委为了领导川西人民坚持抗战，反对汪精卫投降，争取民主的斗争，利用当时抗日救亡运动的大好形势，决定由程子健、郑伯克、韩天石、甘棠等组成"五月革命行动委员会"，程子健任书记。为了筹备召开五一国际劳动节庆祝大会，他亲自找梁华等工人抗敌宣传团的负责人一起研究。他在会上说："一定要开好这次大会，先和各方面加强联系，各救亡团体部要来参加，工抗各分团要尽量多动员工人来参加，要把纪念五一的大会开成坚持抗战、宣传抗战的大会。"会后分头进行了紧张而充分的准备工作。5月1日上午在中山公园召开庆祝"五一"大会，参加人数达三千人左右。会后四川旅外剧团表演节目，先唱抗战歌曲，后演《放下你的鞭子》，观看演出的人就更多了。当天中山公园人山人海，嘹亮的抗战歌声此起彼落，气氛十分热烈。5月5日，程子健又召集工会负责人开会，研究如何利用5月7日国民党召开"精神总动员"大会的机会，针锋相对地开展坚持抗战、反对投降、反对汉奸、反对分裂的活动。工抗团各分团日夜赶制各种标语口号、各式灯笼，还紧密结合形势，编了歌咏式的口号和顺口溜，其中一首最能打动人心："汪精卫卖国贼，勾结日本飞机炸中国，炸死老百姓流鲜血，大家起来杀国贼，嘿！嘿！嘿！"5月7日在少城公园，全市工人都积极参加集会，当晚还举行了声势浩大的反汪、反投降的火炬游行。

程子健开始在工人中积极发展"成都市工人抗敌宣传团"的同时，从1938年10月至1939年10月，还成功地领导了成都市排字工人三次增加工资的斗争，并在斗争中重建了印刷工会。抗战初期，成都市的报馆和印刷厂生意十分兴隆，而排字工人月工资只九元。自1935年排字工会被迫解散至1938年10月，尚无工会组织，排字工人只按厂为单位组织了"茶话会"。程子健亲自领导排字工人中的党团员，团结各厂"茶话会"的负责人，组成茶话会联系会，决定以联系会的名义发动斗争，实行"各个突破"的斗争方式。首先从《新中国日报》打开缺口，推动各排字工人起来斗争，最后取得全市排字工人增加三元工资的胜利，显示了工人组织起来的力量。1938年底，在排字工人的积极要求下，终于重建了排字工会，成为排字工人进行公开斗争的合法组织。1939年春，他召集工会的领导人一起研究，决定用工会组织名义出面，发动排字工人第二次加薪斗争。首先用工会名义向印刷同业公司提出加薪的书面要求；二是具文请求市政府仲裁。经过反复斗争又取得第二次加薪斗争的胜利。1939年8月国民党分裂投降的阴谋更加暴露，公开地压制抗日救亡活动。当时物价波动，工人生活下降，排字工人再一次要求增加工资。他和印刷工会的同志一起研究分析，认为在当前形势下，不宜举行大规模罢工，以免暴露工人中的骨干力量，还是采取各个突破的方式，选择《新新新闻》报馆作为突破口。当时《新新新闻》销路大，经不起停工损失，而该厂工人骨干力量强，有一定斗争经验。决定选派工人代表与厂方进行谈判，据理力争，终于增加了三元工资。其他印刷厂工人也派代表同厂方谈判，要求照例增加工资，又取得了排字工人第三次加薪斗争的胜利。印刷工人三次加薪斗争的胜利有力地推动了全市工人运动的发展。

1939年秋冬，国民党消极抗战，积极反共，形势逐渐恶化。12月下旬的一天，重庆国民党中央党部向成都发密电，令当晚逮捕一批共产党人。在敌特电台工作的同志，立即报告了川康特委。身任组织部部长的程子健拿着这份"黑名单"，心急如火，必须尽快通知同志们转移，时间刻不容缓，许多线都是他单独掌握的，别人不能代替。他立刻找特委副书记邹风平商量，名单上有邹风平认识的，由邹负责通知转移，其他和自己单线联系的同志，要找交通员通知已来不及，必须争取时间。他顾不得自身安危，冒着被捕的危险，亲自去组织转移，用最快的速度、最简单的语言，紧急通知疏散。他出门想到的第一个人就是抗宣团的团长、党团书记沈绍伯，因为他负责领导抗日救亡团体公开活动，认识他的人很多，必须通知他及早脱险。沈绍伯在《新民报》当校对。程和沈一直保持秘密联系，平时他是绝不会到《新民报》报馆去的，即使有急事，也是通过交通员联系。这天，他突然出现，使沈大吃一惊，连忙迎出来。程子健很简洁地说："绍伯，两个钟头内，你要立即离开成都，今晚要逮捕人，你上了'黑名单'，等一会有交通员来领你走，撤回延安去。"说完就匆匆离去，因为他必须争分夺秒，抢在敌人行动之前，让所有的同志都能安全转移脱险。

1940年3月14日国民党在成都制造"抢米"事件，形势急转直下。事件发生的第二天早晨，川康特委的主要负责同志罗世文、邹风平、程子健、郑伯克和王叙五等人，在焦家巷特委机关召开紧急会议，分析形势，认定"抢米"事件是国民党制造的阴谋陷害，必须提高警惕，迅速组织党员疏散，会后立即分头通知。不料第二天川康特委书记罗世文不幸被捕。川康特委立即采取了紧急措施，副书记邹风平和妇委甘棠、统战部部长张曙时三人转移至西门罗家碾暂避，组织部部长程子健疏散到苏坡桥农村，城内暂由宣传部部长郑伯克负责，继续组织党员转移，同时派人到南方局报告事件经过。为了应付紧急情况，保护川康特委主要领导干部的安全，南方局决定邹风平、甘棠、张曙时立即撤回延安，任命程子健为代理书记，重新组织川康特委。于是，在危难之际，程子健又一次毅然肩负起川康地区革命斗争的重担。为了揭露国民党制造"抢米事件"的阴谋，南方局起草了一个宣言，经中央批准后，以中共成都市委的名义，在成都、重庆、西安等地大量散发，对国民党的投降反共阴谋进行了有力地反击。同时为了争取中间力量，孤立国民党顽固派，程子健根据宣言的精神，及时通过一些关系对地方实力派进行统战工作，派出黄松龄和刘文辉联系，潘文华部队中原就有肖中鼎、黄孔乡等同志在进行工作，田一平、苏幼农和潘文华也有联系，又派王文鼎向邓锡侯说明事件真相，表明我党始终如一坚持团结抗战的决心，以争取地方实力派的中立。

1941年皖南事变后，国民党特务头子康泽带了一批特务到成都，利用一些叛徒作鹰犬，到处搜捕共产党人。程子健由于长期战斗在四川，为许多叛徒特务所认识，不得不立即转移，1941年夏由组织决定撤回延安，8月分配在中央党务研究室工作。在延安期间他参加了整风运动，1945年作为四川党的代表，参加了党的第七次代表大会。

1946年4月四川省委公开期间，程子健又从延安派回四川任省委民运部长。在公开省委的领导同志中，副书记王维舟曾在下川东组织川东游击军坚持游击战争，程子健任省委军委书记时，也曾多次发动兵变和农暴。国民党当局对他们十分害怕，于是利用他们手中的报纸造谣说，王维舟、程子健要在四川发动起义。以后，形势日益紧张，中央决定从重庆陆续撤走一些同志，王维舟目标大，先撤走。王维舟临走前和组织部部长于江震商量，准备把程子健、杨超二人转移到成都。董必武知道后特发电指示，说程子健在成都已经暴露，不能再去成都。9月，程子健再次撤回延安。

随着人民解放战争的节节胜利，中央派了大批干部去东北，参加城市接管和经济建设工作。程子健从1947年至1949年7月，都在哈尔滨东北工业部工作。当时鹤岗煤矿是东北工业部直接领导的主要大型企业，担负着供应铁路交通用煤、直接支援东北解放战争的任务。解放战争的胜利推进，军事运输十分紧迫，东北解放后，立即在鹤岗成立矿务局，大力恢复矿山生产。1947年7月，程子健从东北工业部调到鹤岗矿务局任党委副书记、副局长，分管党务和群众工作。他到矿后立即深入群众进行宣传和发动工作，进行了民主改革，健全了工会组织，在恢复生产建设中培养了大批工人骨干，建立和发展了党团组织，还开办了职工学校，培训矿山基层党政干部，既加强了鹤岗的组织建设，还为全国解放后各煤矿单位培养和输送了大批干部。当时，黑龙江省解放不久，干部还缺乏领导和管理大型企业的经验，在鹤岗矿务局进行民主改革中，东北工业部派来的工作组犯了"左"的错误，扩大了打击面，程子健是执行者。在纠偏中他主动承担责任，积极做好善后处理工作。

1949年7月，为了配备西南解放后四川的地方干部，中央决定把四川籍或熟悉四川情况的同志从各地集中到南京，随同中国人民解放军第二野战军进军西南。这时，东北局决定把在东北各地四川籍的同志调集长春市，由李大章、程子健负责带队赴南京。1949年底四川解放，在重庆成立了中共中央西南局，程子健任统战部副部长，以后任四川省委统战部部长，直到1973年病逝，长期领导西南和四川的统一战线工作。程子健自新中国成立以来，为贯彻党的统一战线政策，付出了自己的全部心血。他在长期领导西南和四川的统一战线工作中，坚持党的统战政策,从许多方面表现出原则性与灵活性的结合,很少随风倒或受"左"的影响。

1949年下半年,国民党残余势力麇集西南几省,全国许多著名人士也云集西南几个大城市。西南地区解放后,为了迅速分化瓦解敌人,团结广大爱国民主力量,统一战线工作的任务是十分繁重的。西南局成立后,统战部部长是刘伯承兼任,程子健任副部长,主持统战部日常工作。他立即组织干部对当时极为复杂的西南社会情况进行了大量的调查研究;对民主党派、民族资产阶级、地方实力派、开明士绅和高级知识分子中的代表人物,通过组织学习、接触交谈、调查了解等做了大量工作。同时,帮助各民主党派建立和健全了省一级机构,团结了一切可以团结的力量,对稳定大西南的政治局面,做出了积极的贡献。在建立大区及省一级政权机构时,他亲自率领西南局统战部的同志到各地深入调查了解,充分掌握情况,认真审查举荐,经过民主协商,安排了大批党外干部。在以后三十多年曲折的政治道路上,这批干部都经受了严峻的考验,长期和我党团结共事。

1954年他任四川省委统战部部长期间,兼任省政协副主席。他利用政协这个广泛的统一战线组织和阵地,与各民主党派、各界人士进行了广泛的接触。他平等待人,态度和蔼,虚心听取他们对革命和建设提出的意见,相互讨论、研究和切磋。他经常参加省政协组织各界人士的学习,和大家一起学习党的方针政策,座谈时事。此外,他还经常走访各界人士;个别接触,促膝谈心,通过谈心的方式交换意见,商量问题,传达政策精神。因此，他和许多党外人士建立了深厚的友谊，对他们中的许多人，不仅熟悉他们的过去，还了解他们现在的思想、工作和生活中存在的问题，因而能根据党的统战政策，按照各自不同的情况，进行妥善安排和合理解决，从而调动一切积极因素，团结可以团结的力量，参加社会主义革命和建设。

程子健对执行上级指示，不是照抄照搬上级文件，而是根据文件精神在实践中不断总结，既有实践又有理论。如对民主党派如何发挥参加国家事务管理和政治协商的作用，1962年7月他在民主党派一次大会所作的报告中，总结为"应当发挥参、代、监、改的作用"。他说："参，就是参加国家政治活动；代，是代表成员及所联系的群众的合法利益和正当要求；监，是互相监督；改，就是自我改造。通过参、代、监，从而达到改的作用。这就要做到调查研究，了解情况，收集意见，提出建议。如提出的意见、建议为党和政府接受，这说明自己对某个问题看对了，这就提高了自己。"过去对知识分子和党外干部的看法和使用问题上，长期受到"左"的影响，不能正确对待。他在上述报告中特别强调说："过去存在对党外人士的作用估计不足，因而在安排使用、工作职权、工作条件等方面都注意不够。共产党员应该看到知识分子的科学知识和技术专长，工商业者的经营管理经验和技术能力等都是国家的财富。民主党派、民主人士有他的代表性，以上这些都是建设社会主义不可忽视的力量，要教育共产党员搞好党与非党的合作共事关系。"对于上级指示不正确的地方，他也敢于提出自己的看法和意见。如西藏发生叛乱事件后，在中央统战部召开的

20世纪60年代,朱德到四川视察时与程子健(左一)等人合影

会议上,要求各地批判统战工作中的投降主义。程子健却认为西藏出了问题,不一定其他地区都有投降主义,都要批判投降主义。在会上明确提出自己的意见。1957年"反右"斗争来势凶猛,民主党派是被冲击的中心,许多党外朋友被卷入旋涡。作为省委统战部主要领导人的程子健,能够在热浪冲击中保持比较冷静和清醒的头脑,保护了一些党外朋友。这些同志提起这段经历,还感佩他对党外朋友的真挚热情。

在对私营工商业进行社会主义改造中,根据中央提出赎买政策的精神,程子健派出干部首先在重庆民生公司,对定息问题进行探索性的试点。在全面开展对私改造工作前,他数次去北京,向中央主管经济工作的李先念、中央统战部的李维汉等同志汇报、研究定息问题,后在中央统战部召开的工作会议上,经讨论确定了定息按"四马分肥"的方案试行。在对私改造过程中,程子健亲自找工商界的上层人士座谈,征询意见,传达党对私营工商业实行社会主义改造的赎买政策。在工作进程中，对私营工商业的生产资料认真进行了清产核资，给以定息，并对资方及其从业人员的工作和生活进行了妥善安置，对其代表人物做了政治安排。他还注意了传统名牌的保留，如成都名小吃赖汤圆、利宾筵等，都在合营后保持了原招牌和原产品的特色。由于贯彻了党的对私改造政策，四川私营工商业的社会主义改造工作完成得比较顺利。

程子健十分重视祖国文化遗产的继承发扬。解放初期他就注意到对古迹文物的保护。四川的峨眉山号称天下秀，名闻中外，山上庙宇亭台都是历史悠久、具有独特艺术风格的古代建筑，因年久失修，已残破不堪，新中国成立初期未引起有关部门的重视。他亲自上山做了实地勘察，见到的是庙宇残旧，金顶行将倒塌。他到北京开会时，专程向朱德做了汇报，请求拨款修复。朱德立即批条嘱他去国务院，经李富春批准调拨了修复金顶的建材。在中央领导同志的关怀下，峨眉山上的重点文物得到修复和保存。程子健还十分重视地方史料的收集和历史经验的总结。他兼任省志编委会副主任，在领导全省统一战线的繁忙工作中，尽量抽出时间参加省志的领导工作，多次强调要认真编修地方志，这是继承我国文化遗产的一项重要工作。他对省志干部的配备煞费苦心，省志的许多重要会议他都亲自参加主持，积极主动地承担起省志的实际领导工作。他是大革命时期四川党组织仅存的少数领导人之一，是四川许多重大历史事件的见证人。他对过去一同并肩战斗，而在严酷的战斗过程中壮烈牺牲的战友们十分怀念。他认为有责任记述下他们英勇奋战、坚贞不屈、前仆后继、为人民甘洒热血的可歌可泣的革命事迹，以教育和激励后代继续前进。解放初期，他常常亲自为"三三一""二一六""十二桥"等烈士组织扫墓等纪念活动。当时，程子健虽然只有五十多岁，但是，由于长期监狱生活的折磨，他的健康和视力受到影响，他撰写史料是有一定困难的；但出于强烈的责任感和对战友们的深切怀念，从1957年以来，他陆续撰写了怀念战友杨闇公、刘愿庵、罗世文、曾莱、罗南辉、余宏文、车耀先、余国桢等八位烈士的文章。还撰写了《三三一惨案死难烈士永垂不朽》《成都市印刷工人三次加薪斗争》等史料。并且，他还积极向有关部门反映烈士遗孤、家属的情况，使他们的工作和生活都得到妥善安排。特别可贵的是，他经常利用到各地出差的机会，十分注意四川地下党历史资料的搜集、调查、核实工作，写下了四川地下党从大革命时期到抗日战争时期的历史资料。在十年浩劫中，他仍坚持实事求是的精神，写了上万字的"交代"，现已整理成《川党大事记》《四川地下党情况和我的经过》。这些资料现已列为专卷，珍藏在四川省档案馆，为四川党史、地方史的研究提供了大量宝贵的资料，也为后代留下了一笔珍贵的精神财富。

十年浩劫时，程子健已是近七十高龄的老人，再一次承受了严峻的考验。当时，"投降主义""右倾""叛徒"等罪名压在他的头上，大小会议批斗，长期关押，从身体到精神受尽摧残折磨。但作为一位久经考验的老战士，他并没有因此对自己终生追求的伟大信念有丝毫动摇，他坚信黑云终归遮不住太阳，真理一定能战胜邪恶。他仍然十分关心统战大业，时常挂念着党外的老朋友们。当1972年他重新恢复工作时,"四人帮"还气焰嚣张,为了党的事业,他再一次顶风逆浪,挨户走访当时谁也不敢接近、正处于逆境甚至绝境中的一些党外朋友,关心他们的政治和生活情况,用谈心的方式给他们做思想工作,使他们增强了信心、力量和希望。一位党外的老朋友说:"我和程子健交往了几十年,深感他友谊上讲道德,用句古话来说,他只干搭桥引路的事,从未见他干过河拆桥的事。"党外朋友的这些话,正是对程子健领导统战工作最大的信任和最高的评价。

程子健对人宽厚,严于律己,他整个身心都扑在工作上,从不计较个人得失。1953年四川四个行署合并时,西南局撤销,组织上准备安排他到云南当副省长。组织部于江震征求他的意见,他从对四川人熟悉,特别对党外朋友的情况熟悉,有利于四川统战工作的开展出发,要求仍留在四川搞统战工作,贡献他的力量。他在工作中认真负责,重要文件的起草或重要会议上的讲话,多是他亲自动手,不用秘书代笔。他不仅同大家一起反复讨论研究,还字斟句酌地多次修改,常常忙至深夜,数易其稿。他对干部十分爱护,待人和气,富有长者之风。解放初期,参加工作的青年同志,缺少工作经验,政策水平低。但他对这些年轻人能循循善诱,既严格要求,又关怀、放手,大家都能心情愉快地在他的领导下工作。十年浩劫中,有的年轻同志在"左"的思潮影响下,对他有一些过头的言行,事后心里感到十分内疚,而程子健毫不介意,在提拔干部时仍作为推荐对象。凡是和程子健一起工作过的同志,从各自的感受中，对他几十年如一日对革命事业兢兢业业的工作作风、艰苦朴素的生活作风，都留下深刻的印象和难以忘怀的思念。1973年，他刚恢复工作一年就在成都病逝，当时对他的政治历史结论还留下莫须有的尾巴，甚至限制开追悼会的人数。在那是非不分的年月，群众的意志仍然是不可阻挡的！党内外许多人不约而至，追悼会大大超过了限制人数，达到好几百人。程子健从大革命时期到病逝的五十年革命生涯中，他和四川人民心连心、紧密联系在一起进行了艰苦卓绝的斗争。他对革命的贡献将永垂史册！四川人民将永远怀念他！他战斗的一生正如许涤新在《忆子健同志的悼词》中所写：

巴山老树抗雪寒，工农事业寸心丹。
更喜东风扫尘雾，奇枝翠色艳人间。

（何盛明　执笔整理）

李家俊

◎王永清

李家俊

李家俊（1902—1931），土地革命时期领导四川农村武装斗争的杰出代表。他在军阀盘踞的四川东北部，举起革命旗帜，担任"四川省一路红军游击队"司令员，发动著名的固军坝起义，先后打败了万余敌军的三次围剿，建立起两千余人的革命武装和千余平方公里的游击根据地，坚持一年零四个月。起义时间之长，年代之早，规模之大，斗争之英勇激热，均为当时四川农村所少见，时人称他是"四川的彭湃"。后来他奉调四川省委工作，任江巴兵委书记等职，在军阀刘湘的虎口狼窝里纵横驰骋，神出鬼没地打击敌人，活动又达一年零五个月之久。他虽不幸牺牲，但其光辉业绩和叱咤风云、冲锋陷阵的大无畏精神，以及毁家举义、视死如归的高贵品质，至今犹赫赫在目，跃然纸上。

一

　　李家俊，四川万源县固军坝人，生于1902年8月10日。父亲李世江，母亲娄氏，勤耕苦做，家庭小康。李家俊天资聪颖，勤奋好学，十余岁时即遍读《四书》《五经》《三国演义》《水浒传》。1916年考入万源县城高小学习。1919年春又考入达县联合中学。当时，达县为绥定府署所在地，又是四川靖国军北伐的交通要道和大本营之一，许多革命志士和进步知识分子常在那里会聚。达县联中为绥属七县所办，学生来自四面八方，学习空气浓厚，新旧思想斗争激烈。李家俊入学后，随着"五四"爱国运动的兴起，传播新思想的《新青年》《学生潮》等革命书刊相继在青年学生中广为流传，使他的眼界大开。他积极参加社会活动，1921年5月1日，曾以"万源旅外学生会"的名义创办《萼山钟》报，公开提出反对苛捐杂税，反对强权政治，整顿庶政，提倡实业，改革教育，改良风俗等主张，对社会上"军匪横行，官吏肆虐，土豪腐乱"①等黑暗暴行作了深刻的揭露，对学校的封建专制教育制度也进行了有力的批评。不久，联中以"言论激烈，违章肇事"的罪名，把他开除回家。

　　学籍被"开除"，使李家俊更加看清了反动统治者的狰狞面目，增强了对黑暗社会的仇恨。1922年，他毅然赴上海，考

---

① 参见《萼山钟》报第11期，原件存万源县委党史组。

入同济医学院学习。在校期间，一度曾错认为无政府主义就是社会主义，受过一些影响。但当他读到《新青年》《共产党》《先驱》《觉悟》等刊物上有关批判无政府主义的一系列文章以后，提高了对革命理论的认识，深感无政府主义不能救国，医学也不能救国，只有共产主义与共产党才能救中国，于是毅然放弃学医，于1923年春，先后在上海、北京、山东等地从事社会考察，参加革命实践活动。由于身染肺病，他于1924年初回到故乡万源县。

李家俊回乡之时正值四川军阀混战未已。曾当过四川督军的刘存厚盘踞达县、宣汉、万源、城口四县，称川陕边防督办，设督办署于达县城，横征暴敛，积草囤粮，意图与刘湘、杨森、田颂尧等军阀逐鹿争霸于四川。李家俊眼见山河破碎，遍地干戈，人民不堪其苦，于是以贯彻孙中山先生提倡的"联俄、联共、扶助农工"三大政策为名，开办学校，培育青年，启发群众觉悟，发展革命力量。1924年秋，他接办厚坪小学，招收学生八十余人，聘请进步教师牟永正等，讲新课，建立新的教学制度。每日三操五讲，注意学生身体锻炼，加强社会政治教育，提倡放足，男女平等，改革社会风气，反对封建礼教和封建迷信。在李家俊主持下，厚坪学校焕然一新。学生不仅思想活跃，而且身体健壮，打球练操，能唱能跳，一扫书呆子习气。不久，厚坪远近地区均受影响，庙宇里的神像被捣毁，许多青年女子反对缠脚，女子学校也开办了起来。李家俊把两个妹妹送到远离家乡三百里的达县入学读书。当时大巴山区还处在封建落后、愚昧无知的"父权、夫权、族权、神权"时代。这些新思想、新作风和新的教育改革,犹如春风吹来,冲击着封建礼教的卫道者。他们叽叽喳喳,街谈巷议,说李家俊"是疯子","是狂人","把学校办坏了","把风俗败坏了"。面对这些胡言乱语,李家俊针锋相对写了一篇题为《小学教育之失败与成功》的论文,公开进行论战,阐述新的教育思想和教育方法,对封建教育和"中学为体,西学为用"等荒谬理论予以迎头痛击。他在文章开头说道:"我在造文之先,要向反对我的教育方法的人问问:小学教育的目的是想培养多愁多病,弱不胜衣,驼背近视的书呆子与咬文嚼字的假斯文呢,抑或要养成精神活泼,身体健壮,能作文,能写信,能发言于大庭广众之中,能跑路,能做工的健全人?如说要把学生养成病人废物,我就敬谢不敏,不敢参与教育之末议。如果真要讲学以致用,养成健全人物,那就请平心静气,让小子多说几句话。"接着,他在论文中指出:"人是离不开社会的,学校里的学生至少要知道现实社会的一切情形",主张"要发展每个人在各方面独特的创造性";严厉批判了封建教育和"中学为体,西学为用"等错误的和反动的教育理论,在川东北的万源、宣汉边境树立起一面教育革命的旗帜。后来反动统治者在叙述李家俊这段经历时写道:"厚坪旧有文昌宫,家俊改建为初级小学,阴以共义,部勒生徒,日事假攻战。""盖其辗转京沪间,早为共党所同化矣!"

李家俊办厚坪小学,远近青年无不倾心景慕。当时万源全县在外求学的学生近百人,根据规定,在外学生费用由地方筹给。但军阀刘存厚、廖雨辰等,极力筹饷扩军,争夺地盘,常将学生费用充作军饷，以致在外许多学生生活无着，不得不停学回家。李家俊知道此事后，极为不平，于1925年秋直趋公堂，据理力争。县知事陈仁安托词不见。他怒发冲冠，带领学生一拥上前，将知事公堂的拱桌推倒在地，并大声疾呼，要求评理。陈仁安恼羞成怒，竟以莫须有的罪名将他逮捕入狱。他在狱中，一面申诉自己无罪，一面向周围人员揭露旧社会的腐朽和黑暗。监狱生活，使他想得更深，望得更远。他进一步认识到：读书不能救国，教育也不能救国。只有直接参加革命活动，才能救民救国。在狱中，他愤怒之余，提起笔来，在墙上写道："身似虎，气如虹，那堪囚执在笼中；安邦志，济民衷，潜伏爪牙，忍气吞声，任彼小丑且横行。他日身返潭穴后，再作霖雨济群生。"①

1926年春，李家俊被释出狱。

二

李家俊出狱后，中国革命正处于第一次国共合作期间。中共重庆地方委员已经成立，吴玉章、杨闇公、朱德、刘伯承等充分运用这个时机，发展革命大好形势，帮助国民党改组县党部，派遣共产党员到各县开展工作。不久泸顺起义发生，在达县，张鲤庭等进步教师正在积极宣传共产主义思想，张爱萍、魏传统、王荣澍等进步青年也组织起"烂漫社"，发行了《烂

---

① 原件存万源县档案馆。

漫旬刊》。在这样的革命形势下，李家俊心花怒放，出狱后直奔达县、重庆。不久，他以国民党县党部组织委员身份回万源县，一面在县城高小教书，一面负责国民党县党部的组织事务。他充分利用有利时机打击敌人，发展革命力量。这期间，他开办了全县的速成师范讲习班；整顿了固军、白羊等地的学校教育；惩办了一些贪官污吏，把侵占公款的三区区长杨翟辉关了起来，进行追赃审讯。万源一带，民气为之一振。可是不久，重庆"三三一"、上海"四一二"、武汉"七一五"等反革命事件陆续发生，李家俊也因"押审杨翟辉"一事被"传案质讯"。他闻讯后，扬长出走，直奔宣汉、达县。1927年10月，李家俊经达县地下党员牟曼悦、牟仲宇介绍，加入了中国共产党，并回到家乡建起了万源县党的地下小组。正在这时，他渴慕已久的"联中"老师王维舟回来了，"联中"同学唐伯壮也回来了。他们从革命中心武汉归来，向李家俊等地下党员和革命分子，传达了党的"八七"会议精神，分析了国内革命斗争形势，决心在川东举行武装起义，以革命的枪杆子对付反革命的枪杆子。李家俊听了，跃然而起，慷慨激昂地说道："我奋斗多年，现在算是找到了救国救民的正道。说干就干，我当先锋。"此后，李家俊出没于万源、宣汉间。不久，农村里传唱着《劳农歌》：

我农劳苦具可怜，一年忍饥受寒上征捐。春种田，秋收粟，四季忙不闲。吃一辈子粥，老死没衣穿；受尽地狱苦，谁为你申冤？仰侍父母，俯蓄妻子，都作画饼餐！

世界革命起,潮流遍中华。奴隶们没沉睡,快快快起来!杀尽贪污吏,剥光土豪皮,社会谁创造,劳动的结果。各尽所能,各取所需,快乐逍遥哩!①

不久,学校里也响起了《家园歌》:

青的山,绿的水,壮丽的山河;美丽的田园,峥嵘的楼阁。谁的功?谁的力?劳动的结果。全世界,工农们,联系起来啊!②

这些歌声,响彻山谷田野,回荡在劳苦大众心间。然而,李家俊并不满足于此。为了发动和组织群众,他还常常深入群众,奔走山岭间。1928年冬,他装作"落魄无聊"的样子,去当"春官儿",走村串户卖历书。一有机会,就向群众宣传讲演,揭露和控诉军阀、团阀贪污中饱和敲诈勒索的罪行。他执笔能文,出口成章,比喻生动。如说:"军阀们把我们蚊帐钩上的几个麻线,和巴着骨头的一点肉都刮完了,我们咋个有法活命?只有团结起来,拿起镰刀、斧头、锄头、铁扒,打倒他们,才有出路!"农民听了,深受鼓舞,纷纷要求李家俊带领他们干。

在走村串户中,李家俊得知同乡同学徐允士、胡洪疆、吴

---

① 采访材料,原件存万源县委党史组。
② 采访材料,原件存万源县委党史组。

会治等也回到了家乡。其中，徐允士是万源旧院乡人，毕业于川陕边防军官训练团学生队，曾任某部旅部副官长；胡洪疆是白羊人，毕业于杨森二十军政治军官学校，曾任中尉副官；吴会治是井溪坝人，黄埔军官学校毕业，曾参加北伐。徐、胡二人在杨森部队服役期间，受朱德、刘伯承、黄慕颜等影响很深，对杨森叛变革命十分不满；吴会治亲眼看见蒋介石叛变革命，屠杀人民，也很不满意。他们回乡后，每当在一起谈及国家兴亡、革命成败大事时，一片忧国忧民之心，常生无限感慨。李家俊与三人推诚相见，促膝谈心，抨击军阀官僚的累累罪行。大家情投意合，决心共举义旗，先打倒军阀团阀，再打倒独夫民贼蒋介石，以完成国民革命。在他们的活动下，固军、白羊、井溪、旧院等两个区六七个场镇的进步青年和革命志士，一齐团结在李家俊周围。1929年春节期间，李家俊等又以"拜年"为名，在旧院的数十名团练队员中活动，不少团练队员表示"愿听驱使"。革命烈火，大有一触即发之势。李家俊乃沿中河而下，到宣汉县清溪场找到了王维舟。

王维舟、唐伯壮此时正在宣汉、达县一带召集旧部，发动群众。听到李家俊汇报的情况，满心大喜，即于清溪场成立了起义领导小组。由李家俊为起义司令员兼总指挥，唐伯壮为政委，雷玉书为副司令员兼副总指挥，并商定了有关起义的时间、地点和实施方案等问题；然后各归原地，按期行动。

每年三月，白羊、井溪一带茶市热闹，县上的收款委员往来也随之增多。3月28日，白羊街上赶场的时候，忽有人从井溪方向跑来，汗流满面地说："井溪有匪！"顿时人声鼎沸。而李家俊却正与几位茶叶商、经纪人坐在一家酒店里猜拳饮酒，笑语连天。店主人怕出事，十分关切地上前向他说道："大先生，听说有匪哟！"李家俊若无其事地答道："清平世道，有什么匪？"仍继续猜拳饮酒。一会儿，又有人报道："白羊东面三十里处干坝子，收款委员张全五被杀！"接着又报：发现"打倒军阀！""打倒团阀！""打倒帝国主义！"等标语，还发现了声讨刘存厚的布告。布告上写道：

> 宣达城万，四县联合。一起反抗，共享太平。刘匪存厚，天心不顺。坐（作）官五年，天干五年。一年只有两分收成。地主收租，不让分文。军饷税捐，剥削人民。一起未清，二起又来。没钱给的，捆绑送县。抢走被盖，提走大罐。要想活命，实在困难。只有一条路，拿起锄头、铁扒、镰刀、斧头与他们干！①

街坊人等议论纷纷，李家俊却镇静自若，并装作说酒话地说道："清平世界，未必刘督办还有什么兵乱之灾？"

张全五在干坝子被杀，白羊各场又出现标语布告，急得刘存厚如坐针毡，立即命令万源驻军刘志超团派兵前往"清剿"。4月3日，白羊正赶茶会，开来一连兵进驻街西头关庙和街东头的戏楼里，声称要下乡"清匪"！街上人群正惊恐间，忽见李家俊身背背篓，头戴草帽，一身农民打扮，也在赶场称盐。

---

① 抄件，存万源县委党史办。

有位关心他的人见了说道:"大先生,兵大哥来了,你不早点回去?"李家俊答道:"良民百姓,怕什么兵?"场散了,人走了,敌兵们见风平浪静,于是高枕无忧,倒头睡觉,以解连日行军的疲劳。那知半夜以后,忽地哨口被摸,哨兵被捉,街坊四处枪声哨声一齐大作。关庙、戏楼被围得水泄不通。等到连长闻声惊起持枪时,一个个魁梧雄壮、腰拴白巾的好汉,已手握钢枪站在眼前,大吼:"缴枪不杀!"敌军全连人马,顿时七零八落,作鸟兽散。原来李家俊在化装赶场时,已通知各路义军夜半齐集白羊庙,分三路抗敌。一切行动进行得十分顺利。是夜歼敌七十余人,获枪五十余支。其余残兵败将,望风溃逃,固军坝起义的第一仗,就此大获全胜。

三

白羊大捷后,李家俊深知敌人不肯罢休,立即准备一面对敌,一面加强根据地建设。在工作上:首先培训骨干,组织群众,在固军坝的高坪、厚坪,井溪的坑塘、甄子岩,旧院的龙潭河等地分头开办短期训练班,培训"开方代表"和"技术老师"。然后以设佛堂、练"神兵"为名,派出"开方代表"和"技术老师"去各地发动、组织群众。"开方代表"主要做政治宣传工作,发动群众,打土豪分田地,打倒军阀团阀,反对苛捐杂税;"技术老师"主要召集精壮农民,学习武艺。晚上集中学习,白天回家生产,做到寓兵于农,一呼百应。为了加强政权建设,他们在群众基础较好的地方分别设立县农会、场农会，场以下设甲、设组，每五至十家为组，若干组为甲。组有组长，甲有农会。甲农会有主席，以及监察和财务等委员，管理一甲事务。县农会设主席、秘书、经济部、粮食部等机构，管理各地事宜。军事组织方面，指挥部下设先锋队、技术队、特务队。以参加过"佛堂"训练的为先锋队，以刀矛为武器的群众为技术队，持枪械的武装人员为特务队。与此同时，他还派出得力干部分赴宣汉、城口及本县各地进行秘密活动。通过工作，宣汉、城口等县农民参加的很多，还争取了不少开明士绅和其他革命分子。在此期间，李家俊日夜奔走，不辞辛劳。当第一个场农会在固军坝成立时，他满腔热情地挥笔题词。他以县农会的名义，送了一面大红锦旗，还不辞劳苦，不顾敌人的包围追截，从龙潭河的大山上亲自送到固军坝，参加群众大会。同时发表了热情洋溢的讲话，鼓励群众争取更大的胜利，建立巩固的革命根据地。白羊庙胜利不久，李家俊亲赴重庆向省委书记李鸣珂汇报固军坝起义以来的武装斗争情况。

刘存厚得知刘志超团在白羊失利以后，心如刀割，立调渠县第三路代理司令廖雨辰星夜赶赴万源，进行"清剿"。廖雨辰来到万源后，带领三、九两团人马，经石塘坝直扑白羊庙，一路烧杀掠夺、荼毒人民、气势汹汹、不可一世。李家俊闻讯，传令各地农会，严密组织，做好迎战准备，就地待令，并亲率精干三十人，沿廖雨辰军右侧后方前进，相机击敌。7月11日中午，驻白沙河之团防队第一大队七十人正在河里洗澡，枪械衣物放在河滩上架作数堆。老百姓在四周围得人山人海看热闹。忽然两个农民打扮的青年，向空中放了三枪，并大吼道："洗澡的不许动！谁要敢动，一枪一个。"团防队惊呆了，纷纷扑在水中。沙滩上忽又出现数十青年，扛起枪械，径往山林深处走去。等到人走远了，两位持枪的农民青年，才大步流星地扬长而去，围观的老百姓中有认识的人低声说道："那两位一个叫徐允士，一个叫李家俊。"李家俊获得枪支后，立即回到根据地武装农民。廖雨辰正在白羊追查此事，7月18日忽又得报，后卫石塘坝九团团部突遭李家俊袭击。廖雨辰气极，亲自指挥两营人马，向凤凰山下的井溪坝五爪垭进攻。此时李家俊早有戒备。当廖师攻到五爪垭下倒马坎时，李家俊见敌人攻势凌厉，即令部队退散山林中，且战且走。当敌人攻到五爪垭上山湾塘时，忽然山上三声枪响，凤凰山下闪出两支人马：左是徐允士领导的井溪农民武装，右是胡洪疆领导的旧院坝农民武装。两支队伍把廖师困在中间。廖在对山望见，急令退军。当退到倒马坎时，李家俊已在廖师退路上严阵等待多时，经过一场激战，廖师死伤过半。不久，李家俊又率农军千人夜袭白羊庙。廖雨辰只得退师回城，坚兵固守。

1929年9月24日《新蜀报》第三版以"军民激战四次，刘军伤亡甚众，廖师率部烧毁民房四百余家"为题写道：

> 万源因廖团逼李家俊串起，任意杀戮，激成民变，曾志前讯。最近民军声势浩大，且与城口人民连成一气，一致反抗暴军。现民军聚集农民、团丁、神兵等七八千人，专门与驻军作对。近一月内，与驻军激战四次，军队连受

大创。意大利快枪被缴一百余支。因城万山峦起伏,地势复杂,军队临阵进退艰难;而民军多为本地人民,蚕丛鸟道,莫不熟悉,故每次激战,皆获胜利。驻军廖师,实难对付。击之无法,剿又无踪,但又随时随地发生警电。堂堂一陆军上校率千余精锐,如狼似虎,竟为数千揭竿而起的红脚杆农民玩弄掌上,欲左则左,欲右则右,朝东暮西,疲于奔命。不禁怒发三千丈,毁烧民房四百余家以泄其愤。那知毁烧各家,早已逃之夭夭,落了一个大空。但此举以后,人民团结益坚,与驻军相距益远,所有两县一切款项,军方不能收取分文。即使官所派定某场若干,某镇若干,而收款委员亦不敢轻易前往。

李家俊起义后之声威影响,由此可见一斑。

刘存厚两次失利,大惊失色,下令两路"围剿":一路由驻宣汉之二师吴建臣团由宣汉北上,一路仍令廖雨辰由万源东下。李家俊深知敌强我弱,必须慎重从事。10月上旬,即派胡洪疆(化名刘碧天),绕道赴重庆找省委。省委书记刘愿庵、省军委书记李鸣珂获悉,即商定派江巴兵委书记文强(化名李哲生)同留苏学生王国梁一道,赴城万(城口、万源)革命根据地加强领导。李家俊得到省委支持,精神大振。在县农会的基础上,又组成宣(汉)、达(县)、城(口)、万(源)四县行动委员会和城万红军总指挥部。由李哲生任行动委员会书记,李家俊任副书记兼城万红军总指挥。徐允士为军事参谋长,吴会治为第一支队长,胡洪疆为第二支队长,戴重、王国梁为第三支队长。此时,王维舟在宣汉七里峡策动刘军兵变来归的熊、毛两连人马,也开到革命根据地,游击队发展到两千余人,枪支八百以上。根据地政权已发展到一个县农会,四个区农会,二十三个场农会。土地包括万源东部、城口西南部、宣汉北部,千余平方公里,人口在五万人以上。不久李家俊即被省委任命为"四川省一路红军游击队"司令员。

驻宣汉之吴建臣团得到刘存厚手令后,受宠若惊,遂亲率兵马经由固军坝寻找游击军作战。李家俊知敌两路夹击,为各个击破计,先以少许农军出龙潭河行动,以示形于敌,诱敌深入。吴建臣一路之上,未见农军踪影,以为李家俊并无实力。后到龙潭河时,只见山深林茂,河谷纵横,关山十分陡险。欲要作战,未见敌兵;欲要搜山,兵力又十分不足。正在踌躇之际,忽然农军扼住龙潭河出口石门,四面山间又伏兵齐出。吴团被围困在龙潭河这条大口袋里,东冲西撞,被打得七零八落,大败而归。吴建臣见搜山不利,即拥重兵进驻井溪坝,以相机"清剿"。井溪坝是一条长河,四面皆山。李家俊见敌进入后,即于大山深处训练队伍,聚积粮草,坚壁清野,与敌周旋。吴建臣求战不得,一住三月。残腊将尽,大雪纷飞,山河皆白,交通不便,给养又十分困难。吴团士兵,生活无着,连烤火柴也没有。正饥寒间,忽来一位头发蓬松的打柴老农,背着一捆长柴上街叫卖,走到街口,哨兵不让进,但不少士兵争着抢柴取暖。老农半推半就进入兵营,四处张望,探得内外虚实,不一会走了。当天深夜,李家俊带兵五路,进攻井溪坝,直打得吴建臣惶恐不安。

第二天清晨，吴建臣就带领残兵败将，向宣汉官渡场逃走。晚上，又被李家俊派来的胡洪疆支队追及，大战一场。等到刘存厚急电廖雨辰出兵增援时，吴团已大败折回宣汉。吴团惨败后，廖雨辰更不敢轻举妄动。

李家俊机智勇敢，胆识过人，善于深入虎穴化装侦察。打井溪坝后，同志们对他化装成老农卖柴、冒险深入敌营提出批评。他却说："不入虎穴，焉得虎子。亲眼看一看，比听数十个汇报好得多。"他那深入实际的作风，左右无不敬佩。

农军连战皆捷，士气高涨。但兵员长期集结，粮草奇缺，弹械不足。加上作战日久，师劳将骄。一些"反戈"来归的兵丁，更不惯于蔬食草衣、穴居野处。李家俊见此情况，首先加强思想工作，反复讲明大义，军心稍安。过不久，忽有人报：杨森残部侯子俊从开县路过城口，有信来投。一支队吴会治等得此情报，力主前往联系。李家俊鉴于弹械不足，粮草不多，遂同意一支队前往，与侯相见，相机行动，以便扩充实力。不意吴会治等赶到陕南后，反为敌制，致全支队人枪尽失。李家俊闻报，不甚怅然，但已无济于事。为了适应新情况新形势的发展需要，于是决定：一是将红军指挥部及县农会机关迁到城（口）、宣（汉）、万（源）边境地区的回龙坝、草场坝，在高山深处建立巩固的根据地，以迎击敌人的进攻。二是立即派出吴长才、周德盛等骨干为宣汉、城口特派员，率领"开方代表"及"技术老师"向城口、宣汉及开县等边境地区发展。三是调整武装部署：派三支队王国梁南下宣汉，屯兵于白马、峰城之间，相机攻占县城，打到敌人后方去；派二支队胡洪疆率兵东进，攻占城口，然后扩充根据地，北上巴山作长远打算。李家俊自己则在回龙、草场等处居中策应，往来运筹。四是充分利用刘存厚与王光宗、颜德基的矛盾，发展实力，以打退敌人的疯狂进攻。在实施中，王国梁支队向宣汉发展甚力，游击队通过宣汉县境直达到开县的满月槽、白马泉等地，最后回军于白马、峰城之间的大山上与敌战斗。第二支队进展更快，曾经一度攻下城口县城。1930年3月21日《国民公报》以"城口被共军攻下"为题报道：

> 李家俊率农民数千人进攻城口消息，已详前讯。据记者获悉，李家俊这次率领之农军，受过相当的军事训练，并有共党中坚分子从中鼓励领导，其战斗力盛；加以神兵数百在前冲锋，其势尤不可挡。于昨日（20日）由神兵先行进城，农民继之，将城口刘耀卿团全部缴械，并将县知事击毙。李家俊入城后，发布告示，宣布土地革命，焚烧契约等共产政策。李自称红军总指挥，对于各乡土豪劣绅，则交予农民协会从严处理，其罪恶严重的则处以死刑。①

此时，起义军的力量达到高潮。

---

① 抄件，存万源县委党史组。

四

但是敌人是不甘心失败的。不久,刘湘、刘存厚串通一气,进行疯狂反扑。刘湘在重庆,先后建立起"清共委员会"和"特务委员会",专门对付共产党;并于1930年4月逮捕了省委书记刘愿庵和省军委书记李鸣珂等,省委机关也遭到破坏。刘存厚在打败王光宗、颜德基之后,下令驻宣汉的第二师和驻万源的第三路,以五个团的兵力加上宣汉、万源、城口、开县等四个县的民团,共约上万人,向根据地进行第三次"围剿"。在"围剿"中,采取"剿抚并施"的反动策略,实行"集村制"和"连坐法",下令在白羊、固军、井溪等地实行"普剿普杀"。李家俊眼见黑云压城,环境险恶,为鼓舞士气,揭露敌人,防止根据地人民上当,日夜跋山涉水,走村串舍,说服乡亲,教育群众,争取战胜困难,打退敌人的"围剿"。他曾多次慷慨激昂地向群众讲道:

> 乡亲们:这次敌人来有硬刀子,有软刀子。硬刀子是杀人放火,软刀子是登记自首。刀子是两把,杀人是一样的。我们不要上当。革命就要不怕流血,不怕倾家荡产。我的家已倾了,但人还在,就是死了也还有儿子,儿子死了,还有孙子,总有一天革命要成功。

义军和农民听了,个个点头道是。尽管刘存厚、廖雨辰等大军压境，步步为营，在固军、白羊等地屠杀人民上千人，李家俊所在的厚坪，一个早上即被杀一百三十六口，但人民依然坚持战斗。二、三支队的七八百农民武装，依然在城口、宣汉的大山密林中，整装严守，待令出击。大家一致决定：没有李家俊的命令，我们绝不放下武器，放弃斗争。在李家俊组织下，斗争又坚持了几个月。

刘愿庵、李鸣珂等牺牲后，省委为了增强力量，决定调李家俊到省委工作。他走后不久，城口万源红军面对敌人重重包围，弹械粮草又十分困难，虽经数次血战，仍无法打破包围。敌人又惨无人道地到处屠杀，尸横遍野，人民遭受的损失越来越大。1930年5月以后，胡洪疆、徐允士、戴重等领导同志也先后牺牲。起义遂于1930年7月失败。

李家俊到省委后，很快地与省军委秘书刘人奎、新任省军委书记袁乃文和江津地下党的同志贺竟华等接上关系，并于1930年8月参加了省"临委"程子健召开的四川省委扩大会议和行委委员会，以行动委员身份参与讨论制定了四川地下党的行动计划。当时李立三"左"倾冒险主义错误影响全国，四川各地开展"不停顿的"武装斗争。军阀刘湘为了保住地盘，称霸四川，残酷杀害共产党员和革命进步人士，疯狂破坏党的组织。李家俊身居虎口，英勇无畏。在省委的领导下，他以重庆为中心，先后在江津、合川、忠县、长寿等地策动武装起义。由于敌我力量悬殊，几次起义，均遭失败。1931年春，省委迁成都后，李家俊正式担任川东军委书记，负责领导以重庆为中心的川东各地军事武装工作。同年8月，改任江巴中心县委军支书记。尽管当时重庆敌人强大，特务横行，叛徒不断出现，环境十分险恶，生命有朝不保夕之虞。但是，李家俊赤胆忠心，继续信心百倍地活跃在敌人的统治中心。在斗争中，他英勇机智，神出鬼没，善于化装，巧于应变。有时身穿长衫，手捧水烟袋，满面胡须，斯斯文文的，像个医生，自称"何胡子"；有时头戴礼帽，脚蹬皮靴，身穿西服，手拄文明棍，像个达官贵人，自称"李治安"；有时化装成教员或学生，自称"陈国太"；有时又装作工人农民，又叫"刘柏华"。由于行动多变，出没难测，衣着变幻无常，随时又妙计横生，所以刘湘的军、政、警、宪、特和叛徒虽多如牛毛，他仍然纵横自如，行动无阻，在虎口狼窝里，与敌周旋达一年零五个月之久。刘湘哀叹道："共产党神出鬼没，真正厉害！"

在城万起义失败时，就有人劝李家俊："大势已去，不要再干了，随便找点事干，都不愁穿衣吃饭。"他听了，毫不动摇。到重庆后，有的人说他"是去冒险"，"是梦想家"。他对这些，有的嗤之以鼻，有的则细心讲解、耐心说服。在重庆与敌周旋一年以后，他信心更足，意志更坚，对革命的胜利充满了信心和希望。1931年6月9日，他在给亲人的一封信中写道：

> 我告诉你的就是我的目前仍与我的过去一样，没有丝毫的改变，除了年龄加大，胡须加长，面色加黑而外。我是一个"梦想家"，这是许多人给的称号。但是，我并不以为是在做梦，我以为我的生活是完全真实的。所以我现

在仍是向着我的"梦境"走去！我总觉得我的希望是很快可以达到的呢！①

当亲人谈到家庭问题时，李家俊说："家庭状况，我深不愿多说。因为家是因我而败，我无法维持父母及小妹们的最低限度的生活。我又何敢提家事。但是我一念及目前与我们受同等煎熬的当亦不在少数，所以也就只好比较安心地做我所应做的事而无所动心。"他这种为党为国为人民、公而忘私的高贵品格，光照日月，感人肺腑。

不幸，1931年10月26日，李家俊从合川回家，路过重庆存心堂街，突然被叛徒刘文达发觉，转到五福街口，又遭军阀独立团的反动分子吴洪春、王全兴等拦截落入了魔掌。

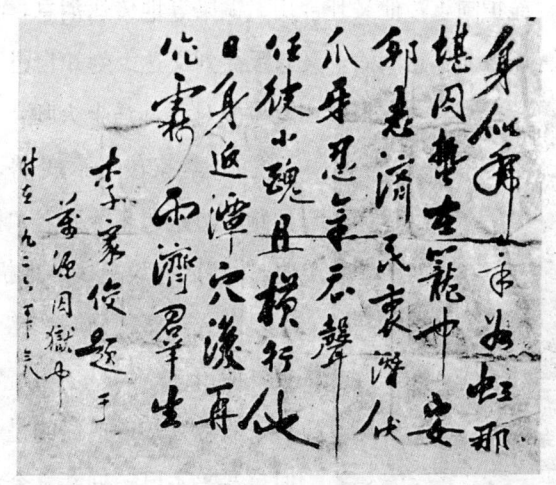

李家俊烈士绝命词

---

① 原件存万源县委党史组。

李家俊在被捕过程中，完全表现了共产党员临危不惧、舍己救人、勇于献身的大无畏精神和高贵品质。原来1931年8月的一天，江巴中心县委正在一个茶馆开会，参加的有组织部部长杨伦杰等人。杨原在川西特委工作，来重庆不久，被敌人发觉。这天正开会时，叛徒刘文达带领侦缉队员一拥而上。李家俊医生打扮，坐在一旁，敌人不曾发觉。他急中生智，随手将茶桌上面的许多麻钱和铜钱抓起来，劈头劈脑地向敌人打去，以掩护杨伦杰逃走。哪知特务人多眼快，不仅当场抓了杨，也盯住了他的面貌特征。从此，叛徒特务到处公开叫嚣"要抓李家俊"。在这种情况下，他无丝毫畏惧，积极组织力量给杨伦杰报仇。几天以后，他带领锄奸队员在菜园坝将参与逮捕杨伦杰的钟某抓住，当场宣布罪状处死。10月中旬，为了保全组织，掩护同志，他又赴合川、铜梁等地传达消息，收清文件，部署任务。不意回渝，又遇叛徒刘文达。刘知自己不是李家俊的对手，马上大呼："抓共产党！"李家俊闻声见势，转身便跑，边跑边也大呼："抓共产党！"意欲乱敌视线，乘机溜走。不意敌人过多，岗哨严密，最终无法脱身。

当敌人知道抓住的是李家俊时，高兴不已。刘湘立令押送军部，亲自提讯。提讯前，地下党组织活动刘湘部下陈某，密谋保

李家俊烈士纪念碑

释，刘湘假惺惺地答应："只要李家俊松个口，或者写张悔过书、自白书，我就可以放他，而且要官有官做，要钱有钱花！"李家俊听了，冷笑几声，说道："共产党为国为民干革命，有什么口该松？什么过该悔？他刘湘想我也投降变节，那是白日做梦，异想天开。"刘湘几次更换爪牙，严刑拷打。李家俊坚强如钢，誓死不屈。当昏迷苏醒过来，他便又怒发冲冠，破口骂敌。刘湘见他铁石心肠，无可动摇，遂决定杀害。1931年10月29日，李家俊英勇就义于重庆罗家湾，时年仅二十九岁。

梁 华

◎ 王迪先

接受马列教育　走上革命道路

梁 华

梁华（1906－1956），又名梁国龄，生于1906年6月29日，四川广汉县人。他出身于工人家庭，父亲是一个成衣工人，母亲是一个善良的家庭妇女。在县城开了一个小成衣店，家庭没有不动产，依靠手工劳动生活。梁华姐弟共四人，他排行居二。七八岁时，母亲因病去世。

梁华的母亲去世不久，姐姐也因病去世。两个弟弟均是手工业工人：二弟名梁国荣，职业是竹器工人；三弟名梁国灿，职业是成衣工人。

1916年，梁华十岁时，父亲在生活极端困难的情况下，千方百计节省一点钱，送他去一个私塾读书。

1920年春，他满十三岁时，家庭生活实在太困难了。父亲只好将他送到成都市的一家丝织业作坊当学徒，成了一个工人。

梁华从事的丝织业是成都市的重要手工业之一。当时，帝国主义的侵略日甚一日，洋货充斥市场，手工业日趋崩溃。资本家为了与洋货竞争，维持他们的利润，只有加紧剥削和压榨工人。成都丝织业工人深受帝国主义、封建主义、资本主义三大压迫，过着悲惨的生活，尤其是其中的学徒工人受的压迫和剥削更深。他们每天不但要做工，还要做许多杂事和很重的劳役，却只能吃上两餐稀饭，常常处于半饥饿的状态中。他深深感到受压迫和剥削的痛苦，迫切地期望现状的改变。

1921年的下半年，成都市丝织业工人开展了一次群众性的要求增加工资的罢工。几个月内，单是长机帮工人参加斗争的就有七八百人之多。梁华当时是学徒工，老板不准参加社会活动，所以没有直接参加这一斗争。但是，他在思想上却非常同情和支持这次斗争，希望它能够取得胜利。可是，这次工人罢工是在打着革命旗帜的"中华工党四川支部"领导下进行的，它的领导人马云衢是国民党右派支持的一个不折不扣的剥削阶级的走狗。因此，当工人的斗争达到高潮时，他放弃领导。资本家利用这个机会，贿赂反动的军警对工人实行残酷的镇压，数十名工人积极分子被逮捕入狱，惨遭毒打。这样，这次丝织业工人要求增加工资的斗争失败了。梁华对这次工人斗争的失败感到很可惜，很失望。同时，也使他感到要保障工人的利益，必须依靠工人的团结和斗争。

1922年春，在王右木影响下，成都社会主义青年团组织成立了。1922年秋，成都团组织根据团中央的指示，决定到工人中去开展劳工运动。王右木来到前次罢工失败的工人群众中，鼓励他们再接再厉地进行斗争。他向工人们说明，工人阶级要得到生活的改善和阶级的解放，只有靠自己努力奋斗，组织维护自己利益的工会，团结工人阶级的力量，绝不要依靠他人，更不要幻想现时政府的帮助。梁华听了他的讲话感到很新鲜、有道理，很受启发。随后，王右木等为了进一步团结和教育工人积极分子，借成都市皇城内明远学校的教室，开办了成都市第一所由成都社会主义青年团领导的工人夜校。梁华积极参加到这个工人夜校学习。

王右木领导办的这个工人夜校，不是教一般的识字课本，而是宣传革命的道理，宣传马克思列宁主义学说，夜校的许多课都由王右木亲自讲授。他讲课深入浅出，理论联系实际，适合工人的口味，工人们听得懂、喜欢听。梁华在工人夜校学习积极，初步接受了马列主义教育，开始了解阶级斗争和社会革命，了解俄国十月革命的胜利，了解社会主义和共产主义社会，提高了思想觉悟，看到了工人的光明前途。

成都社会主义青年团在采取办工人夜校和其他形式对工人进行教育的基础上，决定在工人群众中发展团的组织。不久，梁华由同行师兄王树钧介绍参加了社会主义青年团。从此，他踏上了为共产主义事业奋斗的征途。

1922年底，王右木等开始帮助工人群众组织自己的工会，先后成立了长机帮等行业的二十多个工会组织，1923年五一国际劳动节时，正式成立了成都市劳工联合会。梁华先参加了丝织业工会，随后又参加了成都市劳工联合会，并成为工会活动的积极分子。

1923年秋，王右木从上海、广州回到成都，向团组织传达了党中央关于国共合作的方针和同意成立中国共产党四川党组织的决定。不久，他在团员中选拔了一批在斗争中涌现出来的优秀分子，秘密地组织了中国共产党四川支部。梁华是被选拔的优秀分子之一，被批准成为无产阶级的先锋战士——中国共产党党员。

当时，党的主要政治任务是反对帝国主义和封建主义，党的建设实行"对同志教育第一，发展党员第二"的方针。党支部分为两组，一组是学生，一组是工人，每周一次组织生活。梁华参加工人组过党的组织生活，对党组织的学习和工作都很积极。

由于梁华积极参加工人运动和革命活动，资本家们对他恨之入骨，把他列入不准雇用的黑名单中，使他经常处于失业和饥饿的状况之中。但是他并没有被解雇的威胁吓倒，仍然与工人群众一起忍受冻饿，积极参加革命活动，坚持进行各种斗争。

积极参加工运　英勇反帝反封建

在第一次国内革命战争时期，党领导人民群众掀起了轰轰烈烈的大革命。同全国一样，在党的领导下，四川人民也掀起了反对帝国主义、封建主义的革命浪潮。

在这个时期，梁华先后担任过成都市党组织的基层干部和工会的领导干部，积极参加和领导了成都丝织业工人反对老板、作坊主、把头、工贼控制的"三皇会"，反对他们掌管着比普通尺子大十分之二的"朱尺"，对丝织工人进行残酷的剥削；反对他们利用解雇威胁和金钱收买等办法，对党领导的革命工会及其组织的活动进行破坏。

1925年五卅运动和1926年万县九五惨案发生后，成都掀起了轰轰烈烈的群众性反帝反军阀的革命浪潮。成都的工人阶级积极参加了这一运动，并在此基础上巩固和扩大了党领导的工人运动队伍，于1926年成立了属于中华全国总工会领导的成都市工会。这时，梁华根据党组织的安排，参加了国民党，并任国民党成都市南区区党部执行委员，积极参加和领导工人运动和反帝国主义的爱国斗争。他积极进行组织工作和宣传工作，帮助各团体组织的巩固和扩大，帮助组织宣传队、募捐队，积极参加和领导援助五卅惨案的示威大游行。由于梁华工作积极，斗争坚决，受到工人群众的拥护，成立成都市工会时，被选为成都市工会丝织业第二分会的委员长。

在党领导工人建立各行业工会和成都市工会的同时，国民党右派却支持成都的政客、工厂老板、工贼成立了四川省工会。他们勾结军阀和资本家，用种种方法威胁工人退出革命工会，甚至用金钱等卑鄙手段，收买个别意志薄弱的工人退出革命工会参加黄色工会，妄图瓦解工人自己的工会组织。党领导工人群众同黄色工会——四川省工会进行了坚决的斗争。梁华积极参加这一斗争。1927年春，国民革命军第二十四军军长刘文辉在成都举行就职典礼，党领导工人群众参加大会，黄色工会的几百人也参加了大会，骂我党领导的工会是"非法"的，并向革命工会工人寻衅。梁华和工人群众及时给以坚决的反击，被黄色工会的寻衅者打伤。

1927年，四川军阀在蒋介石国民党的支使下，撕掉了革命的面纱，在重庆制造了"三三一"惨案，大肆镇压共产党和革命群众。成都的共产党人利用成都地区军阀暂时持观望态度的形势，成立了"重庆三三一惨案成都后援会"。市工会组织了工人纠察队，举行了全市工人大游行，高呼"打倒军阀，惩办凶手"的口号，给反动派以反击。梁华勇敢地完成了撕掉敌人张贴的反动标语的任务，积极参加和领导了同敌人御用的黄色工会的斗争，并于同年5月同市工会工人一起集队捣毁和封闭了黄色工会——省工会。

不久，成都地区的反动军阀，也公开镇压革命了。他们制造反革命的舆论，派出大批军警，到处捉人，逮捕杀害了成都工人运动领袖孟本斋，查封了成都市工会。在严重的白色恐怖下，梁华和其他的工会领导人，根据党组织关于"在组织方面应当采取不同形式（如工人俱乐部、工人读书会、夜课学校等），尽量争取合法公开，在工作方法上不能停止斗争，要在斗争中来团结巩固工人力量"的决定，将被反动派查封的成都市工会的群众团结起来，组织了"成都工人俱乐部"。梁华被选为"工人俱乐部"的副委员长，领导广大工人群众在白色恐怖下继续坚持斗争。成都市工会的会址被查封了，他们就借革命力量较强的省立第一师范学校为办事处，在那里办公、开会、接待群众、开办夜校，并与第一师范学校内的国家主义派进行斗争。他们提出增加工资，改善劳动条件，缩短劳动时间等口号，发动了人力车工人要求减低车租的罢工斗争，以及长机工人、生绸工人要求就业的示威游行，使一度消沉的工会工作又活跃起来。

总之，这一时期，梁华在反对封建行会，反对帝国主义，反对军阀和反对黄色工会的斗争中，革命积极性非常之高，斗争非常地坚决，为党和革命做出了贡献。然而，当时整个党处于幼年时期，是一个"对于马克思列宁主义的理论和中国革命的实践还没有完整的、统一的了解的党"。因此，当时的梁华也还是对马列主义了解不多的党员。正如他说："只有一种简单朴素的中国工人阶级解放的政治思想和革命热情。"

白色恐怖何所惧　英勇斗争不止息

1927年9月，敌人在四川加紧进行镇压，形势更加恶化。党组织调梁华为成都特支和川西特委的秘密交通员。1928年初，反动派妄图逮捕梁华。党组织得到消息后，立即通知他转移到彭县旷继勋旅政治部（倾向革命的部队）学习石印技术。同年夏，梁华回到成都，党组织指示他在玉带桥开办了一个石印社。这个石印社是党的秘密机关，不能雇用非党员，帮助他工作的都是从外面调来的革命学生。所以，梁华既是石印社的老板，又是技术员和小工。这个石印社以对外公开营业为掩护，实际上是为党印刷秘密文件，同时又是党的秘密通讯联络点，也是保护党的干部和同志的一据点。1928年下半年，临时省委在成都成立。一天，反动军警进行戒严，清查户口。省委机关被搜查，虽然没有查出任何东西（事先已采取防御办法），但是反动军警认为这里不像住家人，因为一无神龛，二无泡菜坛子，好像是临时凑合的土匪窝子。反动军警把临时省委书记穆青、组织部部长刘披云和负责宣传、秘书工作的张春帆、许仁智当土匪捕去。在查讯中发现有的人口音南腔北调，又怀疑是共产党。临时省委其他同志知道后，积极进行营救。最后，军警团联合督察处同意取保释放。当时，谁承担这个担保责任呢？就是以梁华为"老板"的石印社。梁华为了营救临时省委机关的几位负责同志，甘愿冒着个人的生命危险，表现了一个共产党员的高贵品质。

1929年7月，党调梁华去重庆任省委秘书处印刷科科长。根据党的指示，他在重庆开办了一个以公开营业为掩护的印刷局。半年后，由于形势恶化，将它改办成党的秘密油印机关。同时，梁华又兼任发行、交通科科长和直属机关支部书记的工作。这一时期，党的工作环境是十分险恶的，刘湘建立特务会，亲任委员长，疯狂地镇压共产党和革命群众，一年之内省委机关就受到三次大的破坏。1930年春，省委组织部部长穆青被叛徒出卖被捕后牺牲，不久，省委军委书记李鸣珂等同志又被叛徒出卖被捕后牺牲，5月，省委书记刘愿庵、秘书长邹进贤、宣传部部长程攸生等在开会时被内奸出卖，被捕后牺牲。在此严重的危险情况下，梁华坚定不移地坚持做好党交给的印刷、发行和交通工作，经常每日工作十五六小时，表现了对党的无限忠诚和高度的责任心。

1930年冬，省委机关又一次遭到敌人的镇压和破坏。省委军委书记袁乃文等在汉口被捕后牺牲。梁华所在的省委秘书处机关被叛徒出卖也遭到破坏，秘书处处长许仁智和另外两名工作人员被捕。省委组织部的饶耿之也被叛徒出卖被捕。不久，许、饶二同志被敌人杀害。在这种非常危险的情况下，梁华没有丝毫的畏惧和动摇。11月13日，梁华去省委招待处，被敌怀疑逮捕入狱。梁华被捕后，关在巴县监狱。敌人对他进行了多次审讯，采取多种形式对他进行威胁和利诱。但是，他始终未暴露自己的政治身份和与党的任何关系，勇敢机智地对付了敌人的审讯，保守了党的秘密，保护了党的组织。敌人经过几个月的侦察，没有搜到任何证据，乃以"嫌疑重大，言语支吾"八个字为理由，判梁华徒刑三年又四个月。1931年4月梁华被移入敌重庆反省院，1935年5月出狱，长达四年多。

梁华在监狱中，与一部分革命立场坚定的党员秘密组织了狱中党支部，并任过支部书记。后来，梁华和其他同志感到党支部组织形式的存在，受到敌人的威胁很大，决定取消党支部组织形式。但是，狱中的一切斗争实际上仍然由梁华等几个负责过支部领导工作的同志进行发动和组织。他们在狱中团结积极分子，通过合法的斗争形式，要求改善生活待遇、改善伙食，要求释放政治犯等，特别是利用狱中难友的病和死同敌人进行了积极的斗争。

本来，梁华的刑期在1934年2月已满，但是，由于他丝毫没有暴露党的秘密，也没有承认自己有什么错误，敌人认为他没有任何反省的表现，故把他的刑期延长至1935年5月。几年的监狱斗争，使梁华受到很大的锻炼，革命斗争经验更丰富了，斗争意志更坚决了，正如他自己所说："在敌人的法庭上与长期的监狱中，坚持了共产党员的立场和革命斗争，确实把自己的意志锻炼得更坚强了。"

领导"工抗宣团" 参加延安整风与"七大"

梁华出狱后，没有找到党的组织。直到1938年2月到成都才接上关系，被党调任成都市委委员兼工人部长、成都东区区委书记和川康特委职工运动委员会委员，主要的任务是领导和发动成都的工人抗日救亡斗争。他根据党组织的指示，正确分析了中华民族与日本帝国主义之间的矛盾，国民党蒋介石集团与地方军阀之间的矛盾，指出当时建立成都工人统一抗日救亡组织的必要性和可能性。可是，当时国民党省党部不准成立"工人抗日工作团"，只准成立"工人抗敌宣传团"，企图以此限制工人抗日救亡活动。中共成都市委和梁华等从有利于开展党领导下的工人抗日救亡运动的原则出发，为了使工人抗日救亡活动取得公开活动的权利，决定作适当让步。1938年上半年，在党的领导下成都工人统一的抗日救亡组织——成都工人抗敌宣传团正式成立了。为了加强党的领导，还成立了"工抗宣团"党团（相当于党组），梁华兼任党团书记。"工抗宣团"下面设分团。梁华对各分团的建设十分重视，如新新印刷社建立工抗第三分团,就是在他亲自组织和参加下进行的。成都"工抗宣团"发展很快,到1939年上半年,全市分团发展到二十二个,人数约一千两百人。

"工抗宣团"开展了大量的抗日救亡群众活动。1938年3月,组织群众参加了成都各救亡团体在少城公园举行的欢呼台儿庄大捷的大规模集会,会后举行了游行。4月,"工抗宣团"组织工人群众,并邀请各抗日救亡团体参加,在少城公园召开了纪念五一国际劳动节大会。会后,一千多人举行了游行。7月,"工抗宣团"组织工人群众参加了七七抗战一周年的集会和游行。8月,又组织工人群众参加上海"八一三"抗战一周年集会和游行。同年秋,"工抗宣团"发动工人群众开展为前方战士募寒衣和写慰问信活动。10月,领导数千工人,参加了保卫大武汉的火炬游行。12月,发动工人群众声讨大汉奸汪精卫卖国投降的罪行,举行了反对汪精卫卖国集团的火炬大游行,增强了群众"抗战必胜"的信心。

1938年底,抗日战争由战略防御阶段转入相持阶段。国民党实行消极抗日、积极反共的反动政策,1939年制定和颁布了《限制异党活动办法》。"工抗宣团"的几位领导人都被特务进行盯梢。国民党还决定"五一"到"五七"为精神总动员周,更加露骨地鼓吹"以宣传对宣传,以组织对组织"的溶共、反共政策。梁华根据党的决定,主持召开了"工抗宣团"党团会议,布置和讨论了纪念五一劳动节的问题。会议认为必须对国民党的所谓精神总动员周和投降反共活动进行积极的斗争,并决定由各救亡团体共同发起,由"工抗宣团"主持在中山公园召开纪念五一劳动节大会。国民党不同意"工抗宣团"主持召开这个大会。梁华等不受国民党的束缚，坚持按期召开。这次大会有"工抗宣团"二十二个分团的工人群众和成都各抗日救亡团体三千多人参加。会议宣传了党的"三坚持""三反对"的口号（即坚持抗战，反对投降；坚持团结，反对分裂；坚持进步，反对倒退）。接着由吴雪领导的四川旅外剧团唱歌和演活报剧《放下你的鞭子》，号召中华民族团结起来，把抗日战争进行到底。晚上进行了火炬大游行，"工抗宣团"的游行队伍比任何团体都多。这次活动对于提高群众的抗日情绪、反对国民党的妥协投降，起了一定的作用。

梁华在领导以上工作斗争中，注意贯彻党对国民党又联合又斗争的方针和有理、有利、有节的原则。如在大力发展"工抗宣团"组织时，提出三个单位不去组织，即不在国民党中统、军统办的报纸印刷厂，国民党成都军校印刷厂，四川军阀办的兵工机械厂去建立工抗分团。

梁华重视"工抗宣团"的宣传工作。当时，"工抗宣团"的祝康隆等同志（曾任"工抗宣团"团长）先后在《四川日报》上开辟"工人园地"，在《民声日报》上开辟"生活线"专栏，主要刊载工会、"工抗宣团"骨干写的诗歌、杂文、小说，也有不少转载《新华日报》和其他进步报刊的文章。梁华很关心这些专栏，经常阅读它的诗文，并及时提出自己的意见。

这期间，党和梁华还领导了成都市排字工人重建工会的斗争。1938年"工抗宣团"建立起来后，对于推动工人抗日救亡活动起了很大的作用。但是，参加工人抗敌宣传团的多是青年工人，中、老年工人参加的很少。省工委程子健和市工委梁华召集印刷业排字工人刘万敏、王志明（皆系地下党员）等开会，共同分析了中、老年工人的特点。一般说，中老年工人的经济负担较重，不愿意离厂参加政治活动。为了团结更多的工人群众参加抗日救亡斗争，决意以厂为单位，将工人读书会改为"茶话会"，主要是交流认识，经济互助，联络感情。在党的领导和党员、工人积极分子串联下，各主要印刷厂相继成立了"茶话会"，以原读书会的觉悟分子为核心，以老工人为骨干，把全体排字工人组织了起来。程子健和梁华接着又将各厂排字工人"茶话会"负责人组成"茶话会联系会"，这就把成都市的排字工人统一领导了起来。

1938年10月，程子健和梁华根据工人的要求，领导排字工人开展了改善工人待遇、增加工资的斗争。原来一般排字工人的月薪是十二元，后被国民党政府降为九元，加上抗日战争后国民党统治区物价上涨，工人们的生活很困难。在"茶话会"具体领导下，首先从新新印刷厂开头，再从《新中国日报》打开缺口，实行各个击破、各厂沿例的斗争方法，很快就取得胜利，使每人每月增加工资三元，显示了工人组织起来的力量。接着，程子健和梁华，又及时领导排字工人在"茶话会"的基础上进行重建排字工会的斗争。他们利用国民党的工会法，将各工厂排字工人"茶话会"改为合法的工会小组。同时，由各工会小组推出候选人名单，选出排字工会理事会，使在土地革命时期被国民党打入地下的排字工会重新建立起来。

为了加强党的领导，还决定成立排字工会党团，直接领导排字工会进行工作。在排字工会重新建立的影响下，成都各印刷厂的铸字、铅印、装订、石印等工会也相继恢复。

1939年4月，成都市物价猛涨，工人生活水平普遍下降，中共成都市委为了坚持抗战，坚持团结，改善工人的生活，又发动和领导了排字工人进行第二次要求增加工资的斗争。5月，在程子健和梁华领导下，印刷排字工会党团发动工人群众参加排字工人纪念五一国际劳动节的国民周会。全体会员数百人在会上进行了宣誓。排字工会理事长刘万敏、理事王志明在会上按照我党的主张解释国民公约，振奋了工人群众的革命精神。晚上，排字工会全体会员参加了火炬大游行。5月7日晚，党又领导排字工会全体会员参加了反对汪精卫卖国贼的火炬大游行。这样，把改善排字工人生活的经济斗争与发动工人群众积极参加抗日救亡活动的政治斗争紧密地结合起来，既取得了排字工人第二次要求增加工资斗争的胜利，又在斗争中锻炼了群众，提高了工人群众的觉悟，壮大了党领导下的工人运动队伍。

1939年7月，梁华由成都调任嘉定中心县委组织部部长兼职工委员会书记，11月又兼任五通桥区委书记。1940年底，党调梁华到延安中央党校学习。1942年党中央在全党开展整风运动。梁华积极参加了延安整风运动，他认真学习毛泽东的报告和一系列整风文献，并在此基础上联系四川工人运动的实际，总结工人运动的历史和经验，批评了工人运动中主观主义的错误。他在中央党校学习期间写过《关于四川党组织情形的回忆》。这篇文章记述了他所了解的有关四川党组织的建立和在大革命时期、土地革命时期的斗争情况，是研究四川党的历史的一个重要材料。他还写过《四川职工运动中的主观主义》一文，批评了四川职工运动中，从主观愿望出发，错误估计形势，不讲斗争策略等"左"倾盲动错误。梁华严于责己，在批评工人运动的主观主义错误时，主动联系自己的错误思想和行为自我批评。例如，他说，1927年重庆"三三一"惨案后，成都市工会有的同志看不到政治形势的逆转，不了解阶级力量对比的变化，不讲斗争策略，犯了盲动错误，他自己就是当中的一个。通过整风运动，他进一步接受了马克思列宁主义教育，特别是关于党的实事求是、理论联系实际的思想路线教育，马列主义水平和思想觉悟大大提高了一步。正如他自己所说："在1940年至中央党校学习之前，盲目性更为严重，经过四二年整风学习后，盲目性大大减少了。"

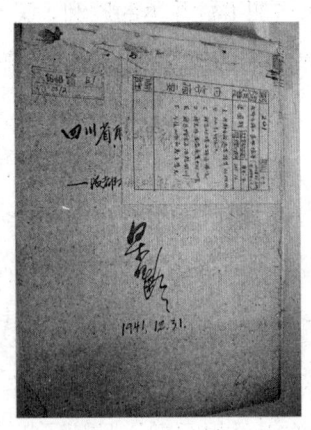

1941年梁华撰写的成都工运报告

1943年春，党中央决定进行审干运动。在这项工作进行中受到"左"倾干扰。康生在中央党校作了"抢救运动"的报告。由于"左"倾错误指导，在中央党校掀起了"抢救运动"的热潮。康生在"抢救运动"中把许多省的地下党组织打成"红旗党"。四川去延安学习的地下党同志当然也不例外，许多同志被诬陷为"特务"。梁华是从国民党统治区去延安的，又在国民党监狱里坐过多年的牢，于是被诬陷为四川"红旗党"的特务，成为"抢救运动"中"抢救"的重点。他在中、小型会议上被斗争了二十六次，并被开除党籍，隔离审查，投入监狱。可是，梁华没有被"左"倾逆流所淹没。他始终坚持党的实事求是的原则，不承认自己是所谓"红旗党"的特务，也不承认四川地下党是反革命的"红旗党"。当审问他是不是反革命"红旗党"时，他斩钉截铁地说："我不是什么红旗党，就是抽出我的每一滴血来化验，也找不出任何反革命的东西。"后来，由于党中央和毛泽东纠正了"左"倾错误，梁华的问题到1944年底最后作出的结论是"无任何政治问题"。党组织对他的问题进行了甄别平反，并恢复党籍。梁华的这种不怕压力、坚持实事求是的态度，坚持真理的革命精神，受到党组织和同志们称赞和颂扬，称赞他是"坚持实事求是态度和坚持党的原则的楷模"，称赞他"受得起考验"。更为可贵的是，梁华不因在所谓"抢救运动"中遭受了精神上和身体上的严重折磨，就对党有任何的埋怨和不满。他常向党组织和同志们说，延安审干中搞"左"倾是错误的，但是，搞审干运动是完全必要的和正确的，不然真正的敌人钻进党内和革命队伍内部来了危害多大啊！个人受点委屈是微不足道的。

1945年初，梁华被任命为中央党校一部审查委员会的委员，参加审查当时尚未清楚的一部分干部的问题。梁华对"抢救运动"中的冤假错案进行了认真的复查和处理。当时，与梁华一起在中央党校学习的有邹风平。他是一位老同志，在抗日时期曾担任四川省工委副书记，是党的"七大"代表。可是他在"抢救运动"中被打成"托派""红旗党"，受到残酷斗争，无情打击，最后被迫自杀。邹风平的案件真实情况究竟如何？根据党组织的决定，程子健和梁华对这一案件进行了复查。他们对邹风平的问题进行全面系统的调查，掌握了大量的材料，然后根据实事求是的原则，写出证据充分的、具有说服力的复查报告，说明把邹风平打成"托派""红旗党"完全是一个冤假错案，从而使邹风平的不白之冤得到澄清，坚持了党的原则，批判了"左"倾错误，伸张了正义。

由于梁华在党的教育下，经受了长期革命斗争的锻炼，在整风运动中又接受了严峻的考验，1945年被选为四川省参加党的第七次全国代表大会的正式代表，光荣地出席了"七大"。

坚定战斗在敌后　为新中国诞生呕心沥血

1945年8月抗战胜利以后，党派梁华返回国民党统治区工作，任中共中央南方局组织部秘书。1946年1月调任重庆《新华日报》社长秘书、总支书记和人事课主任。4月，任四川省委委员。7月，任省委常委。11月，调南京任中共代表团组织部秘书。

梁华在《新华日报》工作期间的社会环境是非常险恶的。1946年初,虽然国共两党的和平谈判还没有完全破裂,但国民党挑起的内战正逐步升级。《新华日报》是党在国统区对敌斗争的坚强堡垒,是国统区人民的宣传者和组织者,像一把钢刀插在敌人的心脏。因此,国民党反动派对它恨之入骨。他们先是支使特务造谣《新华日报》要起义、有军火等等。然后派一团反动军队把报馆包围起来,架起机枪对准报馆。随后,又唆使特务殴打报丁和报馆营业处工作人员。在这样严重困难的情况下,梁华坚决拥护和贯彻执行党中央和省委对敌斗争的路线和政策,团结全体工作人员同敌人进行坚决的斗争。梁华在党的工作中,狠抓了政治思想教育,对报馆全体人员进行艰苦奋斗精神和革命气节教育。每当新同志进报馆时,他都要根据不同的情况进行这方面的教育。如陈泽说,他进报馆时,梁华就跟他个别谈话,向他讲清报馆的革命性质和复杂斗争的环境,说明坚持革命工作必须要有挨打、坐监、杀头的思想准备,还指出在《新华日报》工作没有工资、只有零花钱、生活艰苦等,并要求他细心思考能否经受得起这些考验,启发他为革命不怕牺牲和不怕困难的自觉性等等。全面内战爆发后,省委决定对报馆工作人员加强阶级教育和革命气节教育。梁华积极贯彻执行,他给大家讲如何在监狱里同敌人斗争的经验等等。这方面的教育,取得了好的效果。正如有同志讲,后来报馆被国民党反动派包围、查封,我们继续坚持了斗争,没有害怕和动摇,是与党的教育分不开的,也与梁华具体工作分不开的。梁华在做政治思想工作中，注意表扬与批评，他与其他同志一起坚持办好《新华日报》，表扬好人好事。他很重视党员和积极分子的教育，对每一个要求入党的积极分子都要进行深入细致的教育工作，具体指导他们写自传，通过写自传进一步树立为共产主义奋斗终身的革命人生观。报馆许多同志是从旧社会来的知识分子，他们多是出身于剥削阶级家庭。梁华认真执行党的政策，对他们不是歧视、嫌弃，常鼓励他们说，个人不能决定自己的出身，但是出身不能决定个人的前途，关键看自己是否努力，革命的前途自己可以选择。这些话对这些同志影响大、印象深。随着形势的恶化，党中央和省委决定报馆的工作人员要做好疏散和撤退的准备，以应付突然事变的发生。梁华在具体进行这项工作时做得很认真、很细致，他一个一个地进行个别谈话，将党关于撤退或疏散的方案告诉大家，征求大家的意见是愿意撤回延安或留在四川转入地下工作。对于部分撤回延安的同志，梁华对他们的家属都做了妥善的安排，使这些同志放心。

当时报馆的同志生活是较艰苦的，梁华生活比大家更艰苦。因为他不是编采人员，没有稿费收入。他虽是报社的领导人之一，但是不以领导干部自居，平等待人。大家喜欢接近他，把他当作自己的长辈，对他很尊敬。他也得到组织上的称赞。当时四川省委书记吴玉章称赞他对工作"热心""坚定"。

1947年初，国共和谈完全破裂后，梁华随中央驻南京的代表团撤回延安。回延安后，根据党的决定，梁华立即率领《新华日报》五十多位工作人员去晋绥参加土改。到晋绥后，由于他身体不好，组织上先调他到晋绥党校帮助工作，后又调他到《晋绥日报》任总支副书记。晋绥的土改工作虽然取得一定的成绩，但是由于康生的错误指导，也存在着"左"的错误倾向。如在划阶级成分中，将不少农户错划为破产地主和富农，特别是将富裕中农错划为富农，搞"扫地出门"，严重地扩大了打击面。在工商业政策方面，侵犯了属于地主富农的工商业和其他工商业利益，没有坚持党的严禁乱打乱杀的方针，错误地提出"群众要怎么办就怎么办"的口号等等。梁华虽然没有参加土改，但是《新华日报》参加土改的同志与他有密切的联系，有的同志主动向他反映土改中存在的问题。当时，一般人不敢说土改运动中的错误，怕被说成是反对土改，站在地主、富农一边。可是，梁华为了党和革命事业，为了正确执行党的政策，纠正"左"倾错误，不顾自己个人的得失，积极主动地多次调查了解土改中的情况和存在的"左"倾问题，将这些材料汇集写成报告，送给毛主席和周恩来副主席。他敢于如实向党反映情况，这是一个共产党员具有高度党性的表观。

1947年11月，党调梁华任南下四川干部队副队长，后因胃病复发未能随队南下。1948年，他的病稍好，便相继担任中央城市工作部工业研究组副组长、中央统战部人事室主任等职，直到新中国的成立。在这段时期，梁华的胃病经常复发，但是他在伟大的人民解放战争胜利发展形势的鼓舞下，为了全国的解放和新中国的诞生，总是带病坚持工作，从不懈怠。1947年12月至1948年5月，1948年底至1949年3月，他的胃病两次大发作，病情严重，胃出血不止，有时吐的血达半个洗脸盆之多。在他病情十分严重的情况下，还向同志们了解情况和布置工作。有一位中央领导同志称赞说："他对党的事业真是忠厚老实。"

鞠躬尽瘁　死而后已

中华人民共和国成立后，梁华历任中央人民政府政务院人事局局长、中共中央纪律检查委员会委员、中央人民政府直属机关党委书记。1951年调任西南军政委员会委员、人事部副部长，西南军政委员会直属机关党委书记，中共中央西南局财经工作部副部长、组织部副部长等职务。1954年当选为四川省第一届人民代表大会代表、第一届全国人民代表大会代表、四川省人民委员会委员。1955年任中共四川省委委员，同年当选为省监委副书记。梁华在担任党和政府各项负责工作期间，除早已患严重胃病外，于1951年初又患严重的高血压病，曾住北京医院治疗数月，以后经常复发，身体很弱。他在西南人事部工作时，组织上为了照顾他的身体，告诉办公室工作人员不要给他送文件和通知他开会，可是他坚持要工作人员给他送文件和材料。

1955年，梁华担任四川省监委副书记。他坚决同坏人坏事作斗争，有些老大难问题，他能很快加以解决。如有一位同志控告一位负责干部搞打击报复，长期不得解决。梁华和监委同志共同努力，经调查核实后，很快进行正确处理。梁华在办理案件中很重视执行党的政策，对于犯错误的同志，既是严格要求，又热情帮助改正错误，绝不搞扩大化；对于执行政策中的错误倾向，绝不让步，积极开展斗争。

梁华党性观念很强，他虽参加革命时间长，是四川的老党员，但是对省委领导十分尊重。如因一度照抄苏联经验，有人提出省监委直属中央监委领导。梁华对此曾多次提出意见，认为省监委不能脱离省委领导，应该是双重领导。事实证明他的意见是正确的。他对人对事是非明确，态度鲜明，对干部要求严格，对领导干部和一般干部一视同仁，对中层以上领导干部的错误，从不迁就姑息，该批评就批评，该怎么处理就怎么处理。他严于律己，当省委对监委的工作提出批评时，他总是自己承担责任。他的工作作风对同志们的教育和影响很大，至今仍然使同志们怀念。

新中国成立后，梁华担负着党和政府的领导工作。地位变了，可是他的生活作风未变，继续深持了艰苦奋斗的光荣传统。他刚到省监委工作时，同大家一样住在宿舍。后来，省委领导同志关心他的生活，指示有关部门将他的住房搬到一幢小楼去。一次，机关的同志计划修一条路通到他的宿舍，他知道后对此进行了批评和制止。他用的和穿的都很朴素，1956年逝世时，没有一条新被子和一件新衣服、一双新鞋子。

1956年，他身体很不好，仍然坚持去北京参加中央监察工作会议。他开完会回到成都后，身体更虚弱了。省委劝他注意休养，但是他仍积极准备召开全省监察工作会议，传达贯彻中央监察会议精神，不管白天黑夜亲自参加起草传达报告。由于他长期患严重的胃病和高血压病，这次去北京开会长途奔波，工作劳累，加上回来后又紧张的准备召开全省监察会议，使他的病情更加恶化，最后患脑血栓病，经医生多方急救无效，于1956年2月7日不幸逝世。梁华为党为人民贡献了自己的一切。梁华的心中只有党和人民的事业，唯独没有他自己。梁华真正做到了为党和人民鞠躬尽瘁，死而后已！

梁华的一生是一个优秀的共产党员为共产主义事业奋斗的一生，是一个中国工人阶级坚强战士战斗的一生。无论在敌人白色恐怖的统治区里，还是在敌人的法庭上和黑暗的监狱中，他从来没有动摇过，没有向敌人屈服过。他在革命斗争极其艰苦复杂的环境中，敢于向困难作斗争，从来没有向困难低过头。他对待党内的错误倾向，从来不顾个人得失，敢于坚持原则，敢于积极斗争，从来不随声附和、不屈服于任何压力。他具有严肃认真的工作作风和艰苦朴素的生活作风，特别是解放后能继续保持党的艰苦奋斗的优良传统。梁华的一生，真是"卅年来艰苦奋斗，为党为人民无限忠诚！""献身人民卅年如一日，忘我工作革命典范垂千秋！"[①]

---

① 中共四川省委、四川省人民委员会送给梁华的挽联。

刘远翔

◎冀蒙川 兰玉洪

刘远翔（1904－1933），重庆刻字工人，1925年初加入社会主义青年团，年底转党，是重庆早期的一位工人党员。在山城，他是优秀的工运战士。1926年夏，到自流井开辟党的工作，是盐都杰出的革命领导人。1928年春，被选为中共出席党的"六大"候补代表，次年2月，被选为中共四川省委委员。后到莫斯科中山大学学习，回国后曾任全国总工会派往山东的巡视员。1932年5月在接替中共青岛市委书记职务之际，不幸被敌人逮捕。1933年8月壮烈牺牲于济南洛口，时年二十九岁。

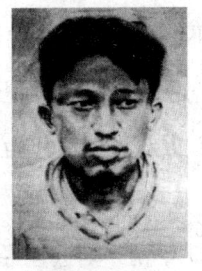

刘远翔

山城工运的优秀战士

刘远翔，又名刘荣成、刘云程、刘源泉、袁湘，在山东时曾用李伟仁、李蔚如等名号。1904年出生于四川岳池县。1924年在重庆长安寺启文印刷厂当刻字工人。由于长期的刻字劳动,致使他左肩低,右肩高,背呈弓形,因之人们习惯地称他"刘驼背",后在山东工作时,人们也习惯地称他为"四川驼子"。

在五四运动影响下,刘远翔逐渐懂得了工人阶级为什么受压迫、受剥削的道理,认识到只有团结起来,组织起来,才能推翻帝国主义、封建主义的政治压迫和经济剥削,以求得自身解放。不久,他参加了萧楚女、杨闇公等领导的"平民学社",学习马克思列宁主义的理论。他的阶级觉悟随之不断提高,不久就加入了"重庆劳工互助社",从事工人运动,开始走上革命道路。

1925年初,刘远翔经程子健介绍加入了中国社会主义青年团,由于他忠诚于党的事业,善于团结群众和领导群众起来斗争,因而在重庆工人群众中有很高的威望,是领导重庆工人运动的杰出人物之一。同年底,刘远翔便转为中国共产党党员,是重庆工人中最早入党的党员。①

这一年的9月初,吴玉章等为了培养革命人才,在重庆创办"中法大学"。优秀的共产党人纷纷汇集该校,刘远翔也到该校担负印刷工作。他以印刷工人的公开身份,积极领导重庆工人参加"国民会议促进会""孙中山追悼会"等活动和声援

---

① 程子健1952年9月回忆:"1925年初,我介绍他(指刘远翔)参加社会主义青年团,年底转党,他是重庆工人最早入党的。"

"五卅惨案""万县惨案"的斗争。

随后，刘远翔担任了中共重庆地委工人运动委员会委员，并任中国国民党（左派）四川省党部（设在重庆莲花池）工人部干事。① 他在党的直接领导下，以工人部干事的公开身份，积极从事重庆的工人运动，组织发动各行业工人为提高政治地位和改善经济生活的罢工斗争。当时重庆的黄色工会为官僚、工贼所把持，成为他们剥削工人、镇压工人的工具。刘远翔深入各行业工人群众中，用大量事实揭露黄色工会的反动实质，发动群众团结起来和它斗争，并另行建立工人阶级自己的工会。如江北和磁器口的缫丝业和市区的帽鞋业，是贫苦工人集中的手工行业，资本家为了榨取更多的利润，大量地廉价招雇童工，吮吸他们的血汗。刘远翔便亲自到这两个行业中发动工人，组织工会，带领工人群众开展罢工斗争，向资方提出了"限制招收童工和改善生活待遇"的条件，迫使当时重庆商会会长李奎安出面协商解决，使斗争取得了胜利。

在工人运动蓬勃发展的基础上，不久，重庆市总工会在党的领导下建立起来了，程子健被选为委员长，刘远翔被选为组织部部长。

在那些战斗的岁月里，刘远翔表现得非常坚定、勇敢。他曾经多次险些在街头被国民党右派的便衣打手打死，但他没有丝毫的动摇。由于他能够广泛地团结群众，有广大群众的掩护，加之他非常机智、果断，所以最后都化险为夷，转危为

---

① 程子健1952年9月回忆："当时所有党员均参加国民党左派。"

安。这段时间，经过他的努力，介绍了不少工人加入党和团的组织，壮大了革命力量。当时，"刘驼背"在重庆工人中是很有威信的。

盐都革命卓越的领路人

1926年夏，中共重庆地方委员会为了加强自贡盐场工人斗争的领导，特派刘远翔到自流井建立党的组织，开展盐场工人运动。

刘远翔到自流井后，同何玉琳①等人经过一段时间的紧张工作，即建立起中共自流井特别支部，由刘远翔担任特支书记。从此，古老的盐都就燃起了熊熊的革命烈火，千万盐场工人有了自己的战斗司令部。

刘远翔常以盐工衣着，深入大坟堡、长土等工区，与工人们同吃、同住、同劳动、交朋友，在盐工中传播革命思想，讲解革命道理。他在破漏茅草房和席棚里，同盐工及其家属们在油灯下促膝谈心，倾听盐工们诉说苦难的生活，向盐工们摆谈京汉铁路工人大罢工，同军阀斗争的英勇事迹，向盐工们讲解，只有团结起来，建立起为工人自己谋利益的组织——工会，与井灶老板作斗争，才能使自己翻身得解放的道理。他每到一地，总是和工人群众亲如兄弟，盐工们相信他、爱戴他，

---

① 何玉琳，四川自贡市人，中共党员，曾任共青团自流井特支书记，1929年牺牲于武汉。

把他当作自己的亲人，什么心里话都愿跟他谈。

这年的六月，大坟堡龙涌井井框垮岩，临时停产，资本家乘机解雇十二名工人。不久，卤井修复，而井主却另雇工人生产。刘远翔得知这一消息后，为了通过这件事情启发盐工们的阶级觉悟，和特支其他同志研究决定：组织发动龙涌井全体工人，对资本家的无理解雇工人进行罢工斗争。刘远翔在大坟堡来龙坳茶馆召开了龙涌井新老工人大会，在会上作了罢工斗争的动员，对该井新工人的工作也做了相应的安排。特支的罢工号召得到了龙涌井新老工人的一致赞成。罢工开始，工人向资方提出了复工的三个条件：一是，井主不得无故解雇工人；二是，龙涌井恢复生产必须收回原已解雇的工人；三是，被解雇工人在解雇期间的工资、伙食费照补。三条要求如不全部答复，决不复工。工人们在刘远翔的领导下，经过三天三夜团结一致的斗争，终于迫使资本家全部接受了条件。龙涌井罢工胜利的消息很快在自贡盐场传开了，使全盐场的工人受到了很大的鼓舞。大家深切感到：工人们只有团结起来同资本家斗争，才能改变自己的困难处境。

不久，中共自流井特支为了加强对工人运动的领导，决定刘远翔专门负责特支的工运领导工作。从此，刘远翔就以全部精力在工人中进行工作。

1926年秋，在经过中共自流井特支三个月的思想发动和组织准备的基础上，自贡盐场第一个机车工人代表大会在长土洞云寺召开了。会上选出了陈荣章等十七人为工会理事和监事。刘远翔在会上作了总结，对开展工人运动做了具体部署。长土机车工会的诞生，在自贡盐场树立了一面战斗的旗帜。不久，刘远翔又在长土西龙井主持了特支召开的盐场各帮工人代表会议，具体研究了开展工会工作的做法和步骤。会后，盐场各地区各产业工种的工会，如大坟堡机车工会、长土凿井工会、大坟堡烧盐工会等，如雨后春笋般地相继成立，为即将出现的自贡工人运动高潮做了组织上的准备。

1927年1月，中共自流井特支在长土洞云寺召开了工人代表大会。刘远翔在会上对当前的工运形势和任务作了讲话，他列举了大量事实说明盐工政治上受压迫、经济上受剥削、劳动负荷增加，而生活日益贫困的情况。他向工人代表们提出："老板们如此压迫剥削我们，盐工弟兄们应该怎么办？"刘远翔的这一提问，像一巨石投水，激起了千层浪花。代表们在会上纷纷气愤地说："盐巴是盐工们的血汗熬的，银子是盐工们的血汗铸的，都像水一样白花花地流入了老板们的腰包。老板们不仅不给我们添工价，反叫我们给他们家里打杂、干活，资本家喝了我们工人多少血汗啊……""老板有井商会，这下我们工人有了工会，就好唱对台戏，找老板们算账，要他们给我们添工钱！""不添工钱就给他们把场活搁了！"①

经过热烈讨论，代表们一致赞成举行全盐场的罢工斗争，要求增加工资，改善待遇。不久，即爆发了自贡盐场现代历史上的第一次大罢工斗争。

---

① "场活"，自贡盐场工人对劳动工作的习惯称谓。"搁场活"，即把工作停下来，亦即罢工的意思。

1927年2月14日，天还没有亮，一声惊人的长音汽笛划破了自贡盐场上空，街灯立即熄灭。在党领导下的自贡盐场工人大罢工开始了！

头天晚上夜班的工人听到汽笛声立即离开厂房，当日早班工人则不进厂接班，使自贡盐场各井灶工房顿时瘫痪。上午，盐工按工会预先通知，手执三角红色小纸旗，从四面八方涌向盐场中心——自流井市区汇合。近两万人的盐工游行队伍，高呼："反对资本家吸工人的血汗！""增加工资养活全家！""增加日行肉，改善工人生活！"口号声此起彼伏。用各种彩色纸书写的罢工标语贴遍了自流井的大街小巷。工人队伍很快包围了井商会和其他反动机构。

这时，井商会的资本家们像热锅上的蚂蚁，急得团团转，这是他们第一次遭到这样巨大的革命风暴的袭击。世世代代滚爬在卤井旁、盐锅边替井主们做牛马的奴隶，今日居然敢起来造反，老板们被吓得头昏目眩，不知所措。

罢工持续了三天三夜。盐业停产，官方减少了税收，军警无粮饷可提，资本家无法获得利润。在此形势下，军阀和井商会被迫答应了工人们提出的条件。这次全盐场工人的大罢工取得了预期的胜利。

这年冬天，在刘远翔领导下，自贡总工会成立了。他担任委员长，杨玉忠担任副委员长。委员长对外的代名为"苏大兴"，即"苏维埃"大兴大旺之意。自贡总工会的成立，标志着自贡盐场工人运动进入了一个新的阶段。

1928年春天，在重庆附近白市驿召开的中共四川省委扩大会议上，刘远翔被选为出席中共第六次全国代表大会候补代表，并兼中共川南特委书记和中共自流井特支工运委员等职。随即他着手领导自贡盐场的第二次大罢工斗争。

早在1月间，中共自流井特支于黄家山山王庙召开了工人代表会议，刘远翔传达了中共川南特委三多寨扩大会议"关于立即开展川南武装起义和自贡第二次大罢工决议"精神。他指出，盐场工人在政治上受到残酷压迫，经济上受到层层剥削，和其他地区相比，工人劳动时间最长，生老病死无任何保障，生活于水深火热之中，要摆脱这种悲惨的生活境况，唯一的办法是团结起来，向资方开展坚决的斗争！

刘远翔的讲话增强了一百多名代表争温饱、求解放的决心和信心。大家热烈响应党的号召，积极酝酿讨论了这次罢工的步骤和做法。会议决定成立了自贡罢工委员会、行动委员会、特务队以及后援委员会。罢工委员会由五人组成，由刘远翔、杨玉忠二人负责。随后，大坟堡、长土分别成立了罢工指挥部。

2月中旬，以增加工资、改善待遇为中心的十万盐工第二次大罢工爆发了。罢工斗争在中共自流井特支领导下，组织发动了盐场的小工商业者、店员工人、手工业工人、学生先后进行了罢工、罢市、罢课，支援盐业工人的斗争。整个盐场沸腾起来了。街头巷尾贴满了罢工标语、传单和快邮代电。罢工持续达十八天之久。

这次斗争虽然遭到了军阀镇压，但并没有削弱盐场工人的斗志。在斗争中，还得到了富顺、内江等地党组织和工会的有力支援。结果，资方终于被迫接受了增加工人工资、改善工人生活待遇的条件，被捕的工人亦陆续释放出来。罢工斗争打击了国民党反动派和资本家，取得了一定的胜利。

但是，随之而来的是国民党反动派对盐场工人运动采取了更加阴险毒辣的手段，反动武装遍布盐场，画像悬赏通缉刘远翔等人，白色恐怖笼罩着整个自贡。

3月，刘远翔代表特支，在自流井黄家山召开的特支扩大会上，对这次大罢工进行了总结，研究了善后事宜，同时布置对在罢工斗争中涌现出来的积极分子进行考核的工作，为进一步壮大党的组织作准备。

随后，中共四川省委根据当时的斗争形势，决定将刘远翔撤离盐场。到中共川南特委（机关曾设在宜宾、泸州等地）工作。1929年2月，在中共四川临时省委扩大会议（成都）上，刘远翔当选为省委委员。下半年，党组织派刘远翔到莫斯科中山大学学习。[①]

革命不止　战斗不息

1930年10月，刘远翔从莫斯科回国后，党派他作为中华全国总工会的巡视员到山东工作。他到山东后，化名李伟仁、

[①] 刘伯承1959年回忆，刘远翔是1930年去苏联的，曾和他在莫斯科一起学习，同在一个支部过组织生活；陈林（荫农）1982年回忆说："他（刘远翔）在中山大学（后改为中国共产主义劳动大学）学习"，"在1930年回国"。

李蔚如，积极从事工运工作。

1932年5月，中共山东省委决定刘远翔接替青岛市委书记李春亭（即祖茂林，安徽宣城人）的职务，在交接过程中，刘远翔主要负责四方、沧口两个工业区的党务工作。

当时，在日本帝国主义和国民党新军阀统治下的青岛，党领导的工人运动和学生运动正在高涨。青岛公安局局长余晋和等妄图扑灭革命烈火，便派密探高振东（又名高俊卿，解放后畏罪自杀）以大康纱厂工人身份，伪装革命，混入党内，并窃取了中共四方支部组织委员职务，暗中侦察党的地下组织和负责人的活动。高振东将刘远翔、李春亭交接工作的情况报告了侦缉队，于是特务即对刘远翔及李春亭进行了盯梢和跟踪。

刘远翔当时住在青岛无棣二路二十二号党员陈文其家中。陈的公开身份是日本三菱公司职员，兼及养蜂为业，中共青岛市委机关即设于他家。担任市委印刷和保存文件的党员王情贻也住在那里。

李春亭的警惕性很高，在他和刘远翔交接工作时，发现有人盯梢跟踪，便和陈文其商量，马上找一个安全的地方，让刘远翔住下来。5月29日，陈文其找了一家很阔气的旅馆，要刘远翔第二天即去住下。富有地下斗争经验的刘远翔，也知道敌人已在监视他，便与陈文其约定："如果明天下午六点钟我没回来，你就马上撤离。"5月31日下午四时，刘远翔去沧口工作回来，正准备与陈文其会面，不幸在丰田路下车时，在内奸高振东的目指下被敌人逮捕。被捕后，特务追问刘远翔："你是哪里人？住在哪里？"

刘远翔牢记着与陈文其约定的时间,便故意尽量拖延,什么都不讲,以免市委机关受到破坏。特务们便动用严刑逼供,他仍然什么也不说。敌人慌乱了,就押着他出外,逼他交代住处,刘远翔则乘机牵着特务们的鼻子兜圈子,伺机向有关同志报警。快到下午六点钟了,特务们还没有找到刘远翔的住处。这时,在押送人员中有一个管理过陈家地段的户籍警说,他曾在养蜂场附近看到过这个人。于是特务们又押着刘远翔往无棣二路走。到了陈家附近时,刘远翔机智地把敌人引进了陈家隔壁的王姓海关职员宿舍,向敌人说:"这就是我的家!"敌人一进屋,房主惊诧地连称:"此人没有住在这里。"愚蠢的敌人没理会房主人,一个劲地追问刘远翔:"你既然住在这里,那你的东西放在哪里?"刘答:"在床下箱子里。"当然,敌人什么也没有搜查出来,于是就疯狂地毒打刘远翔。此时,刘远翔没有顾及自身的痛楚,没有考虑个人的安危,他想到的只是如何报警,使隔壁的同志们安全转移,保全市委机关,保护党的组织。他提高嗓音,大声喊道:"这就是我的家呀!""这就是我的家呀!"特务们一时被弄得不知所措。这时,那个户籍警在一旁又若有所悟地说:"这个人我在养蜂场时见到过他!"于是,特务们就回头涌向隔壁陈家。

正当刘远翔报警的喊声飞出王家,传到隔壁的陈文其家时,王情贻恰好在那里。王情贻听到喊声,知道出了事情,马上转移,但由于他是瘸腿,步履缓慢。那个户籍警赶上来又喊:"那个瘸子也是共产党!"于是王情贻立即被敌人抓住了。

此时,陈文其正在家里等候刘远翔,一看时间已经六点过了，刘还没有回来，心里疑虑刘已经出事，正准备撤走，但警察已经冲进屋子将他逮捕了。①

随后，特务高振东带着密探将李春亭及四方机车厂党支部书记王良栋，青岛市委宣传委员武嘉澍，中共党员孙殿舜、杨建成、任国华等也相继捕去。青岛市委党组织受到敌人严重的破坏。

刘远翔被捕后，敌人认定他是中共山东省委书记，对他进行酷刑逼供，妄图从他口中了解到我党山东组织活动情况。刘远翔对敌人的一次又一次刑讯，均以"不知道"、"实在不明白"、"并未与何人接头"、"关于共产党的事，我是完全不知道！"等语回答。② 当内奸高振东在敌人法庭上作证时，刘远翔义正词严地对他一阵唾骂，仍然什么也没承认。多次刑讯逼供均无结果，青岛反动当局只好将刘远翔、李春亭案件上报到省。

8月8日，敌人将刘远翔、李春亭等十一人押往济南山东省高等法院。在火车上，刘远翔、李春亭等利用共同关押在一个车厢的机会，密商了到济南后对敌人的斗争策略，做好了迎接更严酷斗争考验的思想准备。

刘远翔等被押至济南后，仍一如既往，什么都不讲，弄得敌人不知所措。后来敌人用了一个苦肉计，弄来一个名叫王洪

---

① 陈文其1982年回忆：他被捕后被敌人关在青岛监狱时，曾用手纸把他和王情贻被捕情况简略地写上向李春亭作了汇报。
② 上列引语现存于山东省档案局的敌档0.021号，敌特审讯记录的刘远翔《供单》。

九的叛徒,假充"政治犯"塞在刘远翔、李春亭等的牢房里。此人在莫斯科时曾和刘远翔一起学习,他一进监狱就大吵大闹,发国民党的牢骚,装出一副"革命"的样子。这个"政治犯"和其他人不一样,晚上通宵不眠,白天整天睡觉,而且每天都要出去"过堂"。这些引起了同志们的警觉。同狱的一个囚犯把敌人的这一阴谋告诉了刘远翔、李春亭等。刘远翔、李春亭等便借下棋的输赢问题,用假吵嘴、赌气、互不讲话等办法来对付,致使这个"政治犯"在牢房里待了三天,一无所获,结果只好夹起尾巴溜了。

敌人又采取各个击破的伎俩,把同案人调号分散,妄图在大家无法联系的情况下,逐个刑讯攻破。但是,这对坚贞不屈的共产党人来说,又顶什么用呢?一次,武嘉澍等人在牢房中看到刘远翔受审后,满身是血,两脚已经不能站立,由两个狱警拖曳着上楼来。刘远翔一看到战友们,就操着四川口音大声斥骂敌人"他妈的!让我说哩,我说什么呀!"战友们知道,这骂声既是在直接鞭挞凶残的敌人,而更重要的是在告诉同狱的战友们:我什么都没有讲!同志们一定要坚守党的机密![1]又一次,陈文其、武嘉澍等被带出去"过堂",在审讯室门口,正碰着刘远翔受审后出来。刘远翔一见到战友,又高声斥骂敌人:"他妈的!给我十五分钟时间,叫我考虑考虑哩,我考虑什么呀!"这骂声,战友们一听就明白,他什么也没有讲,大

---

[1] 武嘉澍1982年8月回忆:当他听到刘远翔受刑回狱时的喊声,心里很难受,也很敬佩,他这样一喊,我们便知道他没有供出组织,没有出卖同志,他激励我们要不屈不挠地同敌人斗争下去!

家一定要坚持斗争！

敌人始终一无所获，遂于1933年8月18日将刘远翔、李春亭、王情贻、张孟荪、唐东华、孙善师、郑云岫、段亦民等九人枪杀于济南洛口。刘远翔、李春亭等在押赴刑场前，大声向难友们告别："同志们！再见了！仅仅是我们这几个细胞不在了，但千千万万的细胞还在！……"他们高唱《国际歌》，高呼"共产党万岁！"昂首阔步地走向刑场。临刑前，他们继续高呼："打倒军阀！""打倒国民党！""共产党万岁！"行刑士兵为他们视死如归、慷慨就义的英雄气概所震慑，双手颤抖，射击慌乱……①

刘远翔离开我们已经这么多年，但他那生命不息、战斗不止的英雄形象，却永远活在人民的心中。

---

① 彭瑞霖1982年7月回忆：刘远翔等九个人一路高唱《国际歌》，高呼"打倒国民党！""中国共产党万岁！"的口号，他们英勇顽强，使人很感动，就是"执法队"士兵的手都颤抖了，枪都打不准……

钟善辅

◎ 四川省总工会工运史资料组

一

钟善辅（1899－1930），又名钟世民，四川涪陵县人，是四川早期工人运动的领袖之一。1899年出身于涪陵县罗云乡一个贫苦农民家庭。父亲钟香池读过蚕丝学校，毕业后由于找不到工作，在家以种田养蚕为业。钟善辅自幼勤劳奋发，聪颖好学。他一边帮助家里种田，一边在私塾念书识字。1916年，他经过长途跋涉，来到重庆一家丝厂做学徒，开始了他独立的生活。1918年经大哥钟伯良帮助，离渝赴蓉，报考蚕丝学校未被录取，遂进入成都警监专门学校。他嘲笑这所学校是"不花钱的旅馆"。

钟善辅

1919年，五四运动爆发了。反帝反封建的浪潮汹涌澎湃,席卷全国。在五四运动的影响下,新文化运动在成都普遍开展。一些进步刊物如《星期日》《新空气》《四川学生潮》等纷纷创刊,劳工组织也建立起来。是年12月26日,成都印刷工人百余人集会,宣告"印刷界劳动互助团"成立。身处这一伟大历史变革时代的钟善辅,渴望真理,向往进步,他积极地投入了轰轰烈烈的革命洪流。

二

1917年十月革命的炮声惊醒了沉睡在亚洲的东方雄狮,从五四运动开始,中国进入了新民主主义革命历史时期。一些具有进步思想的青年知识分子,开始接受马克思主义,在全国各地为建立中国共产党而积极活动。

1920年秋,四川早期马克思主义者王右木从日本留学回到成都,经过筹备组织,于次年成立了"马克思读书会"。钟善辅和一些进步青年积极参加了读书会的活动。在读书会中,他

钟善辅旧居

听了王右木主讲的《唯物史观》《资本论》《社会主义神髓》等，并认真地攻读了《共产党宣言》和《阶级斗争》等著作。在认真学习革命理论的同时，他还积极参加组织工人小组、办工人夜校的活动。

1921年7月，伟大的中国共产党光荣诞生了。根据形势发展的需要，次年春，在王右木影响下读书会会员十余人和一些先进青年，组成中国社会主义青年团成都组织，钟善辅和廖恩波、童庸生、刘亚雄等人一道，首批加入了团组织，开始了职业革命者的生涯。

1922年冬到1923年2月，是中国工人运动第一次高潮时期。在此期间，成都社会主义青年团组织遵照团中央的指示，配合全国工人运动高潮的大好形势，积极开展劳工运动，建立革命的工会组织。团组织深入分析了成都工业状况，决定集中力量，首先在成都人数最多、组织力量较强的长机帮（丝织行业）开展工作。钟善辅和其他几位团员担任了开展这项工作的任务。此后，他经常出现在长机帮所在的几条主要街道附近的茶馆里，向工友们宣传革命道理。他列举资本家剥削工人的大量事实，启发工人们的觉悟，鼓舞工人们起来斗争。在开展长机帮工人工作的同时，他还注意在生绸帮、建筑帮以及店员中开展工作。经过钟善辅和其他团员的共同努力，团组织把这些帮的工人群众团结了起来，建立了成都第一批受团组织领导的各行业工会组织。

1923年2月，传来了北洋军阀吴佩孚勾结帝国主义血腥屠杀京汉铁路工人的消息，工人们群情激昂，无比愤怒，纷纷举行罢工和示威游行，声援京汉铁路工人。团组织积极参加和领导了这场规模宏大的斗争。在成都少城公园举行的群众声援大会上，钟善辅不顾反动派的阻挠，身先士卒，登台发表演说。他痛斥反动军阀血腥屠杀铁路工人的罪恶行经，介绍了京汉铁路工人们团结战斗的英勇行动与共产党员林祥谦、施洋宁死不屈、从容就义的感人事迹。钟善辅的演讲慷慨激昂，声泪俱下，充满着深厚的阶级感情，在场的许多人深受感动。目睹这一情景的孟本斋说："钟善辅当时硬是说得来怒发冲冠，好像周身都在颤抖，说得大家在淌眼泪。"① 在这场斗争中，团组织以自己的实际行动，教育了工友，争取了群众，提高了威信，终于成功地把粗丝、牛骨、刺绣等二十几个帮会组织起来，并以长机、生绸工人为主干，于当年 5 月 1 日建立了"成都市劳工联合会"。"劳工联合会"的成立，标志着成都工人运动进入了一个新的时期。钟善辅在斗争中赢得了工人们的尊敬和信赖，被推选为成都市劳工联合会的副会长。这年秋，中国共产党成都党组织在王右木领导下成立，钟善辅和一部分经过考验的团员，转为中国共产党党员，成为无产阶级先锋队的一名光荣战士。

钟善辅入党后，更加活跃在成都市工人运动的政治舞台上。1923 年冬至 1924 年春，他先后成功地领导了生绸工人和长机工人为改善生活、提高工资待遇而举行的两次大规模罢工斗争；还和孟本斋一道胜利地领导了长机工人反"朱尺"的斗

---

① 《四川工运史研究资料》第三辑，《高思伯回忆钟善辅烈士》。

争。在这几次罢工斗争中，面对复杂的形势，钟善辅不仅表现了一个共产党员的高度觉悟和坚强意志，还十分注意斗争的策略性和灵活性。说理斗争和罢工示威交错进行，并积极推动"上层"进行工作。这样，一方面迫使反动当局和资方欲出兵又止，作出让步；另一方面工人群众的要求又得到基本满足，从而达到了打击敌人、团结人民的目的。事后，他曾说：通过这些斗争，他"初步学会了对敌斗争的艺术"。在领导工人罢工斗争的同时，钟善辅还十分重视党的宣传工作。1924年初，他在担任《甲子日刊》（该刊名义上由杨森出钱主办，实际上为我党控制）的助理编辑时，与社长秦正树（即秦伯卿）、主笔王右木等经常在该报上发表文章，反对军阀混战，揭露和抨击社会中的一些罪恶现象，颂扬十月革命的胜利，介绍优越的社会主义制度。

1924年3月，优秀的马克思主义者王右木离川赴沪（不久遇难牺牲），党把领导成都地区革命运动的重担交给刘亚雄、钟善辅二人。这时，正值第一次国共合作时期，孙中山先生提出了新三民主义纲领。一场打倒帝国主义，推翻军阀统治的大革命风暴即将来临。为了迎接大革命高潮的到来，钟善辅在这一段时间里，把主要精力放在发动群众、团结工友、扩充组织、壮大力量的准备工作上。

1925年5月30日，帝国主义分子在上海开枪打死打伤了几十名中国群众，酿成了震惊中外的五卅惨案。消息传开后，一场声势浩大的革命风暴从上海迅速席卷全国。成都各界五千多人举行了援助五卅惨案的大示威游行，并成立了"五卅惨案国民后援会"。由于刘亚雄、钟善辅领导的成都劳工联合会在斗争中起了重要作用,因而被公推为后援会的负责人之一。廖恩波担任了后援会主席团的主要领导职务。钟善辅、曹品、袁亚群(女)等主持后援会会务。成都援助五卅惨案的革命运动,激发了人民群众的爱国热情,活跃了政治空气,并为以后进行的革命斗争提供了经验。

1925年12月,成都利通等八家车行老板,不顾工人死活,擅自将每日车租由五角增至六七角,激起广大人力车工人的强烈反对。党决定派钟善辅、刘亚雄、李宗林、高恩伯等深入人力车工人中,领导工人们进行斗争。钟善辅等在工人群众中,宣传革命道理,启发他们的阶级觉悟,用"团结就是力量"的道理来提高工人斗争的信心。经过深入细致的工作,一场规模宏大的人力车工人罢工斗争开始了。

1926年1月27日,一千多工人聚集在皇城坝,成立了人力车工会,发表宣言,宣布总罢工。会后,举行了示威游行,高呼"反对增加车租""保护工人利益"等口号,并结队到成都市政公所请愿。在工人罢工怒潮和社会舆论的压力下,车行资本家被迫接受工人提出的条件。历时两个多月的斗争,罢工终于取得了胜利。

1926年春,以杨闇公为书记的中国共产党重庆地方委员会正式成立。重庆地方委员会十分重视工人运动,委托程秉渊(程子健)组织了工人运动委员会。在工人运动委员会的具体指导下,全省工人运动普遍开展起来,有力地促进了成都工人运动的发展。

钟善辅身为成都工运领导人之一，却没有架子，平易近人，经常下基层，去茶馆，了解工友的疾苦，给他们讲述革命道理。一些当年在长机帮工作的老会员深有感慨地说："钟善辅是上级领导，平时我们虽不在一起工作，但经常听他演讲。他讲起话来是刀切斧断，振振有词，很能打动我们的心。"钟善辅个子不高，身体瘦小，性格泼辣，敢说敢干，对党的事业兢兢业业，对工人群众怀有淳朴的阶级感情。他常讲："工人是党的基本队伍，为了革命，我们就要毫不松懈地为他们工作。"钟善辅关心工人，工人们也爱戴钟善辅。1927年市工会被砸，工人群众为了他的生命安全，自动组织起来，日夜保护。后来钟善辅曾对爱人李竹蕡说："在成都我不怕军阀！"这充分体现了他相信工人、依靠工人，和他们朝夕相处、生死与共的革命精神。对于个人问题，他从来不向党伸手、叫苦。他和李竹蕡结婚后，很长一段时间，大家都不知道他们的"金屋"在那里，他自我解嘲地说："我们是无政府主义者啊！"钟善辅为革命呕心沥血，不辞劳苦，经常饿着肚子干工作。高思伯回忆说：一次油印文件，他忍饥挨饿了大半天，当高思伯把身边仅有的一点钱拿出来时，钟善辅傻乎乎地笑着说："呀！你真伟大，竟有买锅魁的财富，失敬！"他就是这样坚定乐观地为革命工作着。

1926年7月9日，广东革命政府正式出师北伐。革命军兵分三路，以摧枯拉朽之势，摧毁了反动军阀的一个又一个堡垒，极大地动摇了帝国主义在中国的统治。面对这场空前规模的武装斗争，惊恐万状的帝国主义对中国革命进行了赤裸裸的武装干涉。9月5日，英国兵舰的大炮直指四川万县，疯狂轰击，造成中国军民死伤达数千人的"九五"惨案。英帝国主义这一令人发指的罪行，激起了中国人民的无比愤慨。

9月16日，刘亚雄、钟善辅主持成都各工会，率先发表宣言，主张实行经济绝交，抵制英日帝国主义者。宣言写道："五卅之血迹未干，万城之惨案重演，彼帝国主义者，用屠杀政策，势将绝我华裔，闻此噩耗，悲愤填膺。"宣言号召："凡我同胞，急宜奋起，实行与英经济绝交，废除一切不平等条约，不达目的，誓不罢休。"① 为了发动全市人民开展反英斗争，"万县惨案成都国民雪耻会"于9月初成立。10月3日，在"雪耻会"第二次代表大会上，决议成立"罢工委员会"，公推劳动自治会、总商会、市工会、店员联合会、省农会、省议会以及武士总会南壹支部等七个团体为成员，钟善辅被选为主任委员。10月10日，来自长机、生绸、建筑、劳动自治会、牛骨、刺绣、粗丝等四十二个工会分会的两百余代表，集聚在成都市川主庙，共商筹建成都市工会之大计。会场张灯结彩，粘贴标语及对联，气氛活跃。钟善辅作为会议主席报告了工会筹备经过和各分工会成立情形。会议讨论并通过了禁止资方无故开除工人代表案、援助罢工案等。最后选举刘亚雄为会长，钟善辅、孟本斋等九人为评议员，成都市工会正式宣告成立。市工会的成立为加强对正在进行的反英罢工运动的领导提供了更加有利的条件。10月20日，华大等四所学校、城内外各教

---

① 《国民公报》，民国十五年九月十六日（1926年9月16日）。

堂、各教会学校、医院和外国侨民们家中所雇佣的男女华工共约六百人，响应雪耻会"不为英人作工服役"的号召，举行大罢工。与此同时，华大等四校的爱国学生，相继组成退学团，纷纷退出学校，并开展了反华西大学筑墙的运动。钟善辅沉着镇定，冷静地分析形势，指导运动一浪高一浪地向前发展。他在外南的东巷子设立办事处，处理罢工工人有关事务，解决罢工期间各种问题；还租用少华茶社作为罢工工人的临时宿舍，罢工工人领有"罢工证"一张，每天凭证按家庭人口领取伙食费，还组织了"工人纠察队"维持秩序，执行公约。他还给工人们讲述反帝斗争的重大意义以及如何进行斗争，怎样才能取得胜利的具体办法。钟善辅的细致工作，使工人们更加团结，斗志更坚，从而有力地促进了整个反帝斗争的高涨。万县惨案发生后，侨居在成都的外国人，在高涨的罢工、罢课、经济绝交运动面前，不得不收敛气焰，坐下谈判。在谈判桌上，钟善辅、曹品、李铁夫等代表同英国人饶德伟、美国人毕启进行了针锋相对的斗争。他们痛斥了帝国主义屠杀中国人民的血腥罪行，揭露其镇压学生爱国运动、破坏工人罢工斗争的狰狞面目。在铁的事实面前，这些外国人不得不低下头来，"表示对万县惨案的不平，愿意致电英国政府，伸张正义，谴责这一罪行"。他们还一再声明："中国人民的反帝爱国斗争和爱国行为，是完全正确的，我们不但不反对，并衷心赞成，表示钦佩。"在这个基础上，双方达成了协议，反帝斗争取得了重大胜利。为了庆祝声援"九五"惨案斗争的胜利，11月20日举行了"九五爱国工友联欢社"成立大会，钟善辅被与会者一致选举为总主任。这是成都市工人和各界人民对钟善辅领导这场斗争取得胜利的最好评价。

在战斗中诞生的成都市工会，立即受到中共重庆地方委员会高度重视。1926年11月23日，杨闇公在重庆召开的国民党第一次全省代表大会上，作了《工人运动报告》。他在报告中指出："成都有一个所谓四川总工会，完全为绅士（军）阀把持"，"后经本党的宣传，成都的工人开始自觉起来，成立成都市工会……这是个真正代表工人利益并为工人利益奋斗的市工会，在事实上确为工人争得了自身利益和要求，所以一般工人很坚决的拥护着他"。这是党对成都工人运动的肯定，也是对领导工人运动的钟善辅等同志的表彰。

成都市工会的建立和发展，同时也受到中国共产党领导下的全国总工会的密切关注。1927年2月20日，中华全国总工会执行委员长苏兆征、代理委员长李立三签署委任状并发出通告，委任钟善辅、刘亚雄为中华全国总工会驻川职工运动指导专员；通告赞扬钟善辅、刘亚雄"为工人阶级利益奋斗，对于四川工人运动情形，尤能深切了解"[①]。同年3月21日，成都市工会奉全国总工会第六〇七号指令，改名为成都市总工会，继续深入开展方兴未艾的工人运动。在中华全国总工会的热情关怀下，在中共重庆地方委员会的有力指导下，成都市总工会得到迅速发展，其所属基层工会组织由几个发展到六十四个，团结了一万余工人群众。

---

① 《国民公报》民国十六年四月八日（1927年4月8日）。

就在这时,全国革命形势急转直下:英美帝国主义的兵舰炮轰南京,发出了加紧干涉中国革命的信号,四川军阀在重庆制造骇人听闻的"三三一"惨案,大肆搜捕共产党人;蒋介石在上海发动"四一二"反革命政变,疯狂屠杀革命志士。在成都,反革命白色恐怖笼罩全城,蒋介石的亲信、"四川整理党务特派员"向育仁猖狂叫嚣"清党反共"。4月15日,数百名武装军警、流氓、工贼狂喊"打倒钟善辅,活捉孟本斋"的口号,查封并捣毁了市总工会。同月24日,反动当局下令通缉刘愿庵、钟善辅、刘亚雄等。面临这种极端险恶的环境,钟善辅刚毅坚强、不畏淫威,用笔刀镌刻下了"生为坚强仕,死为精忠魂"十个大字,作为对反动派白色恐怖的响亮回答。4月下旬,钟善辅受党的派遣,作为全省工人阶级的代表,前往武汉出席中国共产党第五次全国代表大会。大会结束后,他随即化装返川,奔赴灌县、郫县、邛崃、乐山等地区,积极开展工、农、学运工作,不幸在乐山被军阀张子凤扣押。党组织对他的被捕,十分关切,积极设法营救。后经刘文辉的副官长李铁夫出面,钟善辅才化险为夷。

1927年秋,省委书记傅烈派刘愿庵到成都建立中共川西特别委员会,钟善辅、刘亚雄被任命为工运委员。由于白色恐怖十分严重,钟善辅等只得转入地下。同年12月,在中共川西特委的直接领导下,钟善辅发动商人和各界群众,开展了反"劣币"斗争。这场斗争长达一个月之久,给反动派以沉重打击,显示了人民群众的强大力量。1928年1月,中共川西特委又发动了成都人力车工人大罢工,抗议资本家暴增车租。元旦那天，两万八千余人力车工人举行游行示威，充分显示了工人阶级的强大力量。这两次规模巨大的斗争，使反动派既惧怕，又仇恨，随即向共产党人和革命群众举起了屠刀。2月26日，反动当局借省立一中学生打死反动校长杨廷铨事件，将中共川西特委宣传部部长袁诗荛等十四位同志枪杀于成都下莲池。在严峻考验面前，一些人胆怯、彷徨、动摇、退却了，一度作为成都工人运动的重要领导人物刘亚雄仓皇脱逃，不久叛变了革命。然而更多的革命者挺身而出，坚持斗争，发动武装起义，用无产阶级的暴力来反对反动阶级的暴力，钟善辅就是这样一位优秀的革命战士。

为了保存革命力量，与凶恶的敌人继续进行斗争，党组织决定把已经暴露了的、为反动派恨之入骨的钟善辅转移到外地。"二一六"事件后不久，在一个阴风惨惨的傍晚，钟善辅化装成一位老太婆，偕同爱人李竹贲，离开了这座他生活战斗过多年的古城——成都，去迎接新的更加严峻的考验。

三

1928年下半年，钟善辅辗转来到重庆，住在党组织所在地蔡家石板街。他以重庆西南高中学校教师的身份为掩护，继续从事党的工作。次年春，钟善辅奉省委指示，在军委书记李鸣珂的直接领导下，前往川东主持该地区军委工作。途中，他返回阔别已久的故乡——涪陵罗云坝。

罗云坝位于涪陵城东约七十里，在丰都、涪陵两县交界的铜矿山下，是一个美丽富饶的小盆地。钟善辅曾在1925年冬回到这里，进行过革命活动。他在罗云坝文昌宫创办了夜校，把一些青年农民团结在身边，在他的启发和教育下，进步青年李焕堂、刘伏祥加入了中国共产党，为次年罗云坝第一个党支部的建立打下了坚实的基础。在发展党组织的同时，钟善辅还组织了农民协会。从此，革命种子在这块弹丸之地生根、发芽、开花、结果。钟善辅走后，在党支部的领导下，打土豪、分田地、建立农民政权的革命运动蓬勃兴起。1928年农历四月三十日，在党的领导下，一场农民起义爆发了。这次起义虽然在反动军队和地主武装的联合镇压下失败了，但它的影响在罗云坝人民中间久久不能泯灭，并为其后二路红军的创建奠定了基础，提供了经验。

为了配合全国各地发动武装起义，创建革命根据地，开展游击战争，省委决定在全川组织一、二、三、四路红军起义。二路红军以罗云坝地下赤卫队和农民协会为基础，以涪陵、武隆、丰都、石柱四县及与彭水、忠县交界地为游击区域。钟善辅在这块经历过血与火洗礼的土地上，更加感到自己肩负的使命的重要意义。不久他赶到涪陵，与县委书记兼川东军委委员苟良歌积极筹划策动刘湘所属郭汝栋部二十军的兵变工作。在省军委书记李鸣珂的亲自布置下，川东军委和涪陵县委决定在第二年4月初发动二十军兵变。计划首先发动郭汝栋部第一师第一团（团长朱载堂，黄埔军校学员，本人思想比较进步，同情革命）进行起义，尔后动员该师另外两团同赴罗云坝。一切工作准备就绪后，钟善辅这年夏来到丰都。党组织把他安排在丰都县中学，以训导主任兼语文教师的身份，与县委书记杜桴生、副书记朱房淮、县团委书记熊达士等密切合作，共同开展斗争。1930年春，杜桴生调走，钟善辅接任县委书记。当时，丰都在军阀陈兰亭的反动统治下，笼罩着白色恐怖。钟善辅时而打扮成学生，时而化装成工人，时而装扮成衣衫褴褛的农民，深入群众去进行革命宣传。在他的串联下，丰都水烟工会、店员工会、竹篾编织工会、织布业工会、小商小贩以及修路工人先后组织起来。在修筑丰都到涪陵的公路时，他带领一部分学生团员和筑路工人打成一片，给工人们讲述革命道理，号召工农团结起来，同地主资本家进行斗争。在他的带动下，逐渐觉悟了的筑路工人用消极怠工等手段开展斗争，反对剥削压迫，争取自己的权利。钟善辅还以县中校为据点，在学生中宣传革命，在他的帮助下，一些进步学生逐渐走上了革命道路。在发动工运和学运的同时，他还经常到陈兰亭部下的一些进步青年军官和士兵中间去，策动他们举行兵变。此外，他还积极筹集资金，购买枪支、药品，支援正在准备中的二路红军起义。1930年4月5日，二路红军在党代表苟良歌、总指挥李鸣珂、前敌总指挥赵启民等率领下，在罗云坝打响了武装起义的枪声。起义部队横扫地主反动武装，迅速向靠近丰都的粟子寨前进。二路红军起义的节节胜利和钟善辅在丰都领导的革命运动的蓬勃开展，使军阀陈兰亭惶惶不可终日，于是调集力量，准备在丰都实行血腥的镇压。这些情况，我党在陈兰亭部队做军支工作的同志及时向钟善辅等进行了汇报。同志们都为钟善辅着急，劝他赶快离开。在这严重关头，他表现了一个共产党员不怕牺牲的崇高革命精神。他说:"我不能走!决不能走!我离不开工农弟兄,他们也离不开我,他们都希望我在这里,我走了谁来领导他们?"面对严峻的现实,他在自制的茶托上刻下了诗句"马列能救国,共产始成业。强暴皆不惧,恶妖得消灭"。这表示了对反动派的蔑视和对共产主义必胜的信心。为了应付突然事变,富有斗争经验的钟善辅做了全面细致的考虑。4月30日下午,他召集县委常委紧急会议,决定:一是,原订的五一庆祝大会不开了;二是,一部分已暴露的同志陆续疏散;三是,如果发生意外,由陈伯庚(他是丰都县委二线书记)负责县委工作。会议结束后,钟善辅与熊达士回到住所,二人沉着镇定,一面对坐弈棋,一面商量下一步具体行动。第二天清晨,一大群荷枪实弹的反动军警突然包围了县中学,钟善辅和熊达士被捕。在监狱中,两位革命战士经受了敌人严刑拷打,坚贞不屈,至死不渝。1930年5月4日,丰都街上反动军警林立,恐怖和阴森笼罩着全城。在刽子手的押送下,钟善辅拖着沉重的镣铐,迈着坚定的步伐,和熊达士一起大义凛然地从县监狱走向刑场——丰都商业场口。当法官宣布钟、熊二人"罪状",并令刽子手执行枪决时,钟善辅对反动派斩钉截铁地说:"当我们的革命成功,对你们还不是这样吗!"[①] 在"打倒帝国主义!""打倒军阀!""无产阶级联合起来!""中国共产党万岁!"的雄壮口号声中,刽子手射出了罪恶的子弹,钟善辅英勇地牺牲了,时年仅三十一岁。

---

① 《国民公报》民国十九年五月十九日(1930年5月19日)。

钟善辅烈士墓

优秀的共产党员、人民的无畏战士钟善辅虽然为革命献出了生命,但他未竟的事业永存!他的光辉诗句——"马列能救国,共产始成业。强暴皆不惧,恶妖得消灭。"将永远激励着我们前进!

孟本斋

◎ 吴式恒

孟本斋（1895—1928），成都工人中早期的中国共产党党员，是在党的哺育下成长起来的工人群众领袖，党和人民的优秀儿子。

孟本斋从少年时代起就对黑暗的旧社会不满；青年时期接受马克思主义思想，投身革命，从事工人运动，牺牲时年仅三十三岁。孟本斋在短暂的一生中，光明磊落，对革命忠心耿耿，对敌人疾恶如仇，对劳工朋友亲如手足。为了工人阶级的利益，他不畏强暴，也不为物质享受所诱惑。他有坚定的革命信念，其英勇战斗的一生，在成都工人运动史上留下了光辉的篇章。

从学艺到失业

孟本斋生于1895年，出身在四川罗江县万家乡梨园村一个贫苦农民的家庭。一家四口，靠租田种地为生。八岁时，父亲病逝，生活极为困难。伯父孟余纯在成都以织锦为业，得知他一家在家乡实在无法活下去，就将他们接到成都，靠他母亲帮佣和做些手工维持生活。伯父见孟本斋聪明伶俐，便送他去私塾读书。孟本斋刻苦用功，在较短时间内就学到了一定的文化知识。约两年以后，伯父因病亡故，生意无人经营，机房停业。他只得辍学，并请人说情，进入胥长发（胥蛮子）的机房当学徒。这时他才十一二岁。

旧社会的织锦业都是手工操作，因织机又长又高，所以叫它为长机帮。孟本斋进入胥蛮子机房，照例自备酒礼到师傅（也就是机房老板）家里，作揖叩头，敬神拜师，这叫作拜师礼，然后在机房里试工五个月。他每天按老板的规定，挑水、劈柴、做三餐饭、听差使唤，什么事都要干，甚至帮师娘带小孩，打洗脚水，晚上还要改纬线，直干到老板在外花天酒地玩够了回来，侍候他上了床才能得到休息。从凌晨到深夜，劳动长达十五六小时之久。试工之后，老板认为孟本斋勤快，就订了师徒契约。契约上规定"学徒期间任随师家管教，不得走东走西，不准偷师学艺，不准出外帮人。若因做工损伤身体以及风寒暑湿染病，都是听天由命，一律与师家无关……"这简直是一张血泪斑斑的卖身契。

旧式手工作坊老板对待学徒，实行封建家长式的统治，剥削压榨极为残酷。孟本斋每天只能得到两顿锅巴稀饭，其他一点报酬都没有。他经常是在半饥饿的状况下，干着繁重的劳役。当时长机工人中流传这样几句话："今生落进机房，吃的剩饭菜，睡的没脚床（在机台上睡觉）。"正是孟本斋学徒生活的写照。

"徒弟，徒弟，三年奴隶。"封建的手工作坊，为了长期剥削学徒，惯常是两三年里只让学徒操务劳役，一点手艺也学不到。但孟本斋却在繁重劳动之余，抓紧一点一滴的空隙时间，注意师兄（工人）们的操作，同时帮助他们打些杂活。由于师兄弟之间的关系处得很好，得到了他们的暗中指点，使他在两三年内就学会了"上手"（上手是挽花，下手是使用梭子，即织造）手艺。

老板发现孟本斋竟然学会了"上手"，非常恼怒和嫉恨，认为他是偷师学艺，违反了契约规定，就罚他在白天劳役外，夜里再加干"上手"活，不给分文报酬。孟本斋不为压力所屈，又利用空隙去求教做"下手"的工人学技艺。所以在他十六七岁的时候，虽未满师，但已成为一个长机帮的全能手艺人了。这时，他不愿再以学徒待遇而实际干工人的手艺，做双重的劳动，就据理要老板付给他应得的报酬，老板却认为他是偷师学艺，大逆不道，不予理睬。当孟本斋进行抗争，老板便将他赶出了机房，并利用行帮势力，阻止别家老板雇佣他。自此他就只能偶尔打打短工，处于半失业的状况。

由于长机帮的织机高，机房的屋子矮，机台有三分之一安装在挖的地下坑穴里。地下水多，坑里长年积水，工人多患有风湿职业病。民间传说豆芽可以除湿，老板供给工人的伙食必定有豆芽菜。但老板贪得无厌，极尽克扣之能事，克扣炒豆芽菜用的食油，伙食开得很坏。工人们十分气愤，想找老板算账。孟本斋帮助出主意，要大家采取行动给老板以回击。他积极串联工人商量，决定在机房生意兴旺的时候，对那些克扣食油的老板进行反抗。先是邀请老板到茶馆里评理,提出要改善伙食,不准克扣食油的要求,但老板不同意改善伙食,并以话语搪塞。孟本斋就组织工人进行怠工斗争,使织锦产量逐日下降。当时正值丝业旺季,机房产品已经预卖出去,如不能按期交货,老板在金钱和名声上都要遭受损失。老板为了挽救损失,最后不得不答应改善工人伙食,以后炒菜也放油了。这次斗争的胜利,使工人们初步认识到团结的力量,也表现了孟本斋出色的组织能力和斗争艺术。这次斗争后,老板们对他恨之入骨,到处骂他是"芫荽(即香菜)根根",是"烂菜"。意思是说他在哪里做工哪里就会"闹事",并相约不再雇佣他。这样孟本斋就陷入完全失业的困境。

孟本斋失业后,就靠母亲和妹妹做些手工以及他自己贩卖瓜子,代人写书信、状子所得的微薄收入,维持生活。但他性情豪爽,乐天无忧,经常提着瓜子篮篮挨门串户,同工友们在一起,有时在茶馆里同工友们聚会。工友有为难之处,他帮助拿主意,工人间有不和,他帮助排解。

1919年,孟本斋结识的长机学徒徐定国,因失业难以度日,将其母仅有的一件棉衣典当了做本钱,做贩卖瓜子的小生意。一天,他被警察抓去,硬说他在搞赌博,凭空勒索罚金五千文,否则就罚劳役。孟本斋听说后,挺身而出找到警察评理,说徐定国典当棉衣做本钱,贩卖瓜子为生活所迫。小本经营,那来五千文做罚金?就是让他服劳役,也没有人给他送饭,并提出愿为他具保。警察看到确无"油水"可榨,只得训了徐一顿,同意取保。孟本斋写了一份保状,将徐保了出来,免除了一场祸端。

孟本斋遭受老板欺压排斥,长期失业后,只好去当兵,在第二混成旅当师爷(即文书),驻扎在犍为县。当时,军阀割据,相互倾轧,军队内部也是乌七八糟。官长克扣饷银,剥削压迫士兵,与社会上恶势力沆瀣一气。孟本斋无法忍耐下去,又回到成都。这时,俄国十月革命和五四运动已先后爆发,马克思主义在中国得到广泛传播。在革命潮流的影响和推动下,他走上了革命的道路。

在党的培养下成长

1921年秋,长机帮工人为了改善生活待遇,开展了一场要求加薪的斗争,但由于政治投机分子的破坏而失败。四川早期马克思主义者王右木,在深入工人群众,总结这次斗争失败教训的过程中,发现孟本斋为人耿直,擅长言谈,受压迫深,斗争性强,有一定的活动力,便加以重点培养,吸收他加入了马克思主义读书会。以后,为了团结、教育工人,王右木在明远学校创办了成都的第一所工人夜课学校。孟本斋又最早参加学习。

这所夜课学校是以宣传马克思主义为宗旨的。教员主要是社会主义青年团团员和马克思主义读书会会员。王右木还经常亲自讲课,密切联系实际,深入浅出地向工人讲解资本家剥削工人剩余价值的道理,宣传阶级斗争学说和十月革命的胜利等。孟本斋如饥似渴地学习、听讲,逐渐明白了穷人受苦是阶级剥削所致；中华民族受难是列强侵略、军阀割据、政治腐败所造成的。他联系自身的遭遇和阶级兄弟的处境，深深体会到要彻底救中国、救穷人，只有起来革命，推翻旧制度，消灭军阀走狗，建设一个没有阶级、没有剥削的国家才是唯一的出路。由于思想觉悟不断提高，于1922年下半年他被吸收加入了中国社会主义青年团。

1923年春，成都工人经过王右木的开拓工作和社会主义青年团员刘亚雄、钟善辅以及孟本斋等人的努力发动，觉悟了的工人们纷纷成立自己的组织。各帮工会（小组）成立起来的已有二十余个，会员万余人。其中人数最多的是长机帮，其次是生绸帮。正在这时，全国发生了震惊中外的"二七"大罢工。京汉铁路工人为成立京汉铁路总工会，遭到军阀吴佩孚残酷镇压的消息传到成都后，工人们无比愤怒。在社会主义青年团的指导下，于2月下旬举行了声势浩大的游行示威大会，声讨军阀、刽子手吴佩孚惨杀工人领袖的滔天罪行，高呼"打倒军阀""打倒帝国主义""工人有权组织工会"等口号。参加大会的工人有数千人。这是成都有史以来的第一次工人大团结、大联合的大会，是工人阶级向反动军阀集团第一次显示力量的大会。孟本斋带领长机工人参加了示威大会和各种声援活动。他自己也从中受到教育，进一步认识到工人阶级只有团结起来，推翻军阀统治，才能求得自身的解放。

在成都工人队伍有所壮大，各帮工会已纷纷组织起来，成立全市性的劳工组织的条件已经成熟的情况下，团组织决定1923年5月1日成立"成都劳工联合会"。是日，工人们喜气洋洋地参加大会。会上散发了宣言和传单，通过了保护工人正当利益的提案。团组织指派团员刘亚雄、钟善辅为正、副会长。孟本斋也参与了一些领导工作。从此，成都的工人运动进入了一个新阶段。

在工人运动迅猛发展的同时，王右木领导青年团和读书会在工人群众中开展民权运动。同年7月2日"四川民权运动大同盟"在成都东大街公所召开改组代表会议。会上推选各股主任时，孟本斋与钟协安被选为交际股主任。

孟本斋除自己积极参加革命活动外，还帮助要求进步的青年工人参加革命。如长机帮青年工人徐定国见孟本斋在工人夜校学习，进步很快，自己也想去读夜校，但老板不准去。孟本斋听说后，就去向老板说，徐定国白天工作，晚上读书，不会耽误工作。读书识字，学点文化，以后也好帮老板抄抄写写，有好处嘛！老板被说服了，徐定国进了夜校，受到了马克思主义教育，以后参加了社会主义青年团，走上了革命的道路。1923年，长机帮成立了中国社会主义青年团长机组织，由李玉白负责，团员有刘健、徐定国、王树钧、卢清云等。孟本斋负责指导这个组织的活动。此后，孟本斋便以他全部精力和智慧投入了革命。

战斗的岁月

孟本斋在社会主义青年团和劳工联合会的领导下，以坚忍的毅力、满腔的仇恨，向军阀、地主豪绅、资本家进行顽强的斗争。

成都地处西陲，那时消息闭塞，封建势力顽固，群众思想保守。孟本斋就利用工人和群众晚上在茶馆休息的机会，采用大家容易接受的说评书形式，开展宣传教育。他自编自说过两段评书：一段叫"五鬼闹中华"，讲述英、美、德、法、日帝国主义侵略我国的罪行；一段叫"群魔扰四川"，讲述四川各派军阀混战，百姓遭殃的情况。他以此激励群众奋发起来，为国家和民众的生存而奋斗，因此深受工人和群众的欢迎。

第一次国共合作，国民革命军高举北伐大旗，横扫北洋军阀，全国工农运动风起云涌，势不可当。四川军阀慑于形势，打出国民革命的招牌，省、县公署衙门改称省、县政府，伪装参加革命；暗中却与蒋介石勾勾搭搭，妄图稳住他们的统治地位。为了揭露反动统治者的阴险伎俩，提高群众的革命警惕，孟本斋响亮地提出："真正革命的政权应当保护工人利益"；"工人有权参加政治活动，参加革命政权"。这些口号对揭露敌人、团结工人起了一定的作用。

1923年秋，在劳工联合会领导下。孟本斋还组织长机工人发动了一次声势浩大的反"三皇会"、反"朱尺"的斗争。

长机帮神会——"三皇会"是行会性质的组织。最初是工人创立的，目的在于开展工友之间的互助，限制老板对工人的残酷剥削和非人的生活待遇。久而久之，老板逐渐混入"三皇会"，把持了会务，篡夺了"三皇会"的权力。老板利用"三皇会"强迫工人交纳会费，霸占"三皇会"的一切产权，又掌握着度量产品的红漆尺子——"朱尺"。那时工人织锦是"点件"（计件制），产品按丈计价。织锦时按织机扒杆长度计算织物数量，扒杆是用朱尺量好的，织一扒杆长就知道是多少尺寸。但朱尺掌握在老板（通过"三皇会"）手里，每尺比市上通用尺子长三分。因而工人劳动所得，在量尺时就被剥削去了一部分。有些恶毒的老板，乘修扒杆之机，任意加长扒杆长度来剥削工人。

为了打击封建行会势力，取消其剥削工具（朱尺），维护工人利益，孟本斋领导全体长机工人进行了反"三皇会"、反"朱尺"斗争。自1923年秋持续到1924年春，这次斗争时间达半年之久，规模很大，目标明确，斗争形式多样，有时与老板们评理，有时集会、游行、请愿，有时进行怠工。斗争提出的口号有："反对封建行会——三皇会"，"工人要组织为工人谋福利的自己的组织——工会"，"决定工人命运的尺子要掌握在工人自己的组织——工会手里"……斗争十分激烈，老板非常惶恐。他们抬出保护资方利益的封建法规，提出"三皇会是合法组织"，"工人组织的工会是非法组织"，拒绝和工人谈判；同时勾结军警，把工会人员、社会主义青年团员卢德云逮捕，关在华阳县监狱。孟本斋躲过敌人的魔掌，领导全体长机工人进行了罢工斗争；组织工人纠察队，占据了"三皇会"所在地的川主庙，挂出了长机帮工会的招牌。成都市劳工联合会召开了全市工人大会，声援长机工人，宣布废除"朱尺"，使用市面通用的尺子计算产品。会后举行全市工人游行示威，游行队伍到华阳县衙门请愿，要求立即释放被捕的工会人员。在全市工人的强大威力下，华阳县公署被迫释放了卢德云，使斗争取得胜利。

但是,敌人是不会善罢甘休的。十多天后,反动当局对孟本斋下了毒手,用"聚众滋事,扰乱治安"的罪名加以逮捕。反动当局又以"不合法"为理由,封闭了长机帮工会。在团的领导下,劳工联合会针锋相对,发动了全市规模的总罢工,组织工人到华阳县府请愿,要求释放孟本斋。同时工人们不怕流血牺牲,不断地同老板发生械斗。在群众的坚决斗争下,孟本斋被放了出来。

经过这次斗争,"三皇会"的威风扫地,后来工人们纷纷参加工会,"三皇会"就纯粹变为了老板们的同业公会,成了工人的对立面。

1924年夏,长机工人为了改善生活待遇,要求老板增加工资,又举行了大规模的罢工运动。在团支部及劳工联合会的领导下,孟本斋、梁华等团员积极指导运动,组织了纠察队,反击老板和工贼的破坏。罢工坚持了十多天,组织了游行请愿,对于上层人士又开展争取工作。成都市政公所慑于群众威力,发布告允许增加工人工资,指令老板按标准执行。老板认为政府定的工资标准太高,不愿接受。他们把机房关闭起来,使工人无工可做,以进行顽抗,并向政府诉苦,说是不堪工人苛求,只好关门另找生意。工会方面也向政府要求:要制裁老板反抗政府的指令,政府应命令老板开工和按政府制定的工资标准发给工资。劳资双方坚持不下,形成僵局。市政公所召集两方人员开会评议,把原订标准略微降低,迫使工人承认。这时,工会内部发生了是继续罢工还是立即复工的分歧意见。孟本斋领导分析了当时形势，认为工资标准虽未达到工人要求，但较旧标准已增加三分之一到二分之一，对工人生活总算改善了些；如果继续罢工，工人生活困难，工会内都难免出现分裂，对工人运动的前途不利。于是经过工会讨论后，决定进行复工。这次罢工时间约有一个月，参加人数有两千五六百人，最后取得了胜利。1926年，为了改善待遇，提高工资，孟本斋又领导全体长机工人对老板进行过一次要求加工资的罢工斗争，取得了增资百分之六十五的重大胜利。

1925年五卅惨案发生，中国工人阶级所领导的反帝、反封建的革命运动掀起了新的高潮。1925年到1926年间，中共重庆地方委员会和中共成都特支相继成立。在党的领导下，全川反帝、反军阀的革命运动蓬勃发展。1926年9月，万县"九五"惨案发生，成都爆发了反对英、美帝国主义的学生退学运动和华工罢工斗争。这时，革命运动不断深入和扩大，工、农、商、学各界都行动起来。工人的斗争也已由经济斗争发展到反帝、反侵略、反军阀统治的政治斗争。孟本斋率领长机工人和学生一道，组织宣传队，揭露帝国主义和反动统治阶级的罪恶；组织工人纠察队，遍街巡察，禁止出售英货、日货，把搜查到的仇货销毁。经过一系列斗争的锻炼，工人觉悟有了很大的提高，行业工会已建立近四十个。在工人运动的蓬勃发展中，党决定在劳工联合会的基础上，成立成都市工会。经过一段时间的筹备，到1926年10月10日，成都市工会正式宣告成立。

在这段时期的斗争中，孟本斋参与了组织和领导工作，经常与工人群众一道进行活动。他经过党的培养教育，在斗争中善于组织群众，斗争意志非常坚决，总是站在斗争第一线，深得工人的拥护。在市工会选举中，他被选为市工会评议员，并兼任第二分会会长。经过党的多方考察，认为孟本斋已具备了党员条件，1926年，党批准他由青年团员转为中国共产党党员。

此间，孟本斋还积极地参加了与当时的所谓"省工会"的斗争。四川"省工会"是政治投机分子马云衢组织的。最早成立于1912年，1914年被袁世凯明令禁止。1919年，马云衢又组织了"中华工党四川支部"。由于马云衢在1921年长机工人的增资斗争中，出卖工人利益，受到工人的唾骂，"工党"在工人中失去威信，无形中瓦解了。1922年，马云衢又在军阀、官僚的支持下，以参加"工党"的工人为基础，恢复成立了"四川省工会"。"省工会"打着保护工人利益的招牌，欺骗蒙骗了部分工人参加，同时又收买一些工贼、地痞流氓，扩充势力。由于"省工会"完全为军阀、豪绅、资本家服务，所以很快就得到反动当局的批准立案，标榜为"合法工会"。后来，中共重庆地方委员会书记杨闇公在1926年召开的国民党四川第一次代表大会上所作的工人运动报告中指出，"省工会"完全为士绅、军阀所把持，当时人们称它为"黑色工会"。

在市劳工联合会和市工会成立期间，以马云衢为首的"省工会"，极尽挑拨离间之能事，经常制造工人纠纷，破坏工人组织的团结，妄图将市劳工联合会和市工会下属组织的工人拉过去。市劳工联合会和市工会要团结工人，保障工人利益，谋求工人阶级解放，"省工会"要分裂工人队伍，让工人甘心受老板剥削，为虎作伥。这两种势力矛盾尖锐，斗争迭起，甚至发生械斗。孟本斋总是站在斗争的最前面，表现出他对工人阶级利益的赤胆忠心。如1927年元旦，刘文辉就任国民革命军二十四军军长的群众大会上，省、市工会组织都参加了。正当市工会代表发言时，省工会的工贼、流氓竟将队伍拉出会场，不听市工会代表的讲话，蓄意挑衅。市工会的工人群众不依，于是双方发生冲突，会场秩序混乱。市工会副会长钟善辅前去劝止，猝不及防，反被"省工会"的工贼流氓挟持而去。孟本斋闻讯后，当即组织长机工人手持"猫棒"（齐眉棍）赶上"省工会"的队伍，奋力争夺，使钟善辅方得安全脱险。

烈火真金

孟本斋自参加革命以来，认真学习革命理论，逐步树立了为工人阶级彻底解放而奋斗的信念。所以他在斗争中意志坚定，英勇向前。他母亲经常为他担惊受怕，劝他不要再干了。他总是对母亲说：只有革命到底，把革命搞成功，彻底砸烂剥削制度，穷人才能得到翻身，才有饱饭吃，我们自己也就不会受人欺侮，再住烂房子，生活就会逐渐好起来。不然的话，吃人的旧社会、反动的恶势力，以及压在老百姓头上的腐朽政权、苛捐杂税，仍将不断地压榨我们，穷人是毫无出路的。自己就是一个很明显的例子，拼死拼活地学手艺，到头来还落得个无人雇使、长年失业的结果，连一日三餐都没有着落。他经常将这些道理说给母亲听。母亲渐渐被他的话所打动，转为支持他革命了。他妹妹在他的教育和熏陶下也参加了革命活动，接受了共产主义思想，以后加入了党的组织。

在激烈的阶级斗争中，在党的领导下，长机帮工人对老板的斗争，多以工人的胜利老板的失败为结局。党领导的工人组织不断壮大，马云衢的"省工会"在群众中日益孤立，虽然多次进行挑衅，也没捞到什么便宜，眼看用硬的办法制服不了工人，就想用软套从孟本斋身上打开缺口，妄图收买他。

孟本斋由于家贫、失业，又为工人利益奔波忙碌，年已三十一岁，还没能成家，马云衢和一些机房老板便以物质享受利诱他，说什么要请他当"省工会"副会长，可拿高薪；可以送他些钱，帮助他成家立业等。孟本斋一眼就看穿了他们的鬼名堂。表面上是拉拢他一个人，实质是分裂工人阶级队伍，拆工会的台。他不为所动，严词拒绝。马云衢等见此计不行，又生二计，便使用卑鄙手段暗害孟本斋。他们雇了一些流氓、打手，躲在阴暗角落，对孟本斋投石块、石灰包，甚至扔镪水瓶，妄图伤害他。由于当时斗争形势极为复杂，而孟本斋又经常出头露面与"省工会"和老板们直接斗争，党组织便派同志保护他，经常与他在一起的有会武术的青年团员徐定国、陈开明等，所以敌人的阴谋都未得逞。

1927年，重庆"三三一"惨案发生后，全川革命形势急转直下，党组织除发动群众进行声讨外，还及时做了保护革命力量和隐蔽同志的工作。党组织和工会都转入地下，并决定派孟本斋去乐山五通桥一带工作。由于工会刚刚转移，工作较忙，他一时没有走成，不幸于4月12日晨落入敌人魔掌，被关在三军联合办事处的沂水庙监狱中。

孟本斋被捕入狱后，敌人对他威逼、利诱，严刑拷问，妄图从他嘴里得到党的情况。孟本斋坚贞不屈，绝口不谈党内的事，只说自己是工会人员，负责长机帮工会工作，怒斥反动派破坏中国革命，剥夺工人民主权利、扼杀工人运动的罪行，表现了共产党人的大无畏精神。他母亲、堂弟以及一些不被敌人注意的工友们曾到狱中探望他，见他已被摧残得不成样子，加之牢房潮湿而拥挤，睡在地下，因受风湿两腿也肿了。母亲万分悲痛。孟本斋反而劝母亲不要过分悲伤，他说，人总是要死的，他为工人大众做事就是死了，也心甘情愿，请母亲和工人们以后不要再来探望他。敌人在孟本斋嘴里捞不到一点东西，又不甘心自己的失败，所以一直将他关在沂水庙狱中。1927年10月初，孟母杨氏因孟本斋在狱中身染重病，呈文三军联合办事处处长向育仁，要求把他释放以便就医。向育仁因孟本斋毫无口供，无法处理，只得同意释放。

孟本斋被释放后，仍坚定地继续进行参加革命活动。当时市总工会及所属分会已在"四一二"反革命政变后被反动当局下令封闭，工会的办公地点被捣毁，于是就成立了"工人俱乐部"这个公开组织，通过开办工人夜课学校等方式，做工人的团结教育工作。孟本斋常到夜校讲演，宣传革命道理，并和夜校老师共产党员李保鲁等到工人家中串门，了解工人疾苦，鼓励工人坚持斗争。

1928年初，在中共川西特委领导下，成都市开展了声势浩大的反劣币斗争。2月14日在地下党员郭翼棠领导下，举行示威游行，约有数百工人参加。孟本斋也参加了这次游行，他领导工人沿途高呼口号，散发传单，张贴标语，还抓了一个罪大恶极的老板——"日月新"绸缎商号老板谢书尧翻戴瓜皮帽，身着麻背心游街示众。队伍经过半边桥街"李祥新"机房时，老板李兴国（他又是街正）竟诬蔑游行是"胡闹"，被工人听见，当即将他抓到，与谢书尧一同示众。游行到春熙路孙中山铜像前，叫两个坏老板跪在铜像前认罪，并答应工人要求后，队伍即行解散。

骇人听闻的"二一六"惨案发生后，成都的革命运动转入低潮，"工人俱乐部"停止了活动。在一片白色恐怖中，孟本斋又不幸被捕。孟本斋被捕后，仍关押在三军联合办事处沂水庙监狱。敌人对孟本斋千方百计地利诱欺骗和严刑拷打，但他始终坚贞不屈，并痛骂反动派出卖革命的罪恶行径，显示了共产党员的英雄气概。由于孟本斋多次与"省工会"头子马云衢和老板们进行斗争，所以这些人对他恨之入骨，必欲置之死地而后快。他们凑了两百银圆，到三军联合办事处行贿，要求将孟本斋处死。三军联合办事处怕工人群众反抗，不敢公开杀害孟本斋，便使用最卑鄙、最野蛮、最残忍的手段——用石灰把孟本斋偷偷闷死在狱中。

编后记

为了缅怀先烈,教育后代,促进社会主义精神文明建设,深入宣传共产主义思想,中共四川省委党史工作委员会(前身是四川现代革命史资料组,1981年底经中共四川省委同意改为四川省委党史研究室。1983年3月经省委决定将省委党史研究室与省委党史征集委员会合并,成立中共四川省委党史工作委员会)从1980年起多次研究筹备编辑四川党史人物传。1981年5月四川省中共党史研究会成立时,在研究会下设党史人物传组,并具体安排了写作计划。1982年5月,省委党史研究室会同四川省中共党史研究会在成都召开了编写《四川党史人物传》和《四川革命烈士传》的工作会议。

在会后的将近十个月的时间里,各地区、各高等院校承担编写任务的同志为搜集资料到烈士生活和战斗过的地方进行调查,走访老同志,查阅档案资料,不少烈士家属也提供了宝贵资料。在这一基础上作者写出了初稿。为了落实人物传的编辑工作,于1982年10月成立了《四川党史人物传》编辑组。编辑组成立后与各地区、各单位的作者进行了广泛联系。

编辑组收到稿件后,又与作者共同磋商、研究作了多次修改,有的稿子修改达五次以上。然后由编辑组将修改稿复印分送北京、成都有关领导和老同志,请他们审阅修改。

在审阅修改的基础上,于1983年2月21日至25日在成都召开了审稿会议。杨超、任白戈、张秀熟、陈文、郝谦、林超等同志出席会议,与省委党史研究室办公室负责同志、四川省中共党史研究会人物传组、人物传记编辑组的同志一道对四川党史中的重大事实及人物传编辑过程中遇到的问题作了讨论,确定了处理这些问题的原则。同时,也对《四川党史人物传》第一卷、第二卷和《四川革命烈士传》的名单作了研究和确定。会后,编辑组的同志根据会议确定的原则召开了多次会议,研究、讨论解决这些问题的方案和措施。在各个传记所涉及的四川党史事实,我们查找了各方面的资料和回忆材料,力求做到准确。但是,由于这一漫长的历史时期,党长期处于地下环境,原始资料保存不多,而且查证工作还在进行过程中,肯定地说还难免会有搞错和遗漏之处。为了广泛征求领导和同志们的意见,中共四川省委党史工作委员会决定,先在《党史研究资料》上发表过去未曾发表过的传记,征求意见,以便把人物传的工作搞得更慎重、更好些。

可以告慰的是,一传两稿的作者,均能以表彰先烈为主,以大局为重,在我们与各地区、各单位素不相识的作者联系后,都能以高风格对待这一问题,曾莱传、廖恩波传、余泽鸿传的作者都合作得很好。

在整个编辑过程中,我们得到中央和省的有关领导同志的大力支持。杨超、任白戈、张秀熟、郑伯克等领导同志在工作繁忙、年事已高的情况下，给我们提出修改意见并熬更守夜亲自动手改稿。陈文、彭塞、林超等同志认真审阅了全部稿件，提出了很多宝贵意见，并且亲自改稿，使我们避免了不少错误。这不仅体现了他们对《四川党史人物传》编辑工作的重视和关切，也是对编辑组同志工作的极大鼓舞。

杨尚昆同志为《四川党史人物传》书名题字，任白戈同志写序，聂荣臻同志、杨超同志、张秀熟同志题词，这对四川各界人士缅怀先烈，继承先烈遗志，开创四川社会主义建设新局面，无疑是很大的鼓舞。我们在这里谨致谢意！

由于我们水平所限，工作中缺点错误不少，请同志们提出宝贵意见，使我们今后的工作做得更好。

1983 年 2 月 13 日初稿
1983 年 5 月 25 日修订